财政部规划教材
全国财政职业教育教学指导委员会推荐教材
全国中等职业学校财经类教材

社会调查与统计知识

第四版

主编 钟秉盛

中国财经出版传媒集团
中国财政经济出版社

图书在版编目（CIP）数据

社会调查与统计知识/钟秉盛主编.—4版.—北京：中国财政经济出版社，2018.8（2024.7重印

财政部规划教材　全国财政职业教育教学指导委员会推荐教材　全国中等职业学校财经类教材

ISBN 978-7-5095-8319-7

Ⅰ.①社…　Ⅱ.①钟…　Ⅲ.①社会调查—中等专业学校—教材 ②社会统计—中等专业学校—教材　Ⅳ.①C915 ②C91-03

中国版本图书馆CIP数据核字（2018）第134696号

责任编辑：王佳欣　　　　责任校对：马立祥

封面设计：构远设计

中国财政经济出版社出版

URL：http：//www.cfeph.cn

E-mail：cfeph@cfeph.cn

社址：北京市海淀区阜成路甲28号　邮政编码：100142

营销中心电话：010-88191537　北京财经书店电话：64033436　84041336

北京中兴印刷有限公司印刷　各地新华书店经销

787×1092毫米　16开　11.5印张　275 000字

2018年8月第4版　2024年7月北京第2次印刷

定价：27.00元

ISBN 978-7-5095-8319-7

（图书出现印装问题，本社负责调换）

本社质量投诉电话：010-88190744

打击盗版举报热线：010-88191661　QQ：2242791300

编写 说明

本书是财政部规划教材、全国财政职业教育教学指导委员会推荐教材，由财政部教材编审委员会组织编写并审定，作为全国中等职业学校财经类教材使用。

在教材修订工作中，我们在坚持第三版特点、原则的基础上，结合教材改革发展及培养中职学生知识技能等方面的要求，就原教材中出现的文字、语句表述、段落语句之间的逻辑关系、案例的新颖性、技能训练题的编写等方面进行更加深入细致的考虑，结合有关专家意见，力求修订后的教材在教学、学生学习、技能训练等功能上更加突出。教材编写内容、特点、原则、思路如下：

一、按照岗位业务流程和学生职业生涯发展规律构建教材内容

社会调查工作的岗位业务流程一般分为调查工作的准备→调查工作的组织和资料搜集→调查资料整理→调查资料分析→调查报告撰写等五个步骤；而通过岗位群的分析，作为财经类中职学生，对《社会调查与统计常识》知识技能在岗位运用的职业生涯发展可分以下几个阶段：(1) 根据企事业组织的实际需要，从事设计简单的调查方案，运用一定的调查方法，为企事业组织的发展搜集资料等工作；(2) 运用计算机等技术，对调查资料进行审核、编码、录入、编辑、筛选，并通过统计图、表的形式显示数据的工作；(3) 运用统计分析方法，结合了解和掌握的有关党和国家的方针政策、企业市场内外运行情况、相关的经济理论知识，对调查资料进行分析研究，揭示调查资料中隐含的内在规律和本质联系的工作；(4) 辅助或实际撰写调查新闻、消息、函件和调查分析报告，为企事业的领导进行决策提供正确的咨询意见的工作。基于对岗位业务流程与学生职业生涯发展规律的认识，在教材的组织结构上，按照社会调查的工作程序及技能点的安排顺序，遵循纵向组织原则，先简后繁，循序渐进；同时在编制教材过程中，努力将技能的展开顺序与学生的职业生涯发展顺序结合起来。

二、体现职业教育本质，努力贯彻“学以致用”原则

当前，中等职业技术学校毕业生的就业岗位已被确定为在生产、服务、技术和管理第一线工作的劳动者，这就要求在教学中，无论在教学内容还是教学方式上，都要围绕岗位培养既懂一定理论又能动手操作的“应用型人才”这一中心而进行。为此，在本书的编写中，我们尽量避开繁杂的理论推导，强调社会调查与统计方法的工具性和实用性，做到内容新、方法新、数据新，使读者通过各章节的学习，循序渐进地掌握社会调查与统计知识和方法，并使学习目的指导用，章节内容学习用，Excel 工具帮助用，案例分析强化用，关键术语理解用，技能训练与思考突出巩固用。

三、遵照中职学生的认知心理特征

一般来说，中等职业学校学生的思维形式多趋于表象性，因此，在编写教材时，应充分考虑中职生的认知特点，了解哪些知识是他们完全能够掌握的，哪些知识是他们可以掌握的，而哪些知识是他们的认知能力达不到的，采用怎样的方式能够使学生理解并掌握，这是与过去传统的教材编写方法所不同的。总之，应以学生能够学会和掌握为原则。教材中尽可能安排简洁直观的插图和简单易行的实践，以发挥学生的表象思维能力和掌握动作技能方面的能力；对于以定义形式出现的概念，尽可能用经验（实例）来加以验证，以帮助他们理解和掌握。

本教材共9章。各章内容按学习目标，重点、难点，案例导入，章节内容，本章案例，关键词的顺序编写。每章先给出学习目标，重点、难点，案例导入引出本章内容；内容讲授注重直观实用，避免过多的理论及公式推导；每一章末尾都有与本章内容相关的应用案例分析和关键词，这些案例力求取材于实际生活，体现通俗、生动、有趣味性和吸引力，给人以社会调查与统计就在身边的亲切感；这样来编写教材能充分体现职业教学特点，以学生为主体，方便学习和掌握。

本教材由广东省财政职业技术学校财经高级讲师钟秉盛担任主编。各章的编写分工如下：第1章、第2章、第3章、第7章、第8章由钟秉盛编写，第4章、第5章、第6章由广东省财政职业技术学校黄修芝编写，第9章由福建龙岩财经学校黄雪英编写。教材结构体系及统编定稿由钟秉盛完成。

本教材有配套的习题集。用书学校任课老师若需要习题集的答案，请以电子邮件的形式向中国财政经济出版社索取（请注明：学校、全书名、版次），E－mail：caijingjiaocai@163. com。本教材还为任课老师制作了电子教案及电子课件，如果需要，请登录如下网址下载：http：//cjjc. cfeph. cn。

在本教材的编写过程中，参编教师将自己多年教学经验体现在教材内容中的同时，还借鉴和参考了一些社会调查及统计学原理等教材。这些资料对本教材的形成提供了极大的帮助。在此，向这些文献的编者表示诚挚的感谢！

由于水平有限，书中难免有不妥或错误之处，敬请各教学单位和读者在使用本书的过程中给予批评指正。

编　者

2018年6月

目　录

第1章 调查准备

学习目标：

本章主要介绍在展开社会调查工作之前要做的准备工作，包括调查的方法与途径、调查课题的选择标准、课题的类型以及对调查对象与调查内容的理解、调查方案的设计等内容。重点掌握调查课题选择的标准、调查对象与调查内容的理解中所涉及的相关基本概念及调查方案的设计方法等知识运用能力。

重点、难点：

- ☐ 调查课题的选择标准
- ☐ 调查对象与调查单位、总体与总体单位、标志与指标、变异与变量等概念
- ☐ 调查方案的设计方法

在实际生活中，我们经常从新闻媒体、报刊杂志上了解到国家或某企事业单位等开展了针对某项课题的调查研究工作。如第一次全国经济普查、环境污染情况调查、某地区批发和零售业商品销售情况的调查、中职生就业情况调查、中职生消费情况调查等等。

我们很多人也许会问：为什么要开展这样的调查研究，课题是通过什么样的方法或途径选择出来的，选择过程中应遵循什么样的标准；一旦确立好了调查课题，我们又该向谁搜集资料，该搜集什么样的资料，该怎样搜集这些资料等问题。这些都是进行具体的社会调查工作中首先要考虑的问题。

第1节 调查课题的选择

一项具体的社会调查往往从对调查课题的选择开始。因而，选题是社会调查的第一步。

它决定了我们调查什么，以及怎样去调查。

一、课题选择的途径与方法

选择调查课题，首先我们要解决“到哪里去找课题”，以及“用什么方法去找课题”，这就是选择调查课题的途径和方法问题。

（一）从现实社会生活中寻找

我们每个调查者都生活在现实社会中，而千姿百态、形形色色的社会生活又总是各种社会调查课题最丰富、最经常的来源，关键是我们要善于观察、勤于思考。在日常生活中，我们要养成对各种社会现象、社会行为、社会心理、社会问题经常问个“为什么”的习惯。实际上，可作为调查研究课题的各种社会现象、社会问题、社会事件客观地存在于我们的周围。之所以难于被我们发现，主要是由于我们每时每刻都生活在它们中间，对它们早已“司空见惯”，因此常常对它们“熟视无睹”。

例如，生活在城市社区中的人们居住在单元楼房，安个防盗门，出门锁门，回家关门，邻里之间很少串门，这是很普遍的现象。然而，当我们从认识和理解城市居民生活方式以及城市社区邻里关系这一目的出发，向自己提出一些“为什么”的时候，就会从这种很普遍的现象中抽出诸如“城市居民居住方式与邻里关系研究”“城乡社区邻里关系比较研究”这样一些值得探讨的社会调查课题来。

一项好的调查研究课题的发现，也和作家写小说一样，既需要“深入生活”，也需要“灵感和火花”。应该指出的是，没有广泛地与现实社会生活的密切接触，这种“灵感和火花”也就成了无本之木、无源之水。

（二）从个人经历中寻找

我们每一个人总是生活在社会的某个特定的层次和角落，不同的人对现实社会的认识不同，对社会生活的具体感受也不同。一种现象有些人看来是理所当然、司空见惯，但在另一些人看来也许会大惑不解、十分新奇。这是因为每个人特定的人生经历为他观察现实世界、观察社会生活提供了一种特定的视角，人们从这种特定的视角里所看到的世界并不完全一样。因此，我们自己在社会生活中的各种经历、体验、观察、感受常常是众多调查课题的最初来源。

例如，一对夫妇离婚了，一个完整的家庭破碎了。对于与之关系不密切的人来说，他们可能会无动于衷，或者只是作为一种闲聊的话题。因为现实社会生活中这种事情并不稀奇。但是，如果这件事发生在一个社会研究人员的周围，比如说他的邻居或他的好朋友、亲戚离婚了，他也许会从另外一个角度来看待这种现象。他也许会从身边发生的具体现象入手，去问一些“如何”“为什么”的问题，从而使他选择如“当前社会中的哪些人最容易产生离婚的行为”“有哪些主要的原因会导致人们选择离婚”“离婚带来的主要后果是什么”等调查课题。

从某种意义上说，这种从个人经历中寻找课题的方式是一种十分简单实用的方法。它常常是以“坐在椅子上空想”的方式去静静思考个人的经历、经验、观察和体会。

（三）从现有文献中寻找

调查研究课题的想法、灵感和火花，也常常可以从学术著作和教科书的内容中、从报刊杂志的文章和标题中，以及从学习笔记和谈话记录中采摘到。我们的很多调查课题正是在此基础上得以形成的。显然，从文献中寻找所需要的课题是另一种留心和思考。它需要我们在阅读各种文献时，始终带着审视的、提问的、评论的眼光，不要过于恭敬地、崇拜地和盲目地接受书上、文章中所说的一切。由于眼光不同，我们对同样的文献、同样的内容、同样的材料的看法就会有所不同，就会产生一些新的疑问，就会产生一些新的线索，进而找到值得调查、也能够调查的课题。

我们在阅读文献材料时，还可以从纵向与横向、形式与内容、对象与方法、时间与空间等不同角度、不同侧面、不同层次，对所阅读的文献内容展开广泛的联想，由此及彼，碰撞出一些新的火花和思路，由此提炼出新的调查课题。

例如，当我们在文献中读到有关社会经济的发展对目前中职生的择业选择产生了重大影响的调查报告，我们可以进一步展开联想：社会经济的发展对中职生的学习态度、价值观念、消费行为、人际交往等方面是否也产生了影响呢？从另一个角度还可以思考：既然随着社会经济的发展，中职生的择业倾向发生了变化，那么，它对职业院校的专业设置、人才培养目标或人才培养模式等又产生了什么样的影响呢？这些都是值得去做的调查课题。

二、选题的标准

为了选好题、选准题，必须明确选题时所依据的标准。

提示：选择调查课题的依据是：重要性、创造性、可行性和适当性。

（一）重要性

重要性是指调查课题所具有的意义或价值。通俗地说，就是指一项调查课题所具有的用途或用处。我们所从事的任何一项调查课题，首先必须具有某种意义或价值，或者说，首先必须是“值得去做”。

例如，在解决当前职业教育培养目标定位及课程体系重构等问题上，进行“毕业生就业情况调查”具有重要的现实意义。又如，“20 世纪 80 年代末期的独生子女研究”“20 世纪 90 年代的农民工群体研究”“00 后学生的消费观、择业观调查研究”等都是当前迫切需要解决的理论问题和应用问题。

在众多可供选择的调查课题面前，要思考或评价一项社会调查课题是否具有重要性，就首先要问问自己：做这项调查课题有没有用处？有什么用处？有多大的用处？无论是在提高人们对社会现象、社会过程、社会规律的认识和理解方面，还是在促进解决社会问题、改善社会管理、提出社会政策方面，越有用处的课题越是好课题，用处越多的课题越是好课题，用处越大的课题越是好课题，因而也是越值得去研究的课题。

（二）创造性

创造性是指调查课题应该有某种新的东西，具有与众不同的地方，具有自己独特的特点。作为一种科学的认识活动，每一项具体调查必须能够在某些方面增加人们对现实世界的认识，能够为人们了解和理解现实社会生活中的各种现象、各种问题、各种规律提供新的东西，而不能总是在同一领域、同一范围、同一层次上重复别人的研究，重提已有的结论。当然，最具创造性的课题是那种全新的、前人从没有做过的课题，这也就是人们常说的属于“填补空白”的课题。然而，要找到一个这样课题也最为困难。因为无论在哪个领域中，完全无人涉足的现象或问题已几乎不存在。对于大多数研究者来说，一项课题具有创造性，更多地是指该课题在研究的思路或研究的角度、依据的理论、调查的对象、采用的方法、调查的内容等方面或某几方面，与前人的调查有所不同，有自己独到的、新颖的地方。

例如，一个对中职学生就业情况感兴趣的研究者，在他看到前人做过“中职学生就业问题调查”的课题后，选择做一项“财经类中职学生的就业问题调查”的课题，或者选择做一项“技工类中职学生就业问题调查”的课题，这就在调查的对象上有了创新性；如果他选择做一项“中职学生心理健康问题调查”的课题，或者“中职学生学风问题调查”的课题，这就在调查内容上有了创新性。如果前人的课题所调查的是某一特定时期的现象或问题，比如“20 世纪 80 年代中职学生择业观念调查”，那么，我们可以选择同一主题、同一内容、同一对象但不同时期的这一现象或问题进行调查，即可以选择“20 世纪 90 年代中职学生的择业观念调查”。

（三）可行性

可行性是指研究者在现有的主、客观条件下去从事这项调查课题能否行得通。在许多情况下，越是具有重要价值和创新性的调查课题，它所受到的主、客观限制往往也越多，这也就是说，它的可行性往往也越差。要进行或完成这样的课题常常十分困难，有时甚至是完全不可能的。主观条件主要指调查研究者自身条件方面，如调查者在生活经历、知识结构、研究经验、组织能力、操作技术等方面，甚至还包括调查者的性别、年龄、语言、体力等等纯粹生理方面因素。

例如，一个年轻的中职生选择诸如“老年人心理问题研究”的调查课题，那么从可行性方面来考虑，我们会发现这一课题对于这个中职生来说是不太可行的。因为无论是从他的年龄、社会生活经历等个体因素来看，还是从他对这一领域的相关背景知识的熟悉程度来看，都与这一调查课题的特点和要求相差较大，往往很难圆满地完成这一课题。同样的道理，一个不懂少数民族语言和风俗习惯的研究者如果选择一个以少数民族成员为调查对象的调查课题，显然可行性也较差。

客观条件主要指进行一项调查课题所面对的外在环境或条件。如调查时间不够，调查经费不足，有关文献资料无法取得，所涉及的对象、单位和部门不能给予必要的支持和合作，调查课题违反国家有关政策法令，或者违反社会伦理道德，或者与被调查者的生活习俗、宗教信仰相违背等，都是导致一项调查课题无法进行的客观障碍。

例如，“青少年初次犯罪原因研究”这一课题，如果研究者无法取得公安局、监狱、少管所等部门的准许、支持和配合，无法接近调查对象，课题就难以进行。再如，要进行“私营企业劳资关系调查研究”的课题，如果得不到私营企业主的支持与配合，恐怕研究者连私营企业的大门都进不了，更别说搜集资料了。

因此，选择调查课题时，仅考虑前面两条标准是远远不够的，我们还必须把可行性这条标准放到非常重要的地位。一项不具备可行性的调查课题，无论其多么有价值，多么有新意，最多也只能成为一项“空想”。

（四）适当性

适当性是指研究的课题要与研究目的或所要解答的实际问题相适应，要与研究力量和研究能力相适应。有些研究题目虽然也具有重要性、可行性、创造性，但它们与这项调查研究的主要目的不相适应，题目或者过大，或者过小，无助于解答实际问题。

例如，要了解某地区人才利用情况以便更好地发挥专业人员的技术特长，如果研究题目是“各地区的人才流动与社会经济的发展”或“人的忌妒心理是如何导致压制人才的”，就不能达到原有的调查目的。

社会调查研究很少靠个人来完成，因此题目的大小、调研力量和社会配合情况要相适应，此外，对缺乏经验和专业知识的调研人员来说，研究课题应简单、浅显一些，从小题目开始，逐步积累经验，然后再扩大调查研究的范围，由浅入深，由简单到复杂。

三、调查课题的类型

调查课题的类型主要有以下几种：

（一）理论性课题与应用性课题

各种调查课题都可以按其关注点或侧重点分为理论性课题和应用性课题。理论性课题侧重于理解和解释某一方面（或其中一部分）是如何运转和相互联系的，某一类社会事物或社会现象又是如何发生、发展和变化的，其关注点主要在于探索现象之间的因果关系，在于增加对具体社会现象所具有的内在规律的认识。例如，我国社会阶级和阶层结构的现状、现代社会的家庭职能及其变化发展趋势等，都可作为理论性的调查课题。

应用性课题侧重于了解、描述和探讨某种社会现实问题或者针对某类具体社会现象的课题。这类课题的关注点通常比较集中地体现在迅速地了解现实状况，分析现象或社会问题形成的原因，并力图在此基础上有针对性地提供政策建议，以帮助解决社会问题、制定社会政策以及评估社会后果等。例如，为解决控制人口问题而进行的计划生育调查、为解决人民群众居住问题而进行的住房制度改革调查、为提高经济管理水平而进行的投入产出调查等，都属于应用性的调查课题。

上述两类课题的区分只是相对的。理论性课题的调查结论可用于指导实践，应用性课题的调查资料也可用于理论研究，它们的区分只是就其主要目的而言的，并没有绝对分明的界限。例如，同样是研究企业职工下岗和再就业的现象，理论性课题所关注的可能是诸如“下岗职工个人的社会资本、人力资本对其再就业的影响”，或者与下岗职工相关的“社会身份与职业地位获得”“社会分层与职业流动”等问题；而应用性研究则可能更加关注“如何增加下岗职工再就业的途径”以及“如何提高下岗职工的素质和技能”“如何有效解决下岗职工的再就业问题”等等。

（二）描述性课题、解释性课题和预测性课题

按照调查的深度来区分，调查课题可分为描述性课题、解释性课题和预测性课题。

描述性课题通过对社会现象的真实情况进行具体描写或叙述来回答“是什么”“怎么办”的问题。例如，人口普查、工业普查、职工生活状况调查等，都是描述性的调查课题。

解释性课题则通过揭示两种或两种以上社会现象之间因果关系来回答“为什么”“怎么办”的问题。例如，青少年犯罪调查，不仅要说明犯罪的具体情况，而且要进一步研究犯罪与家庭状况、学校教育、社会环境之间的因果联系，并从中寻找出解决青少年犯罪问题的途径和方法。

预测性课题侧重说明社会现象的现状及其因果关系，在此基础上进一步推测社会现象的发展趋势或状况，它主要回答“将怎样”“应怎样”的问题。例如，“2025 年的中国”就是一个预测性课题，它立足于中国现实，根据社会条件的变化及其因果关系，预测中国的发展趋势和到 2025 年的状况，并说明在此之前中国应该采取哪些方针和政策。

这三类调查课题，一类比一类更深入，一类比一类更困难。描述性课题是最低层次的调

查课题，但也是最基本的调查课题，它是后两类调查课题的基础；解释性课题是较高层次的调查课题，也是使用得最广泛的调查课题，它是进行社会预测的前提；预测性课题是最高层次的调查课题，它对实际工作和理论研究都具有重要的指导意义。

（三）自选课题与委派课题

从调查课题的来源上，也可以将各种社会调查课题区分为自选课题和委派课题两大类。自选课题指的是研究者根据自己所从事的科研、教学或实际工作的需要，或者是根据自己的专业领域、研究方向或研究兴趣，并结合社会的某种需要，自己选定的课题。例如，学生有为撰写毕业论文而进行一项社会调查的需要；研究人员有为验证某种理论而进行一项调查的需要；政府部门的调研人员有为解决某一社会问题而进行一项社会调查的需要。

委派课题则指由有关的机构、部门、单位或个人根据他们的某种需要所确定并委托或指派给研究者进行调查的课题。这种课题的来源常常是各级政府机构以及涉及社会各个具体领域的工作部门。例如，人口管理、劳动就业、城市建设、公共交通、环境保护、区域发展、社会治安、文化教育、社会保障、公共卫生等。对于研究者来说，他只需按照这些机构、部门、单位或个人的要求去完成这一课题。

四、选题的重要性

“选好了问题也就将问题解决了一半。”这一说法正确地解释了提出问题与解决问题之间的辩证关系，很好地体现了提出问题对于解决问题的重要意义。爱因斯坦曾经说过：“提出一个问题往往比解决一个问题更重要，因为解决一个问题也许仅是一个数学上或实验上的技术而已。而提出新的问题、新的可能性，从新的角度去看旧的问题，都需要有创造性的想象力，而且标志着科学的真正进步。”如果把以上两种说法用到整个社会调查课题的选择上，以说明选择一个合适的调查课题对于整个社会调查工作所具有的意义，也同样是适用的。我们从以下几方面来理解选择一个恰当的调查课题对于整个调查工作和调查过程所具有的意义和重要性。

（一）决定调查的方向

当我们打算作一项社会调查时，具体调查课题的选择是我们首要的任务。社会调查作为人们了解社会现象、探索社会规律的一种认识活动，既不是笼统的和无所不包的，也不是盲目的和漫无边际的，而是十分具体、明确、有针对性的。现实生活中的每一项社会调查、每一项具体的调查课题，可以说都是针对某一社会生活领域中的某种特定社会现象或社会问题。例如，一项有关老年人社会保障问题的社会调查课题，涉及的是社会生活中社会保障这一领域，针对的是老年人的老有所养、老有所医以及生活质量等问题；一项关于中职生就业情况的调查课题，涉及的是社会生活中的就业问题，针对的是中职生就业岗位、薪酬等问题。

一项调查要达到的主要目的或要完成的主要任务，就是研究者所要达到的目标。从某种意义上说，调查课题就是目标，目标一旦确定，方向也就确定，整个社会调查的基本道路也就随之确定。打个通俗的比喻：从事一项社会调查，犹如进行一次旅行，从同一个地点出发，可以走向不同的目的地。选择调查课题正是一项社会调查的出发点，从这一点出发，可以通向社会生活不同的领域，到达不同的目的地。究竟朝哪儿走、到哪儿去，是由调查课题的性质和内容所决定的。所以说，选择调查课题所要解决的是整个调查活动的基本方向。

（二）制约调查的过程

一旦出发地和目的地都确定下来，对于旅行者来说，剩下的问题就是在连接两地的许多条路线中选择最方便、最合适的一条。对于社会调查来说，调查课题的确立也就意味着调查目标的确立和调查方向的选择，而这种目标和方向的确定也同时意味着社会调查的“特定道路”的确定。不同的调查课题对所走的“道路”的要求不同。这种不同的要求主要体现在社会调查过程中的对象选择、内容选择、方法选择、规模确定、方案设计等等。

案例分析

对于下面三个不同调查课题来说，它们通往目的地的“道路”受着怎样的影响和制约呢？

课题一：当前我国农村居民生活质量现状及其影响因素研究

课题二：某省某职业技术学校应届毕业生择业倾向调查

课题三：某市城区老年人生活状况调查

分析：

对于第一个调查课题来说，它所要求的是必须在全国所有农村这一范围中进行的抽样，抽样程序比较复杂，而且样本的规模也必须相当大。又由于生活质量所涉及的内容比较多，因而调查问卷、资料搜集的方法也相对会复杂一些。进行这一调查课题所需要的经费、人员、时间和管理等也就相对较多。它走的是一条“大规模、多内容、高投入”的道路。

课题二则与课题一大不相同，它所要求的只是在某省的一所中职学校中的小范围抽样，抽样程序相对简单，样本规模也要小得多。资料搜集方法只需自填问卷，问卷内容也比较单一，因而很少几个调查人员在很短的时间内就能完成，花费也很小。

课题三在规模、范围、内容复杂程度等方面，都介于前面两者之间，它所要求的资料搜集方法也与课题二不同。由于课题所要求的调查对象是老年人，他们的文化程度相对较低，因而不能采用自填问卷的方法，而只能采用访问等方法。这又意味着比较多的调查人员、比较长的调查时间、比较高的研究经费投入以及比较复杂的组织管理。

（三）影响调查的质量

造成现实生活中一些社会调查质量较差的原因是多方面的，其中除了调查课题本身的层次比较低，调查人员的素质、技能比较差，或者调查工作进行得比较粗糙等原因外，研究者所选择的调查课题本身就不恰当、不可行，也往往是十分重要的原因。

例如，在同样的条件下，一个年轻的中职生选择诸如“老年人生活状况”的调查课题，其调查结果的质量往往比他选择做一个“中职生择业倾向”方面的调查课题的质量要差。因为他对老年人的人生经历和体验的熟悉程度、对于这一课题有关的背景知识，以及他从事这一课题研究所具有的和可利用的资源、条件等等，都不如后一个课题。

一个具有现实性和时代感的重大调查课题，如果调查取得成功，其调查成果就可能产生巨大的理论价值和应用价值。一个陈旧的或脱离实际的调查课题，不管调查工作花费了多大精力调查资料如何翔实、完整，也不可能产生好的社会效益。所以，不合适、不可行的调查课题，从一开始就包含着调查成果质量不高的内在因素，包含着研究者难以克服的一些困难和障碍。因此，要提高社会调查的质量，首先要慎重的选题。

第2节　调查对象与调查内容

社会调查课题明确后，需要进一步解决向谁调查和由谁来提供具体资料，以及明确向被调查者了解些什么等问题。这一工作是进一步将社会调查课题深化与具体化的过程。

一、调查对象

我们先来看这样一个问题：为了调查研究某市各广告公司的经营情况及存在的问题，应该向“谁”调查呢？显然，要解决这些问题，必须对全市广告公司进行调查。那么，该市所有广告公司就成了我们调查的对象，它是由全市每一个广告公司组成的一个集合体，我们也称之为**“统计总体”**，简称**“总体”**；而组成全市广告公司的每一单个广告公司就成了我们的调查单位，它是调查对象所包含的具体单位，是构成总体的**“个体”**，也称为**“总体单位”**。

构成一个统计总体一般来说必须具备以下三个基本特征：

第一，同质性。同质性就是要求构成总体的各个具体单位在某一方面要有共同的性质。如上面所提到的由某市各广告公司构成的总体，该总体各单位的共性是“从事广告业务”，凡不是从事广告业务的公司如建筑公司、百货公司等不能成为该总体的基本单位。

同质性是构成总体的基础，是调查研究的全体条件，如果没有这个基础和前提，资料的搜集、汇总和分析就没有任何意义。

第二，大量性。调查研究总是以总体单位为基础的，从搜集总体单位的资料开始，然后将每一个总体单位的资料进行汇总综合，以反映总体的特征。所以，总体一定要由大量的个体组成。例如，我们不可能通过某市个别的广告公司的经营情况和存在的问题来说明全市广告公司的经营情况和存在的问题。

调查研究的精确性要求越高，调查或观察的总体单位数就要求越多。一个总体中所包括的总体单位数可以是无限的，这样的总体称为无限总体；也可以是有限的，则称为有限总体。在社会经济现象中，统计总体大多是有限的。

第三，变异性。构成总体的各单位除了同质性一面，还必须有差异性一面，否则便不需要进行调查研究了。例如，组成某市广告公司的每一个广告公司，除了具有“从事广告业务”的共同性质外，其他方面如经营规模、从业人员、业务收入、营业利润等表现是不相同的，也是不可能完全相同的。

可见，调查对象是指根据调查目的所确定的、需要调查的那些社会经济现象的总体，它是由许多性质相同的调查单位（个体）组成。确定了调查对象，调查总体的范围和界限才能得以明确。

总体和总体单位可以是个人、群体，也可以是事件或现象。例如，调查对象为某班全体同学的总体，该班每一名同学就是调查单位，也是总体单位；研究某市交通事故，该市所有交通事故就构成了调查对象，成了一个总体，该市每一起交通事故就是总体单位，也是调查单位。

要注意调查单位和调查对象，总体和总体单位不是固定不变的，而是随着研究目的和研究任务的变化而变化。例如，在“普九”调查中，全国所有的中（小）学构成统计总体即调查对象，每一所中（小）学都是总体单位即调查单位。现在，如果要研究其中某所中（小）学的有关情况，则该所学校就是我们的调查对象即统计总体，而调查单位即总体单位可能是该校的每一个班或每一个学生等。

请思考：

1. 要研究某企业职工的工资情况，其统计总体是什么？想一想这个总体是否同时具备统计总体的三个特征？

2. 总体和总体单位可以指单位也可以指人，请问可以指物吗？举例说明。

二、调查内容

解决了向谁调查和由谁提供资料的问题，就需要进一步明确向调查对象和调查单位调查什么项目、调查什么问题，这就构成了我们的调查内容。

调查研究是以调查单位（总体单位）为基础，通过先搜集反映调查单位的属性或特征的资料，然后对每个调查单位的这些资料进行汇总综合，得到调查对象即总体的综合数量特征。统计上把向调查单位进行登记的调查项目称之为“标志”，而把综合汇总后用于反映调查对象即总体综合数量特征和数量关系的资料称之为“统计指标”，简称“指标”。

（一）标志

标志是调查研究中的调查项目，用来说明调查单位的属性或特征的名称。这些属性或特征是总体各单位所共同拥有的。例如，对班级学生调查中的每一个学生来说，有性别、年龄、民族、身高、体重、爱好等特征，这里的“性别”“年龄”“民族”等名称就是标志。

标志按其表现特征的性质不同，可以分为品质标志与数量标志。**品质标志**表明总体单位属性的特征，如前面列举的每个同学的性别、民族、爱好等。**数量标志**表明总体单位的数量特征，如前面列举的每个同学的年龄、身高、体重等。

标志还可以分为不变标志和可变标志。不变标志是指所有的总体单位共同具有的特征。例如，在“某中等职业技术学校男生总体”中，每一位男生是总体单位，性别都是男性。此时，性别这个标志就是不变标志。可变标志是指在总体单位之间存在差异的标志。例如，在“某中等职业技术学校男生总体”中，身高、体重、年龄等标志在每位男生之间都存在差异，则它们都是可变标志。

不论是品质标志还是数量标志都有可能是可变标志。统计学上把标志在各总体单位上所表现出来的差异称为“变异”。

标志的具体表现是指在所属的标志名称之后所列示的属性或数值，它是某一共同品质属性或数量特征在总体各单位身上的具体体现。标志的具体表现可以表明总体各单位之间在某个特征上的差别。

品质标志的具体表现是用文字来说明的。如“性别”这一标志有男、女之分；“民族”这一标志有汉、回、满、藏之分等。

数量标志的具体表现是通过数字来说明的。如“年龄”这一标志有 10 岁、20 岁、30

岁之分等；“身高”这一标志有 140 厘米、150 厘米、160 厘米等之分等。

当一个标志既是数量标志又是可变标志时，我们称其为“变量”。在“某中等职业技术学校男生总体”中，身高、体重、年龄等标志都是可变的数量标志，因而都可以称为变量。某一变量在各总体单位的具体表现称为变量值。例如，身高是变量，140 厘米、150 厘米、160 厘米等都是变量值。

可见，一个变量有若干个变量值。变量根据其变量值的取值情况分为连续型变量和离散型变量。连续型变量在其取值范围内可任意取值，且任意两个变量之间可以有无穷多个具体值，变量值是连续不断的，取整数或取小数都具有经济含义。例如，人的身高、年龄、体重等，其数值要用测量或计算的方法取得。

离散型变量只能取整数，相邻两个整数之间不能用小数连接。例如，企业的职工人数、设备台数，某地区的人口数、企业个数等，其取值只能用整数表示，因而均属于离散型变量，其数值的取得只能用计数的方法。

总体单位是标志的承担者。标志名称是所要调查的项目，标志表现是调查的结果。例如，“年龄”是标志名称，“20 岁”是标志表现；“性别”是标志名称，“男”“女”是标志表现。

请思考：每一个学生作为总体单位具有哪些标志？指出其中的品质标志和数量标志。

（二）指标

指标是各种说明综合数量特征和数量关系的数字资料，用来反映总体现象在一定的时间、地点、条件下的数量特征的概念和具体数值，它是通过对总体各单位的数量标志值进行综合汇总而形成的。例如，“我国 2017 年国内生产总值 827 122 亿元”，其中，“国内生产总值”是指标名称；“827 122”是指标数值；“亿元”是指标计量单位；“我国 2017 年”是指标条件，即指标的空间及时间范围。

可见，一个完整的指标要有**名称、数值、计量单位、条件**四要素构成。它们体现了指标的具体性、数量性、综合性的特点。

指标可分为数量指标和质量指标。**数量指标**反映总体绝对数量的多少，也称为总量指标，用绝对数表示。例如，全国人口总数、中等职业院校数、国内生产总值、销售收入、利润总额等这些指标要么是总体单位总量，要么是总体各单位标志总量，都反映了现象的总规模、总水平和工作总量。**质量指标**反映现象相对水平和工作质量。它是总量指标的派生指标，是在总量指标的基础上通过一定的计算而形成，常用相对数或平均数表示。例如，人均国内生产总值、职工平均工资、产品合格率、劳动生产率、学生出勤率等。

单个指标只反映总体某一个数量特征，说明现象某一侧面情况。然而，客观现象是错综复杂、相互联系的，要科学、全面地反映社会经济现象的数量特征，描述现象发展的全过程，需要将一系列有联系的指标有机结合起来进行分析研究。由一系列相互联系的指标所组成的有机整体，称为指标体系。例如，为了反映公司生产经营状况，需要设立产量、增加值、职工人数、工资总额、利润、产值、资产负债率、劳动生产率、产值利税率、成本利润率等一系列构成的指标体系；又如，反映一个国家实力的国民经济指标体系就是由工业、农业、科技、人口、文教、卫生等诸多指标构成。

议一议：你平时对哪些统计指标体系有过了解？请举例说明。

图1－1所示为企业主要指标体系。

- 企业生产经营统计指标体系
  - 企业资源投入
    - 全员劳动生产率
    - 单位产出原材料消耗量
    - 万元产值综合能耗
    - 固定资产动态指标
    - 固定资产更新系数
  - 产品生产经营质量状况
    - 产品综合质量系数
    - 优等品率
    - 市场销售率
    - 市场占有率
  - 企业负债水平和偿债能力
    - 流动资产负债率
    - 总资产负债率
    - 流动比率
    - 速动比率
  - 企业发展潜力
    - 总资产增长率
    - 净资产增长率
    - 固定资产净值率
    - 技术开发贡献率
  - 企业营运能力流动
    - 总资产周转次数
    - 资产周转次数
    - 存货周转次数
  - 企业生产经济效益
    - 资本收益率
    - 销售利润率
    - 资金利税率
  - 企业社会效益
    - 合同履约率
    - 贷款逾期率
    - 环境保护指数

图1－1　企业主要指标体系

从上面学习的知识中，我们可以知道指标和标志是既有联系又有区别的两个概念。两者的区别是：第一，指标是说明总体特征的，而标志则是说明总体单位特征的；第二，指标都是用数值表示的，没有不能用数值表示的统计指标，而标志有用文字表示的品质标志与能用数值表示的数量标志。两者的联系是：第一，有许多统计指标的数值是从总体单位的数量标志值汇总而来的，如一个煤炭工业局（公司）的煤炭总产量，是从所属各煤炭工业企业的产量汇总出来的；第二，指标与标志（数量标志）之间存在着变换关系。由于研究的目的不同，原来的统计总体如果变成总体单位，则相对应的统计指标也就变成数量标志，反之亦然。

第 3 节　调查方案设计

当调查课题确定后，接下来的工作并不是立即深入到社会生活实际中去搜集资料，而是要为顺利完成调查课题所确立的目标进行认真、周密地规划和设计工作。因为正确地制订调查方案是保证统计调查有计划、有组织进行的首要步骤，是保证统计调查顺利进行的前提，也是准确、及时取得统计资料的重要条件。

一个完整的调查方案包括以下基本内容：

一、确定调查目的

制订调查方案的首要问题是要明确调查目的。确定调查目的就是要明确为什么要进行调查、通过调查需要解决什么问题、需要搜集哪些资料、调查的结果有什么用处等。有了明确的目的，才能确定向谁调查、调查什么、采用什么方式和方法进行调查等一系列问题。若调查目的不明确，其产生的后果必然是调查活动的盲目性。

二、确定调查对象和调查单位

明确了调查目的之后，就要确定调查对象和调查单位，这主要是为了解决向谁调查和由谁来具体提供资料的问题。

调查对象就是根据调查目的、任务确定调查的范围以及所要调查的总体，它是由某些性质上相同的许多调查单位所组成的。调查单位就是所要调查的社会经济现象总体中的个体，即调查对象中的一个一个具体单位，它是调查中要调查登记的各个调查项目的承担者。千万不要把调查单位理解为从事调查工作的工作部门或单位。

在确定调查对象和调查单位时，应该注意以下四个问题：

第一，由于社会经济现象具有复杂多变的特点，在许多情况下，调查对象也是比较复杂的，必须用科学的理论为指导，严格规定调查对象的含义，并指出它与其他有关现象的界限，以免造成调查登记时由于界限不清而发生差错。例如，以城市职工为调查对象，就应明确职工的含义，划清城市职工与非城市职工、职工与居民等概念的界限。

第二，调查单位的确定取决于调查目的和对象，调查目的和对象变化了，调查单位也要随之改变。例如，要调查城市职工本人基本情况时，这时的调查单位就不再是每一户城市职工家庭，而是每一个城市职工。

第三，调查单位与填报单位是有区别的，调查单位是调查项目的承担者，而填报单位是负责向上报告调查内容、提交统计资料的单位。例如，对某地区工业企业设备进行普查，调查单位为该地区工业企业的每台设备，而填报单位是该地区每个工业企业。

但在有的情况下，两者又是一致的。例如，在进行职工基本情况调查时，调查单位和填报单位都是每一个职工。在调查方案设计中，当两者不一致时，应当明确从何处取得资料并防止调查单位重复和遗漏。总之，确定调查单位可使我们知道从哪里取得有关标志的具体资料，它可以是人、企事业单位、物；确定填报单位使我们知道由谁提供具体资料，它只能是某个人或某单位。

第四，不同的调查方式会产生不同的调查单位。如采取普查方式，调查总体内所包括的全部单位都是调查单位；如采取重点调查方式，只有选定的少数重点单位是调查单位；如果采取典型调查方式，只有选出的有代表性的单位是调查单位；如果采取抽样调查方式，则用各种抽样方法抽出的样本单位是调查单位，而所抽出的样本单位所组成的集合体我们称之为样本，样本中所含样本单位的数量称为样本量。

三、拟定调查项目和调查表

调查项目就是调查中所要登记的调查单位的属性或特征，这些属性或特征就是前面我们提到的标志。确定调查项目所要解决的问题是向调查单位调查什么？反映调查单位特征的标志多种多样，在调查中确定哪些调查项目，应根据调查目的和调查单位的特点而定。

在调查中还必须设计调查表。调查表就是根据调查目的所确定的具体调查项目，也就是调查所研究的内容，调查表所要解决的问题是向调查单位调查什么？

调查表是调查方案的核心部分，必须紧紧围绕调查目的、现象之间的相互联系，从现象的过去、现在和发展等方面出发，提出所要调查的项目，拟定调查表。

调查表一般由表头、表体和表脚组成。

表头：用来表明调查表的名称以及填写调查单位的名称、性质、隶属关系等。

表体：这是调查表的主要部分，包括统计调查所要说明的社会经济现象的项目和这些项目的具体表现，亦即数字、计算单位等。

表脚：包括调查者的签名和调查日期等，以便明确责任，若发现问题，便于查询。

调查表的形式一般有两种：单一表和一览表。

单一表：是在一张表上只登记一个调查单位的调查资料，它可以容纳较多的调查项目，适于较详细的统计调查。

一览表：是在一张表上登记若干个调查单位的调查资料，它的调查项目不宜过多，这种表的使用可以节省人力、物力，而且一目了然。

拟定好调查表后，必须附有简明扼要的填报说明和调查项目解释。填表说明用来说明填表时应注意的事项；项目解释则是对调查表所列各个调查项目、调查指标的含义，包括范围、计算方法等进行统一的规范说明，保证调查资料的准确性和标准化。填表说明和项目解释必须符合国家制定的统一标准。

四、确定调查时间和期限

调查时间是指调查资料所属的时间（时期或时点），即所谓客观时间。明确规定调查的时期或时点，是保证调查资料准确性的重要条件。如果所要调查的资料是某一时期的总量，就要规定报告期的起止日期；如果调查资料是某一时点上的水平，就要规定统一的标准时点。调查期限是指进行调查工作的时间，包括搜集资料和报送资料的整个工作所需要的时间，即所谓主观时间。为保证调查资料的及时性，任何调查都应尽可能缩短调查时限。

例如，全国企业1998年产品产量报表，呈报时间规定在1999年1月7日，此处调查时间为1998年全年，调查期限为7天。2012年某市外来人口普查，将5月10日零时定为普查登记的标准时点，要求在2012年5月15日以前完成普查登记工作，此处的调查时间为5月10日零时，调查期限为5天。

五、编制调查组织实施计划

调查方案中还必须研究确定调查的组织工作计划，使调查工作的进行有组织上、措施上的保证。组织工作计划包括调查机构、调查地点、选择调查方法等问题。此外，调查组织工作计划中，对于调查前的准备工作，包括宣传教育、调查员培训、文件印刷、调查资料报送办法、调查经费的预算和开支办法、提供或公布调查成果的时间等，均应作具体规定。对于大规模统计调查所制定的调查方案往往需要作试点调查，通过试点，检验调查方案是否可行，以便加以修改和补充；还要积累实施调查方案的经验，提高调查人员的业务技能，圆满完成调查任务。

本章案例

××省财经类中等职业技术学校学生
择业观及就业情况调查方案

一、调查的目的

本课题主要通过对××省财经类中等职业技术学校在校毕业生择业观及往届毕业生就业情况的调查，了解当前财经类中职学生的择业倾向、择业心态、就业情况及其成因。从而为财经类中等职业技术学校有针对性地做好毕业生就业推荐工作，以及自身培育目标与相关的教学改革提供建议和对策。

二、调查范围

××省内财经类中等职业技术学校2018年应届毕业生、2013—2017年往届毕业生。

三、调查对象与调查单位

1. 调查对象：上述学校2018年应届毕业生，2013—2017年往届毕业生。

2. 调查单位：上述学校2018年每一位应届毕业生，2013—2017年每一位往届毕业生。

四、调查内容和调查表

1. 调查内容

（1）各财经类中职学校近几年毕业生就业情况及发展趋势，呈现什么样的变化特征；

（2）各财经类中职学校在校毕业生的就业观及思想动态。

2. 调查表（见第二章案例分析）

五、调查方法

本次调查拟以标准问卷工具，采用问卷调查法进行。

六、抽样设计（略）

七、调查期限

2018年1月1日至6月30日

八、调查工作的组织实施计划

包括调查的组织机构与成员、协作单位、抽样调查工作的组织、进度安排、经费预算等几方面，详细内容略

关键词

调查对象　调查单位　总体　总体单位　样本　标志　数量标志　品质标志　指标
数量指标　质量指标　指标体系　变异　变量

第2章 资料搜集

学习目标：

本章主要学习社会调查数据来源的相关知识，包括数据搜集的来源、种类及质量要求，各种调查组织形式的含义和特点，各种资料搜集方法的特点和应用，以及在资料搜集过程中可能存在的误差和控制方法。要求掌握资料搜集的基本要求、区分和正确运用搜集资料的方式、运用几种常见的资料搜集方法来搜集数据的能力，为以后调查数据的描述打下基础。

重点、难点：

□资料搜集的种类和质量要求
□资料搜集的组织形式
□资料搜集的方法应用

中国社会科学院社会学研究所在《2011年社会蓝皮书》中指出，2011年中国城市居民普遍认为中国社会的整体道德水平呈下降趋势，城市居民对20世纪70年代、80年代、90年代以及当前这四个时期的道德水平的评价分值分别为8.00分、7.53分、7.04分、6.32分。2013年12月20日人民网强国论坛调查专栏《态度》联合北京美兰德信息公司在全国范围内发起的一项调查显示，五成民众认为当下中国社会整体道德水平“一般”，七成民众认为“社会不公”对道德水平负面影响较大，在道德水平变化趋势方面，受访者态度趋于分散。近半数受访者认为当前社会道德状况与十年前相比“明显上升”或“上升一些”，近四成认为“有所下降”，仅12.7%认为“基本没变”。这些调查结果引发了一些争论，人们十分关心这些数据搜集的方式、调查方法的选用是否影响到数据的真实性和可靠性。所以，在开展社会经济调查工作中，统计资料的应用非常接近生活，我们不仅要让社会公众获得更多有价值的统计信息，而且还要使大家对调查资料搜集的过程及方法有所认识。

第 1 节 资料搜集的种类及质量要求

一、资料的来源

调查资料的搜集又叫统计调查，它是根据调查研究的目的和要求，采用科学的调查方法，有计划、有组织地向调查单位搜集各种原始资料或次级资料的工作过程。

从资料本身的来源看，有来源于直接的调查或实验的，有来源于别人调查或实验的。前者称为原始资料，后者称为次级资料。

原始资料是指向总体单位直接搜集的，来源于直接的调查和科学实验的第一手统计数据。在进行宏观管理决策和科学研究，必须掌握最新的人口，国内生产总值，第一，二、三产业基本情况及人民生活变化情况，这就需要组织专门调查以获得国民经济管理的基本数据；在市场经济体制下，面对市场经济激烈竞争的现实，各企业迫切需要利用统计调查方法，快速准确地掌握市场需求和居民消费等市场信息。

次级资料是指已经经过某个部门或地区加工整理过的，即来源于别人调查和科学实验的第二手统计数据。对于大多数的研究和实际工作者来说，亲自去作直接的调查往往不可能或没必要，完全可以通过各种渠道获取别人调查或科学实验数据。例如，从统计年鉴、各种报表及报纸杂志上搜集资料，从互联网上搜集世界各国的有关资料等。随着网络技术的普及，次级资料的获得变得越来越方便。利用二手资料对使用者来说既经济又方便，但使用时应注意统计数据的含义、计算口径和计算方法，以避免误用或滥用。同时，在应用二手资料时，一定要注明数据的来源，以尊重他人的劳动成果。

议一议：举例说明身边有哪些原始资料和次级资料？

二、资料搜集方式的种类

调查数据的搜集可以从不同的角度，划分为不同的种类。

资料搜集方式包括：全面调查、非全面调查、专门调查、经常性调查、一次性调查、直接调查、凭证调查、派员调查、问卷调查等。

（一）按调查对象包括的范围不同，可分为全面调查和非全面调查

全面调查是指对研究对象中所有的单位无一遗漏地进行调查登记的一种调查方式，如人口普查、工业普查等。通过全面调查可取得准确、全面详尽的资料。

非全面调查是对研究对象中的一部分单位进行调查登记的调查方式，如社会商品零售价格抽样调查。非全面调查的结果，有的只是所观察的部分单位的情况，有的可以推断总体的情况。

（二）按调查组织方式不同，可分为统计报表和专门调查

统计报表是按照国家统一规定的表格和内容要求，自下而上地逐级提供统计资料的一种调查方式。这种调查方式在我国已经成为一种报告制度，如工业统计报表制度、农业统计报

表制度等。

专门调查是为了研究某种情况或某项问题而专门组织的调查，可分为普查、重点调查、抽样调查、典型调查等多种类型。

（三）按调查登记的连续性不同，可分为经常性调查和一次性调查

经常性调查又称连续调查，是为了观察总体现象在一定时期内（通常是一年内）的数量变化，随着调查对象的发展变化，连续不断地进行调查登记。例如，企业产品的生产数量、原材料的投入情况、能源的消耗情况等都必须在调查期内连续登记，然后汇总起来。

一次性调查是间隔一个相当长的时间（通常是一年以上）所作的调查，一般是为了对总体现象在一定时点上的状态进行研究。例如，生产设备拥有量、耕地面积等。这些指标的数值在短期内变化不大，不需要连续登记。

（四）按调查搜集资料的方法不同，可分为直接调查、凭证调查、派员调查、问卷调查

直接调查是指由调查人员亲自到现场对调查单位项目直接查看、清点、测量和计量以取得资料的一种方法；**凭证调查**指以各种原始和核算凭证为调查资料来源，按照统一的表格形式和要求，按照隶属关系，逐级向有关部门提供资料的方法；**派员调查**指通过派调查员对被调查者询问、采访，提出所要了解的问题，借以搜集资料的方法；**问卷调查**指为了特定的目的，以问卷形式提问，由被调查者自愿自由回答问题的一种搜集资料的方法。

三、资料搜集的质量要求

必须保证资料搜集的质量，才能正确反映客观事物，作为预测未来、实施经济评价和经济管理的依据。因此，对资料搜集的基本要求是准确性、及时性、系统性、完整性和经济性。

（一）准确性

准确性是指调查取得的各项资料必须真实可靠，符合客观实际，按事物的本来面貌如实反映情况。社会调查的准确性不仅是技术问题，而且是涉及坚持统计制度、统计法规的原则问题。我国统计立法的核心就是保障各种统计资料的准确性和客观性。

（二）及时性

及时性是指在社会调查规定的时间内，尽快提供规定的调查资料，完成规定的各项任务。调查统计资料是进行管理决策不可缺少的依据，而客观经济现象又是不断变化的，因而调查统计数据具有很强的时效性。调查统计资料的及时性也是一个全局性的问题。因此，提高统计调查的及时性必须要求各单位有全局观念，有团队协作精神，遵守统计制度和规律。

（三）系统性

系统性是指综合资料中各项调查统计数据应该配套，能从不同侧面、不同层次上对调查对象的整体进行研究，能够从事物的内部结构和外部联系上进行对比分析。

（四）完整性

完整性是指调查单位不重复、不遗漏，所列调查项目的资料搜集齐全。只有齐全的资料，才能比较正确地反映所研究的社会经济现象的全貌。

（五）经济性

经济性是指在满足一定准确度的要求下，要以最小的调查费用取得所需的统计资料。通常对调查数据的准确性要求高，则调查的费用就较大。而任何一项统计调查总有一定的费用约束，因此，如果一味地强调资料的准确度，无视经济性要求，会造成不必要的人力、财力

和物力的浪费。

调查资料质量的这五项要求是相互结合、相互依存的，在每一次统计调查实践中，要根据具体情况，综合考虑。一般而言，要以准确为基础，力求在准中求快，以尽可能小的成本取得完整、系统的资料。

第 2 节　资料搜集的组织形式

由于调查研究的具体目的不同，所涉及的调查范围和调查对象以及所用的具体调查方法也不同，因而有不同的调查组织形式。社会调查常用的组织形式有普查、抽样调查、重点调查、典型调查和统计报表。

一、普查

（一）普查的意义和特点

普查，即指普遍调查，是依据调查任务而专门组织的一次性的全面调查。它可以取得比较准确的全面统计资料，为搞清一个国家的主要国情国力、制定重要政策和长期发展规划提供重要依据。普查是一种重要的调查方式，世界各国在反映本国综合实力的国情国力调查中都采用普查的方式完成。普查有以下三个特点：

1. 一次性。普查一般用来调查属于一定时点上现象的总量，这些时点现象的数量在短期内往往变化不大，不必作连续的登记，只需间隔一段较长时间进行一次性的调查。而且普查的规模大、指标多、任务重，耗费大量人力、物力和时间，不可能采用经常性调查，只能采用一次性调查。例如，人口普查工作不可能年年搞。我国 2010 年进行的第六次人口普查与 2000 年的第五次人口普查就间隔了 10 年。

2. 时点性。普查的对象主要是时点现象。所以每次普查都有标准时点。例如，2004 年第一次全国经济普查的标准时点为 2004 年 12 月 31 日。但是，普查也不排斥对某些时期现象在某段时期内数量表现的调查。例如，第一次全国经济普查还包括对零售批发业在 2004 年度的销售总额的调查等。

3. 全面性。普查对象范围广，调查内容详细，比其他任何方式的调查更能掌握全面、详尽的统计资料，具有重要的分析价值。

（二）普查的组织实施

普查的组织形式有两种：一种是自上而下组织专门的普查机构，配备一定数量的普查人员，对调查单位直接进行调查登记。例如，我国的人口普查都采用这种形式。另一种是自下而上由被调查单位填报表格逐级上报来实施普查。例如，我国的物资库存普查。但即使是后一种形式，也仍需组织普查的领导机构，配备专门人员对普查工作进行组织领导。

根据普查特点，在组织实施时应按系统工程要求，严把质量关。具体实施过程如下：

1. 建立普查的组织领导机构。普查范围广，调查单位多，花费时间长，要求必须建立各层次组织机构，安排专门人员参加普查工作，并且职责明晰、分工明确。

2. 确定统一的标准时间。这是指规定某一时刻或现象所属的某一段起止时间作为登记调查对象的标准时点或标准时期。这样才能保证所有调查单位的调查资料都是反映同一时间特征的，避免所搜集的资料因时间不同，汇总后不能反映客观事实而失去准确性。例如，我国第五次全国人口普查规定的标准时点为 2000 年 11 月 1 日零时，而相差一天，我国的人口总量就会有 5 万人的差异。

3. 规定各阶段工作进度。例如，第一次全国经济普查工作分为五个阶段。2004 年 12 月底前为准备阶段，2005 年 1 月至 5 月为填报阶段，2005 年 2 月至 8 月为数据处理和上报阶段，2005 年 9 月至 2005 年底为数据评估和发布阶段，2005 年 9 月至 2006 年上半年为资料开发应用、工作总结和评比表彰阶段。有了工作进度，才能保证普查按计划同时开始、按期完成，使调查资料得以及时汇总，发挥统计调查的时效性价值。

请讨论：如果你是某一企业的统计员或是某一统计调查工作的负责人，该如何来划分统计调查工作的阶段?

4. 规定普查的项目和指标。普查的项目必须统一，其内容、解释口径、计算方法等一经确定，不得任意增减改变，以免影响汇总综合，降低资料质量。同一种普查，每次项目和指标应力求一致，以便更好地进行历次调查资料的对比分析，观察某种现象变化发展的情况。

5. 制定严格质量控制方法。普查工作是一项庞大的系统工程，普查资料的质量控制是贯穿始终的重要工作。它包括普查前的质量控制、普查中的质量控制和普查后的质量控制，只有步步为营实施控制，才能保证普查资料的准确性，提高工作的质量。

（三）我国的周期性普查

普查作为获取有关国情、国力资料的重要统计方法，在我国已经纳入了规范化、法制化的轨道，我国政府也规定了“以周期性普查为基础”的整体统计调查方法体系。已有的重大普查工作的统筹安排为：人口普查，逢 0 年份实施，每 10 年 1 次；农业普查，逢 6 年份实施，每 10 年 1 次；2004 年将原定于 2003 年进行的第三次全国第三产业普查推迟，与计划在 2005 年开展的第四次全国工业普查和 2006 年开展的第三次全国基本单位普查合并，同时将建筑业纳入普查范围，在 2004 年开展了第一次全国经济普查。今后全国经济普查每 10 年进行 2 次，分别在逢 3、逢 8 年份实施。

二、抽样调查

抽样调查是按照随机原则，从研究对象的全部单位中抽取一部分单位进行调查，并用调查所得的数据资料推断总体数量特征的一种非全面调查方式。抽样调查的目的不在于了解样本本身的数量特征，而在于借助样本的数量特征，估计和检验总体的数量特征。抽样推断为经济方法提供了一个利用样本的有限信息了解和掌握总体未知数量特征的科学方法。

例如，我们到集市上去买花生、瓜子，总是要先抓几粒看看是否饱满；在家里做菜，做好后要尝尝咸淡如何；商品检验局对出口的皮带进行品质检查，质量检查员从 1 000 箱（50 条/箱）中随机抽取 50 条，对所抽取的 50 条皮带进行品质检查，据此推断这批货物的质量。这些调查方式都属于抽样调查。

（一）抽样调查的特点

1. 遵循随机原则抽取调查单位。抽样调查必须非常客观，毫无偏见地从总体中抽取调查单位，也就是严格按随机原则抽取调查单位，不受调查人员任何主观意图的影响，否则会带上个人偏见，失去对总体数量特征的代表性，这也是它与其他非全面调查方式的主要区别之一。

2. 用抽样指标推断总体数量特征。根据对部分单位调查所得的资料，整理计算抽样指标，再据以推算总体的指标数值，这是抽样调查既区别于其他非全面调查，也区别于全面调查的一个重要特点。其他非全面调查如重点调查、典型调查等，一般不具备推断的条件，所以不去推算总体的数量特征。虽然抽样调查与全面调查的目的都是要掌握总体的数量特征，但比较起来，抽样调查能够节约人力、费用和时间，且比较灵活。

3. 可以计算和控制抽样误差。抽样调查是根据部分单位所取得的资料来推断总体指标数值的，推断结果不可避免地会有误差。对于抽样误差，抽样调查方法既可以在调查推断之前事先估计出来，也可以根据调查目的和任务的要求，采取一定的组织措施加以控制，以保证推断的准确性和可靠性。

（二）抽样调查的作用

抽样调查是一种科学、灵活、实用的调查推断方法，在社会经济各个领域的应用越来越广泛。具体来讲，抽样调查的作用有以下几方面：

1. 对某些不可能进行全面调查又需要了解其全面情况的社会经济现象，必须应用抽样调查。*例如，灯泡耐用时间试验、电视机抗震能力试验、罐头食品的卫生检查、人体白血球数量的化验等等。*这些都是有破坏性的，不可能进行全面调查推断，只能采用抽样调查推断。

2. 有些总体从理论上讲可以进行全面推断，但实际上办不到。*例如，了解某森林区有多少棵树，城乡居民的家庭生活状况如何等等。*从理论上讲这是有限总体，可以进行全面调查推断，但实际上缺乏可操作性，也不必要。对这类情况的了解一般采取抽样推断方法。

3. 抽样调查可以用来检验和修正全面调查资料。全面调查的调查单位多、涉及面广，参加调查汇总的人员也多、水平不齐，因而发生登记性误差和计算性误差的可能性就大，使资料的准确性受到影响。而抽样调查工作量小、参与人员少并经过严格培训，较少发生登记性误差，故可据以对全面调查的结果进行检验和修正。

4. 利用抽样调查方法可以用于工业生产过程的质量控制。在成批或大量连续生产的过程中，可以运用抽样调查法检验生产过程是否正常，及时提供信息，进行质量控制，避免成批出现不合格产品。

5. 利用抽样调查方法，可以对于某种总体的假设进行检验，来判断这种假设的真伪，以决定取舍。

（三）我国的抽样调查实践

国家统计局在 20 世纪 80 年代组建城市经济调查总队、农村经济调查总队，在 1998 年组建企业调查总队，各地方也相应有城调队、农调队和企调队，他们为国家成功地进行了工业产品质量抽样检验、城市住户调查、市场抽样调查、人口抽样调查、农产量抽样调查，等等。

三、重点调查

重点调查是在全部调查单位中选择一部分重点单位进行调查，借以了解总体的基本情况的一种非全面调查。所谓重点单位，是指这样一些单位，它们的数目在全部单位数中只占很小的比重。但它们的标志值的总和在总体的标志总量中却占很大的比重。通过对这部分单位进行调查能从数量上反映总体的基本情况。例如，要了解我国出口商品总额的基本情况，以美国、欧盟、日本、东盟、韩国几个大的贸易伙伴为重点单位进行调查即可完成。虽然它们在我国所有的贸易伙伴中是少数，但它们是大的贸易伙伴，贸易额占绝对大的比重。对这些重点贸易伙伴进行调查，比全面调查要省时省力，而且更能及时了解全国出口贸易总额的基本情况。

在实际应用重点调查时应注意以下两点：

1. 重点单位的选择不带有主观因素，它只着眼于所研究现象主要标志的总量，而与平常所说的“重点单位”有区别。只要调查单位的主要标志总量不占绝大比重，仅因为技术创新、管理先进或特殊原因而被列为重点管理的，都不列为重点调查单位的范畴。

2. 重点单位不能精确推断总体总量。重点单位是一种非全面调查，只有当调查任务只要求掌握总体基本情况，而部分重点单位又能比较集中地反映所研究的项目和指标时，采用重点调查比较适宜。

所以利用重点单位调查推断总体，只能了解总体基本概况，而不能精确推断总体总量。

我国有相当一部分重点调查已经纳入国家统计报表制度，逐级按月、季、年上报。如重点市职工工资总额构成情况季报、重点市工业企业主要经济指标电讯月报、重点工业企业运输能源消耗季报、重点市物价统计制度等。

四、典型调查

典型调查是根据调查的目的任务，在对研究的现象总体进行初步分析的基础上，有意识地选取有代表性的典型单位进行的非全面调查。

典型调查能否取得良好效果，关键在于正确选择典型单位。典型单位是指在同一事物中能最充分、最突出地体现总体共性的代表单位。选择典型单位时应注意：要在对调查对象总体进行全面分析、对可供选择单位进行反复对比的基础上选择代表性较强的单位。选取典型单位的方法可以灵活多样。例如，为了研究获得成功的经验或总结失败的教训，应该选择调查对象中先进或落后的作为典型单位；为了了解总体的一般数量表现或一般发展趋势，可选择中等的带有普遍性的那部分单位作为典型单位。

若调查总体各单位发展条件较一致，彼此间差异小，可选一个或几个典型单位进行调查，即通常所说“解剖麻雀”式典型调查；若各单位之间发展条件差异大，涉及问题较复杂，则应按一定标志，将总体划分为几个类型，从各类中按比例选取典型单位调查，即通常所说“划类选典”式典型调查。

典型调查在实际应用时要注意以下两点：第一，典型单位的确定是人为选择的，取决于统计调查人员对调查对象全面分析基础上主观的判断选择。这与重点调查中重点单位的选取是不同的。第二，典型调查的目的是发现问题、观察趋势，而不能不加限制地直接以调查结果推断总体。

议一议：要了解学校学习成绩比较好或成绩比较差、违反校纪校规严重的同学情况，宜采用何种组织形式？

五、统计报表

统计报表制度是各级各类统计部门依照国家或上级主管部门规定的统一表式、统一指标、统一报送方式、统一报送时间，自下而上逐级提供统计资料的一种调查组织形式。它是我国搜集工业、农业、人民生活、固定资产投资、财政、城市概况等方面基本资料的重要方法。

（一）统计报表的种类

统计报表按其性质和要求不同，分为以下几类：

1. 按照调查的实施范围不同，可分为国家统计报表、业务部门统计报表和地方统计报表。国家统计报表是国家统计局制定的统计报表，用来搜集国民经济和社会发展基本情况的数据，在全国范围内实施；业务部门统计报表是在各业务系统内使用的，用来搜集各业务主管部门需要的统计资料；地方统计报表是在各省、直辖市、自治区内使用的，用来搜集地方部门需要的统计资料。表 2 – 1 是国家统计报表示例，表 2 – 2 是业务部门统计报表示例。

表 2 – 1　　　　工业产销总值及主要产品产量

年　　月

项目	计量单位	代码	本月	本月止累计
甲	乙	丙	1	2
（一）工业总产值（现行价格）				
在总计中：新产品产值		千元		
在总计中：轻工业		千元		
重工业		千元		
在总计中：国有企业		千元		
集体企业		千元		
股份合作企业		千元		
股份制企业		千元		
外商及港澳台商投资企业		千元		
其他企业		千元		
在总计中：国有控股企业		千元		
在总计中：农村工业		千元		
在总计中：大中型工业企业		千元		
其中：国有企业		千元		
（二）工业销售产值总计（现行价格）		千元		
在总计中：出口交货值		千元		
在总计中：对居民和社会集团消费品		千元		
零售额		千元		
在总计中：轻工业		千元		
重工业		千元		
在总计中：国有企业		千元		
集体企业		千元		
股份合作企业		千元		
股份制企业		千元		
外商及港澳台商投资企业		千元		
其他企业		千元		
在总计中：国有控股企业		千元		
在总计中：农村工业		千元		
在总计中：大中型工业企业		千元		
其中：国有企业		千元		
（三）主要产品产量		千元		

表 2－2　　**主要工业产品生产能力**

××年

省、直辖市名称	××产品（　）		××产品（　）		××产品（　）		××产品（　）		××产品（　）	
	能力	产量	能力	产量	能力	产量	能力	产量	能力	产量
甲	1	2	3	4	5	6	7	8	9	10

单位负责人：　　填表人：　　报出日期：　年　月　日

2. 按照报送周期不同，可分为定期报表和年报。定期报表包括日报、旬报、月报、季报、半年报。日报和旬报以日、旬为一个报送周期，由于具有较强的时效性，因此又称为进度报表。月报和季报主要用于检查计划报表时使用，因为其报送周期不长也不短，在实际工作中使用也最多。表 2－1 是一张月报。年报的周期最长，包括的指标最多，统计范围最广。一般而言，报送周期的长短与调查要求有关，如果调查项目少，调查要求粗，可采用报送周期短的统计报表；如果调查项目多，调查要求细，应采用报送周期长的统计报表。为减少统计人员、调查经费等方面的投入，保证统计报表的数据质量，使用年报与半年报能够满足调查要求的，尽量不要用其他报表形式。表 2－3 就是一张年报。

表 2－3　　**工业企业能源购进、消费及库存**

××年

能源名称	计量单位	代码	年初库存	购进量			消费量			年末库存
				实物量	金额（万元）	合计	1. 工业生产消费	用于原材料	2. 非工业生产消费	
甲	乙	丙	1	2	3	4	5	6	7	8
按《工业企业能源购进、消费及库存目录》填报										

单位负责人：　　填表人：　　报出日期：　年　月　日

3. 按照报送的方式不同，可分为电讯报表和邮寄报表。电讯报表是采用电报、电话、传真、电子邮件等形式报送统计资料的报表。由于这种形式的报表报送速度快，时效性强，比较适合日报和旬报。邮寄报表适用于月报、季报、半年报和年报的报送。

（二）统计报表的资料来源

统计报表涉及的内容多、范围广，其资料的报送又要求填报单位自下而上逐级进行，因此，填报单位必须建立健全各项统计制度，保证从原始记录经过统计台账、企业内部统计报表到统计报表的数据质量。

1. 原始记录。是指基本单位通过一定的表格形式对其生产经营活动的最初直接记录。原始记录视基本单位的不同、生产经营活动的不同而不同，有数字的，也有文字的。例如，工业生产企业的收货单、生产记录等，商业企业的发票、收据等都是原始记录。表 2－4 是某工厂车间的产品入库单。

表2－4 **产品入库单**

________车间　　　　年　月　日　　　　吨

组别 牌号	一组	二组	三组	四组	五组	六组	七组	八组	九组	十组	十一组	十二组	日计	月累计
日计														
月累计														

保管员________　　　　填报日期：　年　月　日

2. 统计台账。是基本单位根据填报统计报表的要求和实现本单位生产经营管理的需要而设置的，将原始记录按时间顺序设置的系统积累统计资料的表册。例如，工业生产企业的设备台账、产品台账、工时台账等。表2－5是某企业某加工车间产品工时台账。

表2－5 **某加工车间产品工时台账**

单位	1月	2月		3月		一季度	4月		5月		6月		二季度
		当月	累计	当月	累计		当月	累计	当月	累计	当月	累计	
7月		8月		9月		三季度	10月		11月		12月		四季度
当月	累计	当月	累计	当月	累计		当月	累计	当月	累计	当月	累计	

原始记录是一份记一事，一事记一时，远远不能满足统计报表的要求。将分散的原始记录进行分门别类的整理，装订成册，不仅能够满足填报统计报表的需要，还可以节省大量的时间。因此，基本单位应做好统计台账的编制工作，使填报统计报表具有可靠的基础。

统计台账的形式一般分两种：一是多指标的综合台账，即把若干指标按照时间顺序同时登记在一本综合表册上；二是单指标的分组台账，即对某一指标数值按照时间顺序分部门、分单位地连续登记，以观察其发展变化。

3. 内部报表。内部报表是基层单位编制的反映其内部生产、劳动、设备、原材料、财务成本等情况的报表，一般分为两种：一种是为本单位领导提供资料而编制的；另一种是为填报统计报表而设置的。这两类报表都要求本单位各有关部门（科室、班组、车间等）的统计人员按照要求填报，按照一定的报送程序送到上级部门。表2－6是反映某铝厂主要物资收拨存情况的厂内报表（年报）。

表 2－6　主要物资收拨存报表

物名	级别	本期收、拨、存				使用方向								
		期初存量	期中收量	期中拨量	期末存量	一车间			二车间			三车间		
						合计	生产	启动	合计	生产	启动	合计	生产	启动
氧化铝	合　计													
	国　产													
	进　口													
氟化盐	合　计													
	一级冰晶石													
	电解质块													
	氟化钙													
	氟化铝													
	氟化镁													
	纯　碱													
其　他														

单位负责人：　　　　　　　　　　　　　　制表人：

以上介绍的各种调查组织方式各有其特点和作用，在体系中的地位也各不相同。如何在实践中将不同调查方法结合运用，是一个灵活性很大的实践问题。总之，在具体实践中应根据不同专业、不同调查目的和不同的调查对象科学地综合运用多种统计调查方式，逐步建立以周期性普查为基础，以经常性抽样调查为主体，以必要的统计报表、重点调查、典型调查、综合分析等作为补充的统计调查方法体系的要求，不断提高统计调查的效率和效益，达到数据准确、信息灵通、资料丰富，以适应市场经济条件下各级政府、各部门、各企业及社会公众对统计信息不断增长的需求。

第 3 节　资料搜集的方法

明确了社会调查的组织方式后，还必须明确在这种调查方式下要采用何种具体的方法才能搜集到所需要的调查资料。资料搜集的方法主要有直接观察法、文献调查法、访谈调查法、问卷调查法、网上调查法等。

一、直接观察法

直接观察法由调查人员直接深入现场进行观察、计数或测量以取得资料。例如，了解商业企业期末库存商品数量，调查人员当场进行点数、称量等。再如，在城市的主要街道安装摄像机对违反交通管理规定的车辆进行拍摄。这种方法的优点是直观，能够保证调查资料的相对准确。但是这种方法需要大量的人力、物力和时间，在任务紧迫的情况下，不宜采用。对历史资料进行调查时，不可能通过直接观察搜集资料。另外，这种方法容易受到观察者和被观察者主观因素的影响而产生各种观察误差。当人们知道在被观察时，会改变行为，观察者在现场观察一定时间后会因疲倦产生观察误差，这些都会降低调查资料的质量。

二、文献调查法

文献调查法是一种搜集第二手资料的间接资料调查法，也称室内调查法。文献调查搜集的主要是各种历史和现实的资料。其优点是可以超越时空条件的限制，搜集古今中外有关的文献资料，而且调查费用低，搜集渠道广；其缺点主要表现在文献资料一般是历史资料，与现实存在一定的时差，难以取得时效性较强的资料，并且其文献资料形成的目的与调查目的存在一定的差异性。

文献调查法的程序如下：

第一步评价现成资料。现成资料是指已取得、积累起来的第二手资料。按调查目的要求挑选现成资料中具有价值的资料。

第二步寻找搜集第二手资料的途径。

第三步资料筛选与评价。对取得的第二手资料需要进行筛选，剔除与调查目的无关的资料；保留需要的具体资料。

（一）文献调查的方式

1. 有偿搜集方式。它是指通过经济手段、通过一定的正式渠道实行有偿征集和转让获得文献资料的方式。搜集的第二手资料的价值与费用成正比关系。通过这种方式搜集资料应考虑资料的搜集成本和带来的价值。有偿搜集的资料具有针对性、可靠性、及时性和准确性。

2. 无偿搜集方式。它是指不需要支付任何费用而取得第二手资料的方式。无偿搜集方式搜集的资料需要进行一定的加工才能成为有价值的资料。

（二）文献调查的方法

1. 文献资料筛选法。它是指从各类文献资料中分析和筛选出与调查目的密切相关的资料方法。

2. 报刊剪辑分析法。它是指调查人员平时从各种报刊上所刊登的文章、报道中分析搜集资料的方法。

3. 情报联络网法。它是指在一定地区范围内设立情报资料联络网来搜集资料的方法。

三、访谈调查法

访谈调查主要通过调查者与被调查者直接或间接接触以获得资料，具体包括个别访问调查、邮寄调查、电话调查、座谈会等。

（一）个别访问调查

个别访问调查又称派员调查，是指调查者与被调查者通过面对面地交谈从而得到所需资料的调查方法。访问调查的方式有标准式访问和非标准式访问两种。标准式访问又称结构式访问，是指按照调查人员事先设计好的、有固定格式的标准化问卷，有顺序地依次提问，并由受访者做出回答的调查方式；非标准式访问又称非结构式访问，是指事先不制作统一的问卷或表格，没有统一的提问顺序，调查人员只是给一个题目或提纲，由调查人员和受访者自由交谈，以获得所需资料的调查方式。

个别访问调查的最大特点是整个访问过程是访问者与被访问者之间互相影响，互相作用的互动过程。访问者的提问是调查过程的线索，被访问者从不同于访问者的角度对提问的内容和方式产生影响。成功的访问调查是一种相向的、积极的、互动的信息交流过程。被访问者能否调动起相应的积极性对访问调查的效果至关重要。因此，在访问调查中，访问者应努力掌握访谈过程的主动权，积极影响被访问者，使其采取积极主动、合作的态度，按照预定的计划回答问题。个别访问法是一种很古老，而又受到广泛运用的调查方法，特别是将它与其他方法结合使用时效果更佳，但应注意这种方法的缺点：

1. 个别访问的结果和质量，在很大程度上取决于访问者的素质，取决于被访问者的合作态度和回答问题的能力，即该方法对访问者和被访问者的能力素质要求较高。

2. 有些问题不宜当面询问。访问是面对面的直接调查，被访问者不能匿名回答问题。因此，对于某些敏感、尖锐和隐私问题，访问者不便询问，被访问者不愿当面回答和不作真实回答，这都会对访问调查的结果产生不利的影响。

3. 个别访问耗时费力。进行个别访问调查，一般需要较多的访问人员，需要进行专门的人员培训。访问时，还要对被访问者进行动员以求得合作，访谈过程还要花费更多的时间。与此同时，调查所需的经费开支也较大。上述情况，往往限制了该方法的运用范围。一般适用于调查范围小、需要有一定的调查深度的调查。

（二）邮寄调查

邮寄调查是指通过邮寄或其他方式将调查问卷送至被调查者，由被调查者填写，然后将问卷寄回或投放到指定收集点的一种调查方法。邮寄调查是一种标准化调查，其特点是调查人员和被调查者没有直接的语言交流，信息的传递完全依赖于问卷。邮寄调查的问卷发放方式有邮寄、宣传媒介传送、专门场所分发三种。

邮寄调查的基本程序是：在设计好问卷的基础上，先在小范围内进行预调查，以检查问卷设计中是否存在问题，以便纠正；然后选择一定的方式将问卷发放下去，进行正式的调查；最后将问卷按预定的方式收回，并对问卷进行处理和分析。

（三）电话调查

电话调查是指通过电话向被调查者询问有关调查内容和征询意见的一种调查方法，这是为解决带有普遍性的急需解决的问题而采用的一种调查方法。

电话调查程序一般为：（1）根据调查目标及范围划分地区；（2）每区确定要调查的样本单位数；（3）编制电话号码单；（4）按地区分给调查者，调查者一般利用晚上或假期时间与被调查者通电话，或采用全自动电话访谈（CATS），使用内置声音回答技术取代调查员的分别通话，但全自动电话访谈无法替代调查者与被调查者通话之间的交流所获得的资料。

电话调查法拥有成本低、快速、节省时间、统一性较高等优点，但也存在如下的缺点：（1）问题不能深入，电话调查法询问时间不能太长，因而调查内容的深度不如直接访问和堵截访问；（2）调查工具无法综合使用，在电话调查中，有关照片、图表、样品无法展示，会影响调查访问的效果；（3）辨别真实性及记录准确性较差，由于调查员不在现场，对于回答问题的真实性很难做出准确判断。

鉴于以上电话调查的缺点，在采用电话调查时，可以按照事先设计好的问卷进行，也可以针对某一专门问题进行电话采访，或提前寄一封信或卡片告之被调查者将要进行的电话调查及调查目的。用于电话调查的问题要明确、问题数量不宜过多。在询问前，最好选用两项选择法进行询问，以便于资料的汇总。

（四）座谈会

座谈会又称集体访谈法，是指将一组受访者集中在调查现场，让他们对调查的主题（如一种产品、一项服务或其他话题等）发表意见，从而获取调查资料的一种调查方法。通过座谈会，研究人员可以从一组受访者那里获得所需的定性资料，这些受访者与研究主题有某种程度上的关系。为获得此类资料，研究人员通过严格的甄别程序选取少数受访者，围绕研究主题以一种非正式的、比较自由的方式进行讨论。这种方法适用于搜集与研究课题有密切关系的少数人员的倾向和意见。

四、问卷调查法

问卷调查法主要由调查者利用统一设计的问卷向被调查者了解情况、搜集资料的方法。在调查研究活动中，问卷调查或单独使用，或与其他调查方法诸如直接观察法、访谈调查等同时使用。由于在社会经济生活实践中，问卷调查应用较为广泛，我们重点讨论问卷设计中的有关问题。

（一）问卷的基本结构

问卷是用来搜集调查数据的一种工具，是根据调查目的和要求设计，由一系列问题、备选答案、说明以及码表组成的一种调查形式。不同的调查问卷在具体结构、题型、措辞、版式等设计上会有所不同，但在结构上一般都由开头部分、甄别部分、主体部分和背景部分组成。

1. 开头部分，一般包括问候语、填表说明和问卷编号等内容。

（1）问候语。在自填式问卷中，写好问候语十分重要，它可以引起被调查者对调查的重视，消除顾虑，激发参与意识，以争取他们的积极合作。

问候词要语气亲切，诚恳礼貌，文字要简洁准确，并在结尾处表明对被调查者参与和合作表示感谢。例如，下面是一份“公众医疗保险意识问卷”中的问候语：

××女士/小姐/先生

您好！我是××市场调查公司访问员，我们正在进行一项有关公众医疗保险意识方面的调查，目的是想了解人们对医疗保险的看法和意见，以便更好地促进医疗保险事业的发展。您的回答无所谓对错，只要真实地反映了您的情况和看法，就达到了这次调查的目的。希望您能积极参与，我们对您的回答完全是保密的。调查要耽搁您一些时间，请您谅解，谢谢您的支持与合作！

（2）填表说明。在自填式问卷中要有详细的填表说明，让被调查者知道如何填写问卷，如何将问卷返回到调查者手中。这部分内容可以集中放在问卷的前面，也可以分散到各有关问题的前面。下面是一份自填式问卷集中写明填写要求的例子：

问卷填写要求：

1. 请您在所选择答案的题号上画圈。
2. 对只许选择一个答案的问题只能画一个圈；对可选多个答案的问题，请在您认为合适的答案上画圈。
3. 需填写数字的题目在留横线上填写。
4. 对于表格中选择答案的题目，在所选的栏目内画勾。
5. 对注明要求您自己填写的内容，请在规定的地方填上您的意见。

（3）问卷的编号。主要用于识别问卷、调查者、被调查者姓名和地址等以便于校对检查、更正错误。

2. 甄别部分。甄别也称为过滤，它是先对被调查者进行过滤，筛选掉不需要的部分，然后针对特定的被调查者进行调查。

通过甄别或过滤，一方面可以筛选掉与调查事项有直接关系的人，以达到避嫌的目的；另一方面，也可以确定哪些人是合格的被调查者，哪些人不是。甄别的目的是确保被调查者合格，能够作为该市场调查项目的代表，从而符合调查研究的需要。

例如，下面是一份问卷的甄别部分：

S1. 请问您或您的家人有没有在下列行业工作的呢？

1. 广告、公关机构……终止访问
2. 市场研究、咨询、调查机构……终止访问
3. 电视、广播、报纸等媒介机构……终止访问
4. 轿车制造……终止访问
5. 轿车批发、零售……终止访问
6. 以上皆无……继续访问

S2. 请问您的年龄是：

1. 20 岁以下……终止访问
2. 20～30 岁
3. 30～40 岁
4. 40～50 岁
5. 50 岁以上……终止访问

3. 主体部分。该部分是调查问卷的核心内容，包括所要调查的全部问题，主要由问题和答案所组成。

4. 背景部分，通常放在问卷的最后，主要是被调查者的一些背景资料。该部分所包含的各项问题，可使研究者根据背景资料对被调查者进行分类比较分析。下面是一份调查问卷所包括的背景资料：

A. ［出示卡片］请问您的教育程度如何？

没受过正式教育……1
小学，初中……2
高中，职高，中专，技校……3
大专，大学或以上……4

B. ［出示卡片］请问您的职业和职位是什么？

普通职员，工人……1
部门经理负责人，高级管理人员……2
公司老板，厂长，总经理……3
专业人员……4
个体户，自由职业……5
失业，待业……6
学生……7
离退休人员……8
其他（请注明）……9

（二）提问项目的设计

问卷所要调查的资料由若干个要提问的具体项目组成。如何科学准确地提出所要调查的问题，是问卷设计中十分重要的一步。

从整体上看，一份问卷中的内容不宜过多，不必要的问题不要列入。很多初学调查或问卷设计的人往往以为多一道题就可多得一份资料，所以会询问一些不必要的问题，不但浪费时间和资料处理的费用，有时也因问题过多使被调查者厌烦，影响整体调查的质量。

提问项目即问卷中的问题设计的好坏，对调查质量有着重要影响。在设计提问项目时需要注意以下几点：

1. 提问的内容尽可能短。如果提问的问题太长，不仅会给被调查者的理解带来一定的困难，也会使其感到厌烦，从而不利于对问题的回答。

2. 用词要确切、通俗。问卷中的用词一定要保证所要提问的问题清楚明了。用词是否确切，具体可按 6W 准则加以推敲。6W 即 Who（谁），Where（何处），When（何时），Why（为什么），What（什么事），How（如何），以此来判断问题是否清楚。当然，并不是一项提问中必须同时具备这 6W。例如：请问您使用什么牌子的洗发水？这个问题中的 Who 很清楚，What 指洗发水的牌子，When 则未表明，是指过去还是现在？很容易造成回答偏差。因此，可以修改为：请问您最近 3 个月使用什么牌子的洗发水？

此外，时间的范围一定要清楚，例如：您最近一段时间使用什么品牌的化妆品？这里的 When 过于笼统，被调查者不清楚，“最近”是指哪段时间，时间范围不明确。因此，可改为：您最近一个月使用什么品牌的化妆品？

还有许多词，如“一般”“经常”“很多”等都属于过于笼统、含义不确切的词，不同的人可能会有不同的理解，从而造成回答的偏差。

也有一些所询问问题的含义不清或过于笼统的用词。例如，您觉得这种电视机的画面质量怎么样？这里的“画面质量”的含义是很笼统的，被调查者不知道要回答哪些质量方面的问题。因此可以改为：您觉得这种电视机的画面是否清晰？

此外，由于被调查者的文化程度不同，问卷中的用词要通俗，易被人理解，避免使用过于专业的术语。

3. 一项提问只包含一项内容。如果在一项提问中包含了两项以上的内容，被调查者就很难回答。比如：您觉得这种新款轿车的加速性能和制动性能怎么样？这里包括了加速性能和制动性能两项内容。如果被调查者认为加速性能很好而制动性能不好，或者认为加速性能不好而制动性能很好，就会一时很难作出判断和回答。所以，不如把它分成两个问题：（1）您觉得这种新款轿车的加速性能怎么样？（2）您觉得这种新款轿车的制动性能怎么样？

4. 避免诱导性提问。问卷中提出的问题不能带有倾向性，而应保持中立。词语中不应暗示出调查者的观点，不要引导被调查者做出何种回答或如何选择。例如：人们认为夏普牌彩电质量不错，你觉得怎么样？这里已经暗示了夏普牌彩电很好，对被调查者具有引导作用。应该改为：您觉得夏普牌彩电的质量怎么样？引导性提问容易使被调查者不假思索地做出回答或选择，也会从心理上产生顺应反应，按照提示做出回答或选择。

5. 避免否定形式的提问。在日常生活中，人们往往习惯于肯定陈述的提问，而不习惯于否定陈述的提问。例如：对一种产品新包装的市场调查，采用否定的提问是：您觉得这种产品的新包装不美观吗？而采用肯定的提问则是：您觉得这种产品的新包装美观吗？否定提问会影响被调查者的思维，或者容易造成相反意愿的回答或选择，因此，在问卷中尽量不要使用否定形式的提问。

6. 避免敏感性问题。敏感性问题是指被调查者不愿意让别人知道答案的问题。比如，个人收入问题、个人生活问题、政治方面的问题等等。问卷中要尽量避免提出敏感问题或容易引起人们反感的问题。对于这类问题，被调查者可能会拒绝回答，或者采用虚报、假报的方法来应付回答，从而影响整个调查的质量。

对于涉及敏感性问题的调查，应在提问的方式上进行推敲，尽量用间接询问的方式，用语也要特别婉转，以降低问题的敏感程度。

（三）回答项目的设计

回答项目是针对提问项目所设计的答案。由于问卷中的问题有不同类型，所设计的答案类型和对被调查者的回答要求也是不同的。

问卷中的问题类型有两类：一类是开放性问题，一类是封闭性问题。两类问题的答案形式和回答方法如图 2－1 所示。

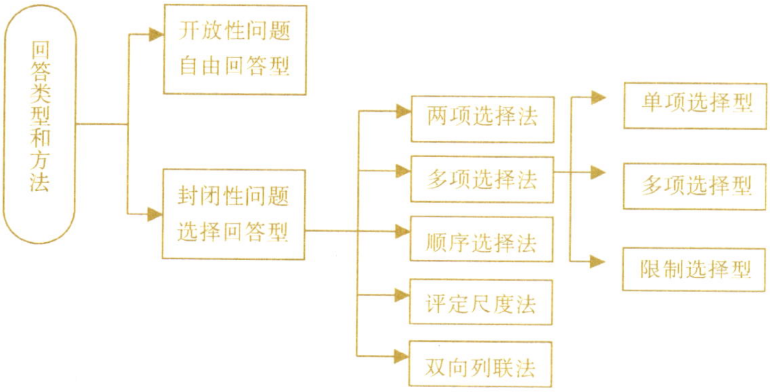

图 2－1

1. 开放性问题，是指对问题的回答未提供任何具体的答案，由被调查者根据自己的想法自由做出回答，属于自由回答型。例如，下面所列的就是两个开放性问题：

- 您认为我国目前的广告宣传中存在的主要问题是什么？
- 您对这种捷达新款车有何更具体的看法？

开放性问题的优点是比较灵活，适合于搜集更深层次的信息，特别适合于那些尚未弄清各种可能答案或潜在答案类型较多的问题。而且可以使被调查者充分表达自己的意见和想法，有利于被调查者发挥自己的创造性。其缺点是：由于会出现各种各样的答案，给调查后的资料整理带来一定困难。

2. 封闭性问题，是指对问题事先设计出了各种可能的答案，由被调查者从中选择。封闭性问题的答案是标准化的，有利于被调查者对问题的理解和回答，也有利于调查后的资料整理。但封闭性问题对答案的要求较高，对一些比较复杂的问题，有时很难把答案设计周全。一旦设计有缺陷，被调查者就可能无法回答问题，从而影响调查的质量。因此，如何设计好封闭性问题的答案是问卷设计中的一项重要内容。

封闭性问题的答案是选择回答型，所以设计出的答案一定要穷尽和互斥。穷尽即要求列出问题的所有答案，不能有遗漏；对有些问题，当答案不能穷尽时，可以加上“其他”一类，以保证被调查者能有所选择或回答。互斥即要求各答案间不能相互重叠或包容。例如：

你到中专来读书是____________。

A. 自己喜欢　B. 父母决定　C. 别人说好　D. 考分限制　E. 其他

根据提问项目或内容的不同，封闭性问题的回答方法主要有：两项选择法、多项选择法、顺序选择法、评定尺度法、双向列联法五种。

（1）两项选择法。两项选择题的答案只有两项，要求被调查者选择其中之一来回答。例如：您有手机吗？答案：①有；②没有。两项选择法的特点是被调查者只需在两者之中选择一项，回答比较容易；调查后的数据处理也很方便。其缺点是：得到的信息量较少；当被调查者对两项答案均不满意时，很难做出回答。

（2）多项选择法。多项选择题是在设计问卷时，对一个问题给出三个或三个以上的答案，让被调查者从中选择进行回答。根据要求选择的答案多少不同，多项选择题有以下三种选择类型：

①单项选择型。要求被调查者对所给出的问题答案选择其中的一项。例如：

您觉得哪类型的广告宣传效果最好？（选一项）

a. 电视广告　b. 广播广告　c. 杂志广告　d. 报纸广告　e. 路牌广告

②多项选择型。要求被调查者从所给出的问题答案中选出自己认为合适的答案，数量不受限制。例如：

请问您在购买小轿车时，主要考虑哪些因素？（选出您认为合适的答案）

☐ 价格　☐ 款式　☐ 品牌　☐ 耗油量　☐ 售后服务

☐ 维修费用　☐ 乘坐舒适　☐ 行驶平稳　☐ 加速性能　☐ 制动性能

③限制选择型。要求被调查者在所给出的问题答案中选出自己认为合适的答案，但数量要受一定限制。比如，在上面的问题中，可要求被调查者限选三项。

（3）顺序选择法。顺序选择法的问题答案也有多个，要求被调查者在回答时，对所选的答案按要求的顺序或重要程度加以排列。其中，对所选的答案数量可以进行一定的限制，也可以不进行限制。例如：

您在购买这种牌子的电视机时，主要是考虑哪些因素？

a. 产品的品牌　b. 价格合理　c. 售后服务　d. 外形美观　e. 维修方便

（按重要程度进行排序）☐☐☐☐☐

顺序法中的问题答案不仅可以反映所要调查的内容，而且可以反映出被调查者对问题的看法，从而增加了信息量。

（4）评定尺度法。评定尺度法中的问题答案，由表示不同等级的形容词组成，并按照一定的程度排序，由被调查者依次选择。例如：

您对这种新款轿车是否感到满意？

a. 非常满意　b. 比较满意　c. 一般　d. 不太满意　e. 不满意

（5）双向列联法。这种方法是将两类不同问题综合到一起，通常用表格来表现。表的横向是一类的问题，纵向是另一类问题。这种问题结构可以反映两方面因素的综合作用，提供单一类型问题无法提供的信息。同时也可以节省问卷的篇幅。

例如：请在表 2－7 中您认同项目的空格内画"√"。

表 2 –7

项目	奥 迪	帕萨特	别 克
1. 耗油量低			
2. 外观大方			
3. 乘坐舒适			
4. 价格合理			
5. 驾驶容易			
6. 制动性好			
7. 维修方便			
8. 零配件齐全			
9. 故障率低			
10. 售后服务周到			

（四）问题顺序的设计

为了提高问卷的回收率，设计问卷时，应站在被调查者的角度，顺应被调查者的思维习惯，使问题容易回答。因此，在问卷设计过程中，安排好问题的顺序也是很重要的。

具体来说，设计问题的顺序时，应注意以下几点：

1. 问题的安排应具有逻辑性。设计问卷时，问题的安排应具有逻辑性，以符合被调查者的思维习惯。否则会影响被调查者回答问题的兴趣，不利于对问题的回答。

2. 问题的顺序应先易后难。把简单的、容易回答的问题放在前面，而复杂的、较难的问题放在后面。这样可使被调查者开始时感到轻松，有能力继续回答下去。如果让被调查者一开始就感到很难回答，将会影响他们回答的情绪和积极性。

3. 能引起被调查者兴趣的问题放在前面。把被调查者感兴趣的问题放在前面，而比较敏感的问题放在后面，这样可引起他们填写问卷的兴趣和注意力。如果一开始就遇到敏感性问题，会引起被调查者的反感，产生防卫心理，不愿意回答或拒绝回答，从而影响整个调查。

4. 开放性问题放在后面。被调查者在回答开放性问题时需要一定的思考和时间，因此，一份问卷中的开放性问题不宜过多，而且开放性问题一般应放在后面，否则会影响被调查者填写问卷的积极性，从而影响整个问卷的回答质量。

除上面介绍的问题外，问卷设计中还要注意版面格式的设计。问卷的版面格式有时也会影响调查的质量。整个问卷的结构安排要合理，问卷的主体部分要突出、醒目。设计时不宜编排过密，各问题之间要留出一定的空间，外表及内容的印刷要美观。这样会使被调查者产生好感，从而引起填写问卷的兴趣。

目前，问卷调查法使用得越来越多，越来越受重视，这些都是由其自身的优点带来的。首先，问卷法可突破时空的限制，且省时省力，方便快捷；第二是自由度比较大，调查者与被调查者互相配合，不受条件的限制；第三是被调查者放得开，敢说真话。因为问卷一般不要求被调查者署名，匿名使被调查者没有心理负担。而且，问卷调查的统计工作可由计算机来进行，这就提高了调查资料整理分析的速度与准确性。

问卷法也有缺点，首先是问卷的回复率一般很难保证 100%，这多少影响了资料的代表性和准确性；其次是由于问卷通过书面来回答，有时跟现实不一致。另外，被调查者的自身水平及其所处的社会环境，也可能严重影响到调查的质量。因此，调查者在实施问卷调查的过程中，一是要把握好调查的方向；二是对问卷法的不足之处应尽量采取其他办法加以弥补，以求取得最真实、最客观的资料。

五、网上调查法

网上调查在 20 世纪 90 年代开始热门起来，并且发展很迅速。

（一）网上调查的优点

1. 速度快。由于省略了印制、邮寄和数据录入等过程，问卷的制作、发放及数据的回收速度均得以提高，可以在短时间内完成调查并统计调查结果。

2. 费用低。印刷、邮寄、录入及调研员的费用都被节省下来，而调研费用的增加却很有限。因此，进行大规模的调研较其他（如邮寄或电话）调研方法省下可观的费用。

3. 易获得连续性数据。随着网上固定样本调研的出现，调研员能够通过跟踪受访者的态度、行为和时间进行纵向调研。复杂的跟踪软件能够做到根据上一次的回答情况进行本次问卷的筛选，而且还能填补落选项目。

4. 调研内容设计灵活。打一个电话却只提两三个问题在经济上是划不来的。但在网上，调研内容可以很容易地出现在市场、商贸或其他一般的站点上。例如，如有一个人上了银行主页，激活“信用卡”链接，在进入正式网页之前，他可以被询问几个被认为是最重要的信用卡特性问题。

5. 调研群体大。在网上可以接触很多人。目前，很难想象还有什么媒体可以提供那么大的调研群体。随着互联网的普及，计算机产品购买者或是互联网使用者，是使用互联网调研的理想对象。利用互联网的企事业单位使用者也是不错的调研对象。

6. 可视性强。网上调查还有一个独一无二的优点，即它们能够在视觉效果上具有吸引力，互联网的图文及超文体特征可以用来展示产品或介绍服务内容。

（二）网上调查的缺点

1. 代表性问题。上网者不能代表所有人口。通常，使用者多为教育水平高、有相关技术、较年轻和较高收入的群体。不过，这种情形正有所改变，越来越多的人开始接触互联网。

2. 安全性问题。现在很多使用者为私人信息的安全性担忧，提高安全性是互联网有待解决的重要问题。

3. 无限制样本问题。它是指网上的任何人都能填写问卷。这完全是由自我决定的，很有可能除了网民外并不代表任何人。如果同一个人重复填写多份问卷的话，问题就变得较复杂。

（三）互联网样本

互联网样本可分为三类：随意样本、过滤性样本、选择样本。

随意样本是指网上任何人都可以成为被调查单位，只要其愿意，没有任何调查单位的限制。

过滤性样本是指按期望样本特征挑选的代表性样本。这些特征通常是一些统计特征，如性别、收入、地理区域位置或与产品有关的标准，如过去的购买行为、工作责任、现有产品的使用情况等。过滤性样本通常是以分支或跳问形式安排问卷，以确定被选者是否适宜回答全部问题。对于过滤性样本的使用与随意样本基本类似。有些互联网调研能够根据过滤性问题立即进行市场分类，确定被访者所属类别，然后根据被访者不同的类型提供适当的问卷。

另外一种方式是一些调研者创建了样本收藏室，将填写过分类问卷的被访者进行分类重置。最初问卷的信息用来将被访者进行归类分析，被访者按照专门的要求进行分类，而只有那些符合统计要求的被访者，才能填写适合该类特殊群体的问卷。

互联网选择样本用于互联网中需要对样本进行更多限制的目标群体。被访者通过电话、邮寄、E－mail或个人访问方式进行补充完善，当认定符合标准后，才向他们发送E－mail

问卷或直接到与问卷链接的站点。在站点中，通常使用密码账号来确认已经被认定的样本，因为样本组是已知的，因此可以对问卷的完成情况进行监视或督促未完成问卷以提高回答率。

选择样本对于已建立抽样数据库的情形最为适用。例如，以顾客数据库作为抽样框选择参与顾客满意度调查的样本。

（四）进行网上调查的方法

进行互联网调查主要有以下三种基本方法：E - mail 问卷、交互式 CATI 系统调查和互联网 CGI 程序调查。

1. E - mail 问卷调查。该方法的问卷就是一份简单的 E - mail，并按照已知的 E - mail 地址发出。被访者回答完毕将问卷回复给调研机构，有专门的程序进行问卷准备、编制 E - mail 地址和搜集数据。

E - mail 问卷制作方便，分发迅速。由于出现在被访者的私人信箱中，因此能够得到注意。但是，它只限于传输文件，虽然图形也能在 E - mail 中进行链接，但与问卷文本是分开的。

2. 交互式 CATI 系统调查。该方法是利用一种软件语言程序在 CATI 上设计问卷结构，并在网上进行传输。互联网服务站可以设在调研机构中，也可以租用有 CATI 装置的单位。互联网服务器直接与数据库链接，对搜集到的被访者答案直接进行储存。

该系统能够对 CATI 进行良好抽样及对 CATI 程序进行管理，它们还能建立良好的跳问模式和修改被访者答案；它们能够当场对数据进行认证，对不合理数据要求重新输入。交互式 CATI 系统为网上 CATI 调研的使用者提供了一个方便的工具，而且支持程序问卷的再使用。

作为不利的一面，交互式 CATI 系统产品是为电话—屏幕访谈设计的。被访者的屏幕格式受到限制，而且 CATI 语言技术不能显示互联网调研的图片、播放等方面优势。

3. 互联网 CGI 程序调查。该方法有专门为网络调查设计的问卷链接及传输软件。这种软件设计为无须使用程序的方式，包括整体问卷设计、网络服务器、数据库和数据传输程序。一种典型的用法是：问卷由简易的可视问卷编辑器产生，自动传送到互联网服务器上，通过网站，使用者可以随时在屏幕上对回答数据进行整体统计或图表统计。

相比之下，对于每次访谈，网络调查系统均比交互式 CATI 的平均费用低，但对于小规模的样本调查（低于 500 名）的平均费用都比 E - mail 问卷调查高。平均费用低是由于网络调查系统使用了网络专业工具软件，而且，软件购置费用和硬件费用是由中心服务系统提供。

第 4 节　调查资料的误差与控制

准确、可靠的调查资料，是统计分析、统计研究可靠性和准确性的基础，也是整个社会调查工作质量的基础。但是在实际调查工作中，由于种种因素的影响，难免使调查资料的质量受到影响，使调查结果与实际结果存在误差。所以，为了取得准确的调查资料，必须采取各种措施，把误差缩小到最低限度。

一、调查误差的种类

调查误差，就是调查结果所得出的统计数字与调查总体实际数量之间的离差。例如，对某市的工业增加值进行调查的结果为 34 亿元，而该市工业增加值实际为 33 亿元，那么，统计调查误差就是 1 亿元。

调查误差可分为登记性误差和代表性误差。

登记性误差是由于错误登记事实而发生的误差，不管是全面调查或是非全面调查都会产生登记性误差。登记性误差又分为：

1. 偶然登记误差。其原因很多，如调查人员注意力不集中、技能低下所发生的遗忘、笔误、错填，或者是被调查者回答不当等。偶然登记误差的特点是不具倾向性，即在数量上不偏于某一方。这类误差可能被夸大，也可能被缩小，在对大量调查资料进行整理时，通常会相互抵消。

2. 系统登记误差。其特点则具有明显的倾向性、一贯性，而在数量上偏向某一方，所以又称偏差。例如，使用没有校正好的测量工具、调查方案中的项目不明确、有意歪曲事实等等。系统登记误差不管是有意还是无意，危害性都比较大，因为它对于整理综合结果的指标影响程度大。

以上说明，登记性误差多是主观因素所产生，我们可以通过完善调查方案，加强调查过程的检查监督，提高调查人员政治素质和业务技能，采取现代化搜集信息的手段来提高调查资料的质量，把登记误差减少到最低的限度。

代表性误差，只有非全面调查中才有，全面调查不存在这类误差。非全面调查由于只对调查现象总体的一部分单位进行观察，并用这部分单位算出的指标来估计总体的指标，而这部分单位不能完全反映总体的性质，它同总体的实际指标会有一定差别，这就发生了误差。所以通常代表性误差主要针对抽样调查而言。

二、调查误差的防止

防止可能发生的登记性误差，把它缩小到最低限度，要做好以下工作：

第一，要正确制订调查方案，包括明确调查对象的范围，说明调查项目的具体含义和计算方法，选定合理的调查方法，以使调查人员或填报人员有一个统一的依据。

第二，做好调查方案的实施工作，包括对调查统计人员的业务培训，提高统计人员的素质；搞好统计基础工作，建立健全计量工作、原始记录、统计台账和内部报表等项制度，使资料的来源准确可靠；对调查资料加强审核工作，发现差错及时纠正。

第三，为了防止弄虚作假所产生的登记误差，统计人员应严格执行《统计法》，坚持原则，抵制弄虚作假，维护统计数字的真实性。

关于代表性误差的防止，用重点调查和典型调查结果估计总体，调查前应从多方面加以研究，并广泛征求有关方面意见，使选出的调查单位具有较高的代表性；如是抽样调查则应严格遵守随机原则；保证足够的样本容量，选择适当的抽样调查方式方法，以控制误差的范围。我国《统计法实施细则》规定，进行抽样调查，应当通过基本统计单位普查和行政记录方式，查明基本统计单位及其分布情况，建立科学的抽样框，按照随机抽样原则在调查总体中选取足以代表总体的样本单位，以减少抽样调查误差。

本章案例

××省财经类中职学校往届毕业生就业情况调查表

亲爱的毕业生朋友:

为了搜集毕业生就业的第一手资料，全面分析就业过程中出现的状况，从而改进教学与管理，为毕业生朋友提供后续就业指导帮助；同时为了给下一届毕业生提供更实际、更具有前瞻性的就业指导，特进行此次问卷调查，请您以实事求是的态度认真填写下表，并于　月　日前寄到：______学校______（收），邮编：______或将答案发到 E - mail：__________，最后，祝您身体健康、工作顺利，谢谢合作!

××学校

××年×月×日

毕业生就业情况调查表

原班级：______　　填表人：______

1. 您现在所在的就业地是：______省______市______县（镇）

2. 您现在从事的行业是：

□ 行政、文秘类　□ 营销类　□ 工业制造类
□ 计算机、信息类　□ 社区与社会工作类　□ 媒体传播类
□ 管理类　□ 自办实体（企业或店铺）　□ 其他

3. 您认为找工作的最佳方法是：

□ 社会人才市场　□ 现场招聘会　□ 网络信息　□ 亲友介绍
□ 报刊　□ 上门推销　□ 学校推荐　□ 其他

4. 您得到过几个确定的工作机会?

□ 1～2 个　□ 3～4 个　□ 5～6 个　□ 6 个以上

5. 您接受的第一份工作的月薪（元）是多少?

□ 2 000 以下　□ 2 000～2 500　□ 2 500～3 000　□ 3 000 以上

6. 您认为哪方面的才能，更能帮助您应聘?

□ 学习成绩优秀　□ 创业及社会实践能力强
□ 社会工作经验丰富（如学生会和社团的工作）　□ 优秀的品德

7. 您认为在应聘过程中，用人单位最注重哪一方面?

□ 外形气质及外表　□ 简历的内容及编制　□ 应聘测试的答卷成绩
□ 应聘过程的谈吐及表现

8. 您认为目前您最欠缺哪方面的知识和能力?

□ 英语　□ 计算机　□ 专业　□ 工作经验
□ 社交能力　□ 其他

9. 您在学校所学的专业与您现在的工作关联度大吗?

□ 大　□ 一般　□ 没有关联

10. 您认为学校的系统教育和严格管理对就业有帮助吗?

□ 有很大帮助　□ 有一点帮助　□ 没有帮助

11. 你对学校教育教学工作最满意的方面是:

□ 师资力量　□ 教学水平　□ 教学管理水平　□ 教学设施

□ 教学质量　□ 学习氛围　□ 课外活动　□ 社团活动

12. 您认为学校急需加强的教育是:

□ 职业技能教育　□ 市场经济学教育　□ 计算机、英语教育

□ 社交公关教育　□ 综合素质　□ 其他

13. 您认为我校在课程设置上最大的问题是:

□ 没有以就业为目标，设置范围窄　□ 一些内容简单的专业课占用课时过多

□ 课程设置有较大的随意性，不注重整体效果

□ 过分强调理论教学，不注重理论与实践教学的合理安排

14. 您认为学校统一安排的实习对您的就业有多大帮助?

□ 有较大帮助　□ 有一些帮助　□ 没有帮助　□ 说不清

15. 您认为学校在就业指导工作上急需增加（增强）的工作层次（力度）是:

□ 职业生涯规划　□ 素质拓展　□ 就业体验　□ 求职技巧培训

□ 就业心理咨询　□ 提供就业信息　□ 就业政策/形势分析

16. 您对毕业后的就业与再就业是否有信心?

□ 是　□ 否

17. 如果再给您一次机会回学校读书，您最希望能弥补哪些方面的不足。

□ 专业知识　□ 文化素养　□ 身体素质　□ 实践技能

□ 社交能力　□ 领导组织能力　□ 其他

18. 在提高人才培养质量方面，您认为学校应该加强哪些方面的工作，采取哪些具体措施?

关键词

原始资料　次级资料　全面调查　非全面调查　普查　抽样调查　重点调查　典型调查　统计报表　直接观察法　文献调查法　网上调查法　问卷调查法　调查误差　登记性误差　代表性误差

第3章 资料整理

学习目标：

本章主要介绍社会调查活动的第三阶段，即资料整理阶段中资料整理及显现的各种方法，包括审核、分组、汇总和统计表、统计图的制作等知识。通过本章的学习，我们应该掌握对资料进行整理的各种方法技能，为后面资料的分析打好基础。

重点、难点：

- □ 统计分组方法
- □ 分配数列的编制
- □ 资料的汇总
- □ 统计表与统计图的制作

在调查阶段，我们获得了大量的原始资料，如果不经过分组、归纳与整理，是不能用来说明问题的。例如，通过调查我们获得了某班40个学生的统计学课程的考试成绩如下：

68	89	88	84	86	87	75	73	72	68
75	82	99	58	81	54	79	76	95	76
71	60	91	65	76	72	76	85	89	92
64	57	83	81	78	77	72	61	70	87

从上面的数据资料中我们不难看出，调查所取得的原始数据只是一种零星的、分散的、杂乱无章的数字资料，无法对该班学生统计学课程成绩的内部规律性、相互联系及结构做出概括的说明。因此，要使取得的资料能说明现象总体，就必须对资料进行整理。

第1节 资料整理的作用与内容

一、资料整理的作用

通过社会调查实施阶段所获得的原始资料只是粗糙的、表面的和零碎的东西，需要经过一定的方法，将调查资料进行审核、汇总与初步加工，使之系统化和条理化，并以集中、简明的方式反映调查对象总体情况。所以在整个调查研究过程中，资料的整理具有重要的意义和作用。

首先，它是对调查资料的全面检查。在资料搜集的过程中，难免会出现虚假、差错、短缺、余冗等现象，因此，对资料进行科学的整理与审核，可以捡漏补缺、去假存真、去粗取精，保证资料的真实、准确和完整。

其次，它是进一步分析研究资料的基础。对资料的分析研究必须借助于完备的、系统的资料，借助于经过加工整理的反映调查对象总体特征的资料。资料整理是对搜集来的分散的、零碎的资料进行加工整理，使之系统化、条理化，可以作为资料分析研究工作的前提和基础，因此它是研究阶段的第一步工作。

再次，它是保存资料的客观要求。社会调查的原始资料，既是做出调查结论的客观依据，又对今后研究同类现象具有重要的参考价值。只有对资料进行整理后，才能使保存的原始资料具有真实性和可靠性，也才能使原始资料具有长期保存和利用的价值。

资料整理必须采用科学的方法，力求做到真实、准确、完整、统一和简明。

二、资料整理的内容

资料整理的主要内容包括以下几方面：

1. 资料的审核。这是资料整理的第一步。为了保证资料的质量，首先要对原始资料进行严格的审核，审查资料的真实性、准确性和完整性，发现问题，及时解决。

2. 资料的编码。如果搜集的资料要输入计算机处理，则要对原始资料进行编码，并将码值集中登录到资料登录卡片上，以备输入计算机。

3. 资料的分组。根据社会调查的目的和任务，按照分析研究的需要，确定资料分组的标志，对搜集的原始资料进行分组整理和统计，为资料的分析研究作准备。

4. 资料的汇总。对搜集到的资料进行汇总计算，将分散的资料以集中的形式显示出来。汇总可以是对全部数据资料的汇总，也可以是在资料分组基础上的汇总；可以用手工汇总，也可以用计算机汇总。

5. 制作统计表和统计图。资料汇总的结果可以通过编制统计表和统计图以集中、简明、直观的形式显示出来。统计表和统计图是资料整理的表现形式，也是对资料进行统计分析的极为有用的工具。

第 2 节　资料的审核与编码

一、资料的审核

审核调查资料包括汇总前审核和汇总后审核两个环节。审核的目的主要是解决资料的真实性和有效性问题，以保证资料的质量。

（一）资料汇总前的审核

这是资料整理的第一步工作，其审核内容包括以下三个方面：

第一，资料的真实性。它包含两方面的要求：一方面是调查资料来源的真实性。一切不是通过实地调查得来的，而是通过调查者的主观想象、猜测或臆造的东西都必须在审核中舍去。另一方面是调查资料本身的真实性。由于种种复杂的原因，即使是实地调查中搜集到的资料也难免存在一些虚假的东西，调查者必须根据自己已有的知识和经验，辨别资料的真伪，把那些明显违背常理、前后矛盾的资料去掉。

第二，资料的准确性。指着重检查那些含糊不清、相互矛盾的资料。例如，问卷调查中的笔误与记忆误差，访问调查中被访对象所提供的大概数字或猜测数字等等。这些情况在调查过程中是经常会发生的，在整理时对这些资料都应当作认真的审查与核实。

第三，资料的完整性。它包含两个方面的要求：一方面是调查资料总体的完整性。即检查调查过程中是否都按设计的要求完成了，应该调查的项目是否都调查到了。如果是抽样调查，则应检查问卷的回收率以及有效问卷是否达到要求等。另一方面是每份调查资料的完整性。主要审查每份调查表或问卷表上的所有问题是否都按要求填写了，是否有漏填或少填的情况等，发现有严重漏填的问卷应舍去。

（二）资料汇总后的审核

主要包括四个方面的工作：（1）复计审核，是指对每一个指标值重新计算检验；（2）表表审核，是指利用表与表之间的联系进行审查，例如，两个表上有同一项统计指标，其指标是否相等；（3）表实审核，是指把表上的数字资料同实际资料核对，一般是让有实际经验的人来检查，判断其正误；（4）对照审核，是指利用会计、统计、业务三种核算资料进行审核。

（三）资料审核的方法

资料审核的方法主要有两种，即逻辑审核与计算审核。

逻辑审核，即核查资料的内容是否合乎逻辑和常识，项目指标之间有无互相矛盾之处，与其他有关资料进行对照是否有明显出入等。例如，在人口普查资料中，有一个人 8 岁，已经工作 10 年，这是不符合逻辑的。

计算审核，是针对数字资料进行的审查。主要检查计算有无错误，度量单位有没有用错，前后数字之间有无矛盾之处，计算方法是否合理等。例如，在一次学校学生性别比例情况调查中，某校在反映全校学生总人数时说有 1 600 人，但在后面反映学生性别分布情况时却说，全校男生总人数为 500 人，女生人数 650 人。后面的这一组数据与该校的学生总数明显有较大出入。

议一议：资料汇总的审核与会计对账工作中所要求的账表相符、账实相符、账证相符、账账相符道理是否一致？

二、资料的编码

如果整理后的资料要用电子计算机进行数据处理，就要对资料进行编码，即将问卷或调查表中的信息转化成计算机能识别的数字符号。这项工作要借助于编码手册或编码表，编码手册或编码表记录着每个数字所代表的实际意义，就像打电报用的密码手册，调查者要根据它将调查资料变换成计算机能识别的数字符号，输入计算机进行处理，然后再根据它将计算机处理的结果转换成能阅读的资料。

大多数正规的准备用计算机进行处理的问卷调查，在问卷设计时就已经将编码表设计在问卷的右边或上方了。对这种问卷的编码，只要将被调查者在问卷中所选择的项目的代号或所填的数字填入相应的编码表栏目内即可。

某市居民生活方式问题调查表

		编码表
1. 您的性别：		1. 1
(1) 男（√）	(2) 女（ ）	
2. 您的年龄：		2. 2
(1) 18～25 周岁（ ）	(2) 26～35 周岁（√）	
(3) 36～45 周岁（ ）	(4) 46～60 周岁（ ）	
(5) 61 周岁以上（ ）		
3. 您的文化程度：		3. 6
(1) 小学以下（ ）	(2) 小学（ ）	
(3) 初中（ ）	(4) 高中或技校（ ）	
(5) 中专（ ）	(6) 大专（√）	
(7) 大学本科以上（ ）		
4. 您的职业：		4. 1
(1) 教师（√）	(2) 工程师（ ）	
(3) 机关干部（ ）	(4) 研究人员（ ）	
(5) 军人（ ）	(6) 企业管理人员（ ）	
(7) 工人（ ）	(8) 个体经营者（ ）	
(9) 私营企业主（ ）	(10) 其他（请注明）______	
5. 您是否经常吃西餐：		5. 2
(1) 经常（ ）	(2) 偶尔（√）	
(3) 没吃过（ ）		
6. 您是否经常喝咖啡：		6. 2
(1) 经常（ ）	(2) 偶尔（√）	
(3) 没喝过（ ）		

如遇问卷内的某个项目是直接填写的数字，如被调查者的出生年月，则将出生年月的数

字直接填入编码表内即可。

如遇无回答项目，则一般以 999999 为代号同样要记入编码表。

对于事先没有设计编码表的问卷表或调查表，若打算用电子计算机处理数据资料，则需在问卷边上或上方补上编码表，或者另外设计一张编码表，然后再按上述操作方法，将所选项目的代号填入编码表内。

对于问卷表或调查表中的少数开放式问题，则应在对所有回答进行分类的基础上，给每一类回答定一个代号，制成编码表，然后再将每一份问卷的开放式问题的回答所对应的代号填入编码表内。

为了便于将数字资料输入计算机，在给每一份问卷表编好编码以后，还需将这些数字登录到资料卡片上去。登录时只需将编码表中的代码或数字按顺序填入登录卡，每个代码或数字之间可以空一格，也可以将所有代码分成若干组，一组一组代码之间空一格（当资料较多时，这样登录不容易出错），当然也可以不空。如上例，在登录卡片的第一行登录第一份问卷上的代码，即：001126122……001 为问卷序号。登录第二份问卷上的代码时，必须另起一行，而且每一个针对同一个问题的代码必须过录在同一纵列的格子内，绝对不能错格（见表 3－1）。

表 3－1　　登　录　表

1	2	3	4	5	6	7	8	9	10	11	12	……	80
0	0	1	1	2	6	1		2	2	…	…		
0	0	2	1	1	7	4		2	2	…	…		
0	0	3	2	2	3	3		1	1	…	…		
0	0	4	2	3	6	1		1	2	…	…		
0	0	5	1	3	4	7		3	3				
⋮													
⋮													

注：表 3－1 中，1～3 栏填问卷表的序号，第 4 栏填性别项的代码，第 5 栏填年龄项的代码，第 6 栏填文化程度项的代码，第 7 栏填职业项的代码，第 8 栏空，第 9 项填第 5 个问题所选答案的代码，第 10 栏填第 6 个问题所选答案的代码，以此类推。一行最多可填入 80 个数字。

待所有的代码或数字都登录好以后，就可以将这些数字资料按登录卡片上的顺序输入计算机了。

资料的编码、登录与输入计算机的工作是既简单枯燥又容易出错的工作，需要特别的耐心与细致才能保证整个过程不出差错。

第 3 节　资料的分组与分配数列的编制

一、资料的分组

资料分组就是根据统计研究的需要，将总体按照一定的标志分为若干个组成部分的一种统计方法。例如，将某一班级的全体同学按照性别划分为男、女两个组；对某市 100 家大型零售商店按照零售额、职工人数进行分组等。

资料分组具有两个方面的含义：对总体而言，是“分”，即将同质总体区分为性质有别的不同组成部分；对总体单位而言，它是“组”，即将性质相同或相近的不同总体单位组合在一起，构成一个组。例如，要了解我国人口状况，只知道总人口数量是不够的，而应将人口总体按照年龄、性别、民族、城乡、文化程度等分组，才能进一步了解我国人口总体的年龄结构、性别比例、民族构成等。

（一）资料分组的作用

资料分组在调查资料的整理过程中所起的作用主要体现在：

1. 划分现象类型，并反映各类型组的数量特征。将总体按一定标志划分为不同类型的组，这就确定了总体各部分的范围和界限，使人们对总体有一个深刻的认识。例如，将商业企业调查资料按所有制性质分为国有、集体和个体等不同组，可以使我们认识商业企业总体中各企业的所有制性质。

2. 研究总体的内部结构。在类型分组的基础上，可以来研究总体内部各部分之间存在的差别和相互联系，通过计算出各组数值在总体中所占的比重，对现象内部结构进行研究，可说明总体的基本特征。同时对现象内部结构的变化进行动态研究，还可以反映现象总体发展变化的过程、趋势和规律。

表 3－2　　我国 1987 年、1997 年和 2016 年从业人员按三次产业的分组

年　份	1987		1997		2016	
从业人员数与比重	从业人员数（万人）	比重（%）	从业人员数（万人）	比重（%）	从业人员数（万人）	比重（%）
第一产业	31 663	60. 0	34 730	49. 9	21 496	27. 7
第二产业	11 726	22. 2	16 495	23. 7	22 350	28. 8
第三产业	9 395	17. 8	18 375	26. 4	33 757	43. 5
合　计	52 783	10. 0	69 600	100. 0	77 603	100

表 3－2 中的数据反映出 1987—2016 年从业人员的分布情况，通过分组表明了从业人员在三次产业中的分布，也显示了人员在三次产业中的结构比重，说明这近 30 年间我国的产业结构发生了很大的变化，变化趋势表现为第一产业从业人员的比重有所下降，第二产业从业人员的比重变化不大，而第三产业从业人员的比重则有所上升。

3. 探讨现象之间的依存关系。统计分组可以根据现象间的影响因素和结果因素的对应更好地揭示现象之间的这种依存关系，如工人的劳动生产率与产品成本的对应、商店的规模与营业额的对应等等，都可以用分组法来揭示他们之间依存关系的性质，并从数量上来描述其关系的密切程度。例如，从表 3－3 的分组资料中可以看出：企业的商品销售额愈大，流通费用率相对地呈下降趋势。这种依存关系，只有通过分组才可以观察到。

表 3－3　　某公司规模与流通费用率依存关系表

企业按商品销售额分组（万元）	企业单位数	流通费用率（%）
400 以下	3	3. 84
400～500	10	3. 09
500～600	15	2. 66
600 以上	2	1. 94

（二）分组的方法

资料分组的关键问题是正确地选择分组标志与划分各组界限。前者主要是指**品质标志**分组，后者主要是指**数量标志**分组。

1. 正确选择分组标志。对资料进行统计分组需要有依据。确定分组的依据就是选择分组标志，它是分组时划分组别的标准。因此正确地选择分组标志，是科学分组的前提，也是资料整理的关键。正确选择分组标志需要注意以下几点：

（1）应根据研究的目的与任务选择分组标志。统计总体的各个单位有许多标志，应该选择什么标志作为分组标志，要依研究的目的而定。例如，某中职学校在校学生这一总体中，每一个在校学生就是一个总体单位。学生有年龄、身高、性别、民族、政治面貌和学习成绩等许多标志。如果要分析该校学生的年龄结构，就要选择年龄作为分组标志；如果要反映学生的学习成绩构成，就要选择每门课程的平均成绩作为分组标志。可见，对于不同的研究目的，需要选择不同的分组标志。

请思考：反映企业规模的标志有许多，如企业职工人数、企业固定资产和生产能力等，请问谁是划分企业规模大小的最具有本质特征的标志？

（2）要选择最能反映事物本质或主要特征的标志。事物的标志多种多样，有些标志是带有根本性的、主要的标志，能够反映事物的本质，而有的则是非本质的次要标志。例如，要研究企业的经济效益好坏，可供选择的标志很多，诸如总产值、销售收入、利税额、劳动生产率、单位产品成本等，然而最能综合反映企业经济效益的是利税额。因此，在进行分组时，要从研究的目的出发，从若干标志中选择最能反映事物本质特征的主要标志进行分组。

（3）根据现象所处的历史条件的变化选择分组标志。社会经济现象随着时间、地点、条件的变化而不断地发展变化着，也就是说历史条件变了，事物的特征也会发生变化，最能反映现象本质特征的标志将随之发生变化。因此，选择分组标志时，应根据历史的发展，“与时俱进”，具体情况具体分析，客观选择分组标志。例如，研究企业生产能力，在机械化程度低下的情况下，应选择职工人数作为主要分组标志；在机械化程度较高的情况下，则应选择固定资产作为主要分组标志。

2. 按品质标志或数量标志分组。

（1）按照品质标志分组就是用反映事物的属性、性质的标志作为分组标志，就可以将总体单位划分为若干性质不同的组成部分。例如，人口按性别、文化程度、民族、籍贯等标志分组；企业按经济类型、轻重工业、隶属关系、企业规模等标志分组等。

（2）按数量标志分组就是用反映事物数量差异的标志作为分组标志，根据其变异范围划定各组界限，将总体划分为若干个性质不同的组成部分。例如，要反映学生某学科的及格率，只需按成绩分成及格与不及格两组，而 60 分就是这一现象及格与不及格的分界线。再如地区经济按国内生产总值分组、企业按销售收入分组等。

（三）分组体系

社会经济现象是复杂多样的，仅采用一个标志对总体进行分组无法反映全貌，必须运用多个分组标志对总体进行多种分组，形成分组体系，才能比较全面地对总体做出评价。分组体系有下列形式：

1. 简单分组与平行分组体系。将总体只选择一个标志分组称为**简单分组**。对同一总体选择两个或两个以上的标志分别进行简单分组，排列起来，即成为平行分组体系。

例如，人口按性别、年龄、民族等单个标志进行分组，就是简单分组；将这些简单分组排列起来，就是平行分组体系。其分组体系如图 3－1 所示。

图 3－1　平行分组体系

2. 复合分组和复合分组体系。总体同时按两个或两个以上的标志进行层叠分组，就称为**复合分组**。由复合分组形成的分组系列就称为复合分组体系。

例如，高等学校学生总体可先按学科分组，再按本科或专科、性别等标志进行复合分组。其分组体系如图 3－2 所示。

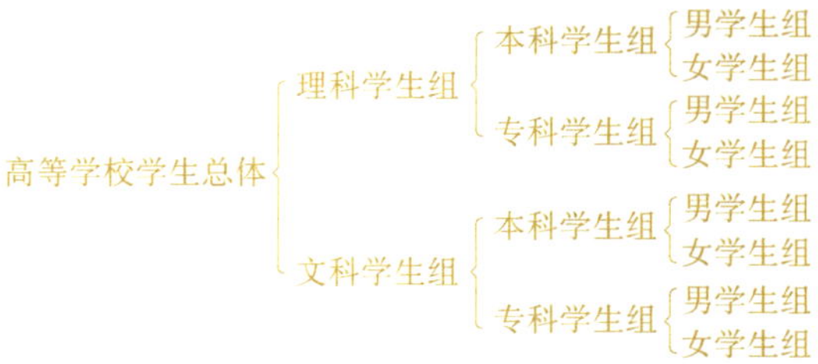

图 3－2　复合分组体系

请思考：如何理解平行分组体系中的“平行”二字？复合分组体系中的“层叠”二字？通过上例具体说明“平行”和“层叠”的真正含义。

做一做：自行确定资料，进行如下分组：按一个品质标志的简单分组、按两个品质标志的复合分组、按一个品质标志和一个数量标志的复合分组、按两个数量标志的复合分组。

二、分配数列的编制

（一）分配数列的种类

在统计分组的基础上，总体中的所有单位按其所属的组别归类整理，并且按照一定的顺序排列，形成总体单位数在各组分布的一系列数字，称为**分配数列**，又称次数分配或次数分布。

分配数列由两要素组成：一是总体中按某标志分的组；二是各组相应的分配次数或频数，或标志值。在分配数列中，分布在各组的总体单位数称为**次数**，又称为**频数**；各组次数占总体次数的比重，称为**比率**，又称为**频率**。次数和频率从不同的角度反映了各组标志值出现的频繁程度，说明了总体单位在各组中的分布，是分配数列的两种表现形式。

分配数列按分组标志特征的不同，分为品质分配数列和变量分配数列。

1. 品质分配数列。品质分配数列简称品质数列，它是按品质标志分组的数列，用来观察总体单位中不同属性的单位分布情况。

表 3－4　　2016 年我国人口性别构成情况

人口性别分组	人口数（万人）	占人口的比重（%）
男	70 815	51.21
女	67 456	48.79
合　计	138 271	100.00
（分组名称）	（次数或频数）	（频率）

问一问：一个国家或地区如果人口性别失衡比较严重，会带来什么问题？

从表3－4中可以看出，该品质分配数列反映了我国2016年人口按性别构成的特征；男性占的比重大于女性。品质数列的编制比较简单，但要注意分组时，应包括分组标志的所有表现，不能有遗漏，各种表现相互独立，不得相融。

2. 变量分配数列。变量分配数列简称变量数列，是将总体按数量标志分组，将分组后形成的各组变量值与该组中所分配的单位次数或频数，按照一定的顺序相对应排列所形成的分配数列。表3－5就是根据前面的案例整理的变量分配数列。

表3－5　　某班级统计学成绩分布表

按成绩分组（分）	学生人数（人）	比重（%）
60以下	3	7.5
60～70	6	15.0
70～80	15	37.5
80～90	12	30.0
90～100	4	10.0
合　计	40	100.0
（各组变量值）	（次数或频数）	（频率）

（二）变量分配数列的编制

变量分配数列按其分组方法的不同，可以分为单项式变量分配数列和组距式变量分配数列的编制两种情况。

1. 单项式变量分配数列的编制。单项式变量分配数列是按单项分组形成的变量数列，直接将每一变量值作为一组。表3－6就是单项式变量分配数列。

表3－6　　某工厂生产车间工人按日产量分布

日产量（件）	工人数（人）	比率（%）
20	3	10.0
21	7	23.3
22	10	33.3
23	6	20.1
24	4	13.3
合　计	30	100.0
（各组变量值）	（次数）	（频率）

单项式变量数列的编制比较明确、容易。但是用连续变量分组来编制分配数列时，或者虽是离散变量，若数值很多，变化范围很大时，单项数列就不能适用，而应考虑采用组距式分配数列的形式。

2. 组距式变量分配数列的编制。组距式变量分配数列是由组距式分组形成的变量数列。每个组由若干个变量值形成的区间表示。在组距式变量数列中，需要明确以下概念：

（1）**组限**。组限为组距式变量数列中，每组区间两端的极值称组限。每一组的两个组限中，较大者叫**上限**，较小者叫**下限**，如果各组的组限都齐全，称为闭口组；组限不齐全，即最小组缺下限或最大组缺上限，称为开口组。

（2）**组距**。组距是指每组下限与上限之间的距离。即：

$$组距 = 上限 - 下限$$

组距式变量数列，有等距数列和不等距（异距）数列之分。

（3）**组中值**。上限与下限之间的中点数值称为组中值，它是各组上下限数值的简单平均。

$$组中值 = \frac{上限 + 下限}{2}$$

对于开口组组中值的计算方式可以利用如下公式：

$$无下限组的组中值 = 上限 - \frac{邻组组距}{2}$$

$$无上限组的组中值 = 下限 + \frac{邻组组距}{2}$$

以下我们利用案例导入中的数据举例说明组距式变量分配数列的编制：

【例 3－1】 某班级 40 名同学统计学课程考试成绩资料如下（单位：分）：

68	89	88	84	86	87	75	73	72	68
75	82	99	58	81	54	79	76	95	76
71	60	91	65	76	72	76	85	89	92
64	57	83	81	78	77	72	61	70	87

要分析学生的考试成绩，我们可以通过编制变量分配数列来反映学生的学习成绩情况。

1. 将原始资料顺序排列，确定变量值的变动范围。这样可以看出成绩的变动范围和最大值、最小值，以及基本的集中趋势。

54	57	58	60	61	64	65	68	68	70
71	72	72	72	73	75	75	76	76	76
76	76	77	78	81	81	82	83	84	85
86	87	87	88	89	89	91	92	95	99

学生成绩的基本情况是，最低分 54 分，最高分 99 分，成绩的变动幅度在 54～99 分之间，差距为 99－54＝45 分。另外，从数列中可看出大多数学生的成绩在 60～90 分之间，不及格和优秀的学生不多。

2. 确定组数和组距。为反映总体不同性质组成部分的分布特征，可以考虑用组距式分组。根据研究对象的具体情况，对学习成绩的分析主要是从不及格、及格、中、良好及优秀方面来考虑，于是考虑分为 5 组。

确定组距。从资料及研究目的考虑，采用等距分组比较合适，因而就有：组距＝（最大值－最小值）/组数＝45/5＝9（分），从计算角度出发，组距一般用 5 或 10 的倍数为好，尽量用整数，所以用 10 分作组距。

3. 确定组限，计算次数和频率。习惯上用离散型变量的方法表示成绩。用整数来作组限，用重叠组限的形式，还要注意，最低组的下限要小于最小变量值，最高组的上限应大于最大变量值。连续变量分组，相邻两组的上限与下限通常是相同的，每一组的上限同时是下一组的下限。为了避免计算时总体单位数出现错误，统计各组单位数时应将到达上限值的单位数计入下一组内，即遵照“上组限不在内”的原则。如表 3－5 所示，成绩刚好为 60 分的学生，应将其计入60~70分一组。根据上面分析分别统计各组学习成绩出现的次数并计算频率，形成变量分配数列（如表3-5所示）。

如果要获取截至某一组变量值以上或以下的分布次数或事物发展进程情况，我们需要在分组计算的基础上计算累计频数和累计频率。如果从最小变量值向最大变量值累计，称为向上累计，反之称为向下累计（如表3-7所示）。

表3-7　某班级统计学成绩分布表

向上累计				向下累计			
成绩分组上限（分）	频数（个）	累计频数（个）	累计频率（%）	成绩分组下限（分）	频数（个）	累计频数（个）	累计频率（%）
60	3	3	7.5	50	3	40	100
70	6	9	22.5	60	6	37	92.5
80	15	24	60	70	15	31	77.5
90	12	36	90	80	12	16	40
100	4	40	100	90	4	4	10
合　计	40	—	—	合　计	40	—	—

向上累计的意义是：可以知道各组上限以下的累计频数或累计频率。表3-7第一组说明在40名学生中，考试成绩在60分以下的有3人，占总数的7.5%，第二组则说明成绩在70分以下的有9人，占总数的22.5%，依次类推。

向下累计的意义是：可以知道各组下限以上的累计频数或累计频率。例如，表3-7中的第五组表示在40名学生中，90分以上的学生4名，占总数的10%，第四组表示成绩在80分以上的有16人，占总数的40%，依次类推。

第4节　资料的汇总

资料汇总是指在资料分组的基础上，把总体单位各方面的标志表现分别进行综合和加总，最终得到总体指标的过程。汇总的直接目的就是要得到指标。没有汇总，就没有指标。因此，汇总是资料整理的主要内容，在此基础上，才能作各种资料的统计分析。

一、资料汇总的内容

按照标志的不同特点，可以把资料汇总的内容概括为三个方面：

（一）总体单位总量方面的汇总，或者叫次数、频数的汇总

总体单位总量方面的汇总即汇总各组和总体的单位总个数。这一内容的汇总结果，就是总体单位数量。它是研究总体在分组标志上的一般分布状况的直接依据和基础，也是进一步深入分析的重要依据。在许多标志上的分析，都是以它作为权数的。

（二）绝对数标志值的汇总

绝对数标志值的汇总即绝对数或总量形式的标志值在各组的加总，最终合计为指标即总

体标志总量。

（三）平均数和相对数标志值的汇总

按照标志的严格定义，总体单位的数量标志中包括平均数和相对数。总体各单位的平均数和相对数标志值不能直接相加。因此，汇总这两类标志时必须先把它们的绝对数分子、分母分解出来，然后把绝对数分子、分母进行加总，通过对加总结果的对比计算，来汇总总体各单位在各组的平均数和相对数标志值。

在汇总时要注意，标志值的汇总不能违背、歪曲标志的基本含义或要素的规定性。单位数和绝对数标志值的汇总，只是统计范围的扩大，不会改变标志的要素规定性，因此汇总时直接相加即可。而平均数和相对数标志值属于对比分析性标志，它要求的首先是质的可比性。汇总的结果也必须符合这一质的规定性。例如，劳动生产率应该是总产出与对应的活劳动消耗之比，汇总结果也必须是这一含义。显然，各单位劳动生产率直接相加的结果违背了这一基本含义，所以不能直接相加。

二、资料汇总的方式和方法

按照组织方式或形式来划分，资料汇总工作可以归纳为两大类：一是逐级汇总，二是集中汇总。逐级汇总就是按一定的统计管理体制，自下而上地对调查资料进行逐级汇总。集中汇总就是将全部调查资料集中到组织统计调查的最高一级机关进行一次性汇总。

按照资料汇总的具体操作来划分，汇总方法可归纳为两大类：一是手工汇总，二是计算机自动汇总。

（一）手工汇总

1. 画记法。是采用一定的符号形式，在预先设计好的汇总表上画记号汇总标志的内容。常用的符号形式如“正”等。这类方法简单，但只适合于汇总各组的单位数与总体单位数总量。具体操作方法是：

（1）先将调查资料按大小顺序排列。例如，某班学生某科考试成绩按从低到高顺序排列如下：

36	56	60	60	64	64	64	68	68	68
70	70	75	75	75	75	78	78	78	78
78	78	79	79	79	79	84	84	85	85
88	88	89	89	89	89	95	95	98	100

（2）根据同限分组法的规定来逐个判断每个数据应属于哪一组，便在该组名下画一记号（短线或圆点等），最后依各组内记号的数目计算出各组次数，如表3－8所示。

表3－8　某班学生某科考试成绩汇总表（画记法）

考试成绩（分）［不含上限］	汇　总	计算（个）
60以下	丅	2
60～75	正　正	10
75～85	正　正　正　一	16
85以上	正　正　丅	12
合　计	—	40

2. 过录法。是把要汇总的内容从各调查表中抄录下来，加总或综合后计入汇总表的相

应组或相应位置。这种方法对汇总内容的适用范围较广泛。

过录法与画记法的不同之处在于它将画记号改为抄录数值。因而，它不仅可以满足计算各组及总体单位数的需要，而且可以满足计算各组及总体标志值总和的需要，在发现分配计算有错误时，也便于核对、调整，无须全部返工。其具体做法如下：

假定调查某乡 30 个村农作物产量情况，结果如表 3－9 所示。

表 3－9　　某年某乡 30 个村农作物产量调查表

村庄编号	播种面积（亩*）	粮食产量（吨）	平均亩产量（千克/亩）
1	2 400	1 200	500
2	2 640	1 188	450
3	2 500	1 250	500
4	2 100	1 470	700
5	1 250	1 000	800
6	1 400	840	600
7	3 500	1 500	429
8	4 400	2 200	500
9	2 000	1 640	820
10	1 600	546	341
11	2 000	760	380
12	2 000	1 066	533
13	3 500	2 160	617
14	1 800	840	467
15	3 800	2 700	711
16	2 500	1 700	630
17	2 300	1 665	593
18	1 700	665	391
19	1 600	840	525
20	2 600	2 160	831
21	2 400	1 020	425
22	4 300	1 505	350
23	4 100	2 460	600
24	1 400	490	350
25	2 400	1 120	467
26	3 400	1 360	400
27	1 800	1 260	700
28	2 600	2 080	800
29	3 600	1 980	550
30	1 100	815	741

* 亩，非法定地积计量单位。1 亩约折合 666.67 米^2。

要求按亩产量进行分组并整理成组距（等距）式变量数列，并运用整理表按画记法汇总出各组单位数与总体单位数——村庄数，用过录法汇总标志值——播种面积和产量，见表 3－10。

表 3－10　　过 录 整 理 表

<table>
<tr><th rowspan="2">按亩产量分组（千克）</th><th colspan="2">村庄数（个）</th><th colspan="3">播种面积（亩）</th><th colspan="3">产　量（吨）</th></tr>
<tr><th>画记</th><th>计</th><th>过</th><th>录</th><th>计</th><th>过</th><th>录</th><th>计</th></tr>
<tr><td>400 以下</td><td>正</td><td>5</td><td>1 600
1 700
1 400</td><td>2 000
4 300</td><td>11 000</td><td>546
665
490</td><td>760
1 505</td><td>3 966</td></tr>
<tr><td>400～500</td><td>正
一</td><td>6</td><td>2 640
1 800
2 400</td><td>3 500
2 400
3 400</td><td>16 140</td><td>1 188
840
1 120</td><td>1 500
1 020
1 360</td><td>7 028</td></tr>
<tr><td>500～600</td><td>正
丅</td><td>7</td><td>2 400
4 400
2 300
3 600</td><td>2 500
2 000
1 600</td><td>18 800</td><td>1 200
2 200
1 365
1 980</td><td>1 250
1 066
840</td><td>9 901</td></tr>
<tr><td>600～700</td><td>𤴓</td><td>4</td><td>1 400
2 500</td><td>3 500
4 100</td><td>11 500</td><td>840
1 700</td><td>2 160
2 460</td><td>7 160</td></tr>
<tr><td>700～800</td><td>𤴓</td><td>4</td><td>2 100
1 800</td><td>3 800
1 100</td><td>8 800</td><td>1 470
1 260</td><td>2 700
815</td><td>6 245</td></tr>
<tr><td>800 以上</td><td>𤴓</td><td>4</td><td>1 250
2 600</td><td>2 000
2 600</td><td>8 450</td><td>1 000
2 160</td><td>1 640
2 080</td><td>6 880</td></tr>
<tr><td>合　计</td><td>—</td><td>30</td><td colspan="2">—</td><td>74 690</td><td colspan="2">—</td><td>41 180</td></tr>
</table>

最后，将汇总结果制成统计表，见表 3－11。

表 3－11　　某乡农作物生产情况统计表

按亩产量分组（千克）	村庄数（个）	播种面积（亩）	产量（吨）	平均亩产量（千克）
（甲）	（1）	（2）	（3）	（4）＝（3）÷（2）
400 以下	5	11 000	3 966	361
400～500	6	16 140	7 028	435
500～600	7	18 800	9 901	527
600～700	4	11 500	7 160	623
700～800	4	8 800	6 245	710
800 以上	4	8 450	6 880	814
合　计	30	74 690	41 180	551

汇总计算的结果可以得到总量指标（即绝对数）。其中，第二栏是各组单位数和总体单位总数，称为总体总量；第三栏是各组标志值总量和总体标志值总量，称为标志总量。还可计算平均数（第四栏）及频率等。

3. 折叠法。这是指在汇总大量格式相同的调查表时，将所有报表中需要汇总的某一栏（行）数字，通过折叠使它们都显现在一条直线上，将与汇总无关的其他数据暂时掩盖起来，然后算出所需数字的一种快速简便做法。这种方法实质上与过录法相同，只是用折叠代替了抄录，主要适用于统计报表等原始数据资料的汇总，对问卷调查表的汇总则使用价值不大。

4. 卡片法。在总体单位多、复合分组多时，卡片法是手工汇总中较好的方法。做法是先要准备好摘录卡片，将每个总体单位需要汇总的项目数值摘录在一张卡片上，然后根据卡片进行分组和汇总计算；但这种方法的工作量很大，而且统计工作也比较麻烦，故一般在规模较大的正规调查中才使用这种方法。

（二）计算机汇总

随着计算机技术的发展，为调查资料的数据整理汇总提供了更为方便、准确、快捷的方式。一般而言，计算机的汇总步骤如下：

第一步，编程序。程序是指按计算机语言对统计资料处理工作进行的全面系统的流程排列，计算机将按照程序进行工作。

第二步，编码。编码是把调查表中的汉字信息符号（代码）化的工作。将每一个类别编上一个号码，这样，既便于分类，又便于汇总，而且只要搞清楚号码所代表的类型，通过编码就可以一目了然。

第三步，数据输入。是指经过编码后的数据和实际数字通过设备记载到存储介质上的工作。

第四步，资料错误信息的检查和修正。主要是指对资料进行逻辑检查，按照预先给定的一套逻辑检查规则对进入计算机的原始数据进行分析、比较、筛选、整理等。将误差超过允许范围的一组数据退回去，重新检查改正，把在允许范围以内的个别错误按逻辑规则改正。

第五步，运行程序。是指按照程序运行规则进行信息处理的过程。

第六步，提供汇总资料。把经过运行处理后的汇总资料，以汇总表的形式，通过输出设备把结果打印出来，提供运行结果。

第5节　资料的显示

经过整理的统计数据资料需要展现，可以用统计表，也可以用统计图。用表不仅可以节省大量的文字叙述，而且更为集中醒目、条理分明，也便于资料的对比分析与积累；用图的特点是形象、鲜明、直观，能够清晰地显示现象之间的相互关系。

一、统计表

（一）统计表的结构

统计表是把通过整理的由统计调查所得来的原始资料，使其成为得以说明社会现象及其发展过程的数据，并按一定顺序排列在表格中而形成的。统计表可分为广义统计表和狭义统计表两种。广义的统计表，包括统计工作各阶段中所用的一切表格；狭义的统计表专指分析表和容纳各种统计资料的表格，即通常所说的统计表。狭义的统计表是统计分析的重要工具，因为它清楚地、有条理地显示统计资料，并能直观地反映统计分析特征。

统计表的结构可从表式和内容两个方面来认识。

从表式结构上看，统计表是由纵横交叉的线条组成的一种表格，它包括总标题、横行标题、纵栏标题和指标数值四个部分。总标题就是统计表的名称，它扼要地说明统计表的内容，处于统计表格的上方。横行标题或称横标目，一般放在表格的左侧位置上。纵栏标题或称纵标题，一般放在表格的上方位置上。横行标题和纵栏标题共同说明表格中填入的统计数字所指的内容。

从内容结构上看，统计表由主词栏和宾词栏两个部分组成。主词栏是统计表中所要说明的总体及其组成部分；宾词栏是统计表中用来说明总体数量特征的各个统计指标。主词和宾词是统计表的两个组成部分，缺一不可（如表 3－12 所示）。

总标题　　**表 3－12　　2017 年我国人口性别构成情况**

按人口性别分组	人口数（万人）	比重（%）
男	71 137	51. 18
女	67 871	48. 82
合计	139 008	100. 00

横行标题　纵栏标题　数字资料

主词栏　宾词栏

（二）统计表的分类与设计规则

1. 统计表的分类。

（1）简单表，是指主词未经任何分组的统计表，也称为一览表。简单表的主词一般按时间顺序排列，或者按个体的名称排列。它是对原始资料进行初步整理所采用的形式。

例如，2018 年某公司产品合格品数量表，即是按总体单位顺序排列的一览表（见表3－13）。

某中等职业学校近年招生规模变化情况表（见表 3－14），即为按统计指标的时间数排列的一览表。

表 3－13　2018 年某公司所属两企业产品合格品数量表

项　　目	合格品数量（块）
甲厂	3 000
乙厂	4 000

表 3－14　　某中等职业学校 2014—2018 年招生规模情况

年　　份	2014	2015	2016	2017	2018
招生人数（单位：人）	800	980	1 200	1 600	2 460

（2）简单分组表，是指主词只用一个标志分组形成的统计表，也称为分组表。运用简单分组表可以说明不同类型现象的特征，以揭示现象内部的结构，以便分析现象之间的相互关系。表 3－12 就属于简单分组表。

（3）复合分组表，是指主词按两个或两个以上标志进行分组的统计表，也称为复合表。

复合分组表可以通过更多的标志，对总体进行更深入地分析与研究，如表 3－15 所示。

表 3－15　××年某地区社会商品零售总额构成

项　目	金额（万元）
社会商品零售额	1 269 450
其中：1. 对居民的零售额	857 890
（1）城市	546 200
（2）农村	311 690
2. 对社会集团的零售额	411 560
（1）城市	293 480
（2）农村	118 080

2. 统计表设计规则。统计表的设计应尽可能做到简洁、清晰、准确、醒目，便于使用者进行比较、分析以及阅读。设计时应遵循如下规则：

（1）统计表的各类标题应十分简明，并确切地反映与概括资料的主要内容以及所属的地区和时间。纵横各栏的排列特别要注意表述资料的逻辑性。

（2）主词各行和宾词各栏，一般先列各个项目，后列总体。若无必要列出全部项目时，就应先列总体，后列其中一部分重要项目，内容不宜罗列太多和过于庞杂。

（3）表中应有计量单位栏。当表中只有一种计量单位时，可在表的右上端注明。若有几个计量单位时，横行的计量单位可专设“计量单位”一栏，纵栏的计量单位可与纵栏标题写在一起，用小括号标明。

（4）表中数字填写要整齐，上下位数要对齐，同栏数字的单位，小数位要一致。如遇相同数字必须照填，不能用“同上”或“同左”代替。无数字的空格要用“—”表示。如遇缺乏资料的空格时，要用“……”表示，以免被误认漏报。

（5）当统计表栏数较多时，通常要加编号，并说明其相互关系，主词栏与计量单位栏可用甲、乙、丙等文字标明；宾词各栏可用（1）、（2）、（3）等数码标明。

（6）统计表的表式为开口式，即表的左右两端不封闭（不画纵线），表的上下端线通常用粗线或双线，表内如有两个或两个以上不同的内容，也要用粗线或双线隔开。

（7）借用他人数据资料时，统计表应加注解，说明资料出处，一般在统计表的下端注明“资料来源”。

二、统计图

统计图是利用统计资料绘制成的几何图形或具体形象，可以从数量方面显示出研究对象的规模、水平、结构、发展趋势和比例关系，是表现统计资料的一种重要形式。实际中常见的统计图主要有以下几种：

（一）条形图

条形图是用宽度相同的直条的高低或长短来表示各项统计指标数值大小的图形。根据条形图表现统计资料内容的不同，条形图又分为单式条形图和复式条形图。

1. 单式条形图。它是以若干距离相等的单一条形的高低、长短来表明指标数值大小的一种图形（见图 3－3）。

2. 复式条形图。它是以两个以上的条形为一组来进行比较的一种图形，它既可以进行组与组之间的比较，又可以进行组内的比较。它常常用来表现分组资料（见图 3－4）。

（二）直方图

直方图是在平面坐标上，以横轴根据各组组距的宽度标明各组组距，以纵轴根据次数的

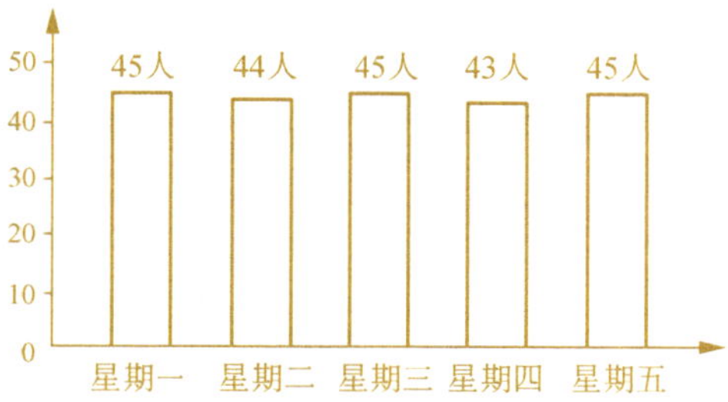

图3－3　某班学生一周出勤人数统计图

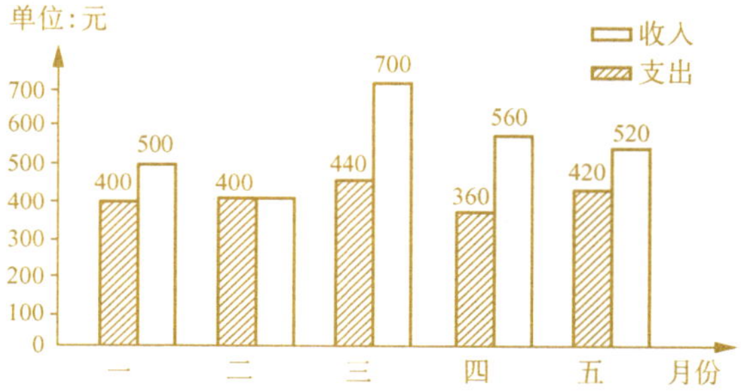

图3－4　某同学2018年1～5月份的收支情况

高度标示各组次数绘制成的统计图。纵轴的左侧标明次数，右侧标明频率，如果没有频率，直方图只在左侧标明次数，见图3－5。

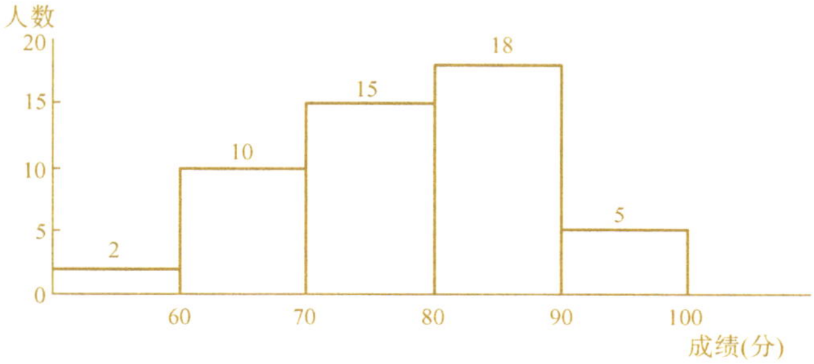

图3－5　某班统计学考试成绩分布图

（三）折线图

折线图是在直方图的基础上，用折线连接各个直方形顶边中点，并在直方图形两侧各延伸一组，使折线与横轴相连。也可根据各组组中值与次数求出各组的坐标点，并用折线连接各点而成。折线所覆盖的面积等于直方图条形的面积，表示总次数。图3－6是在直方图3－5的基础上绘制的折线图。

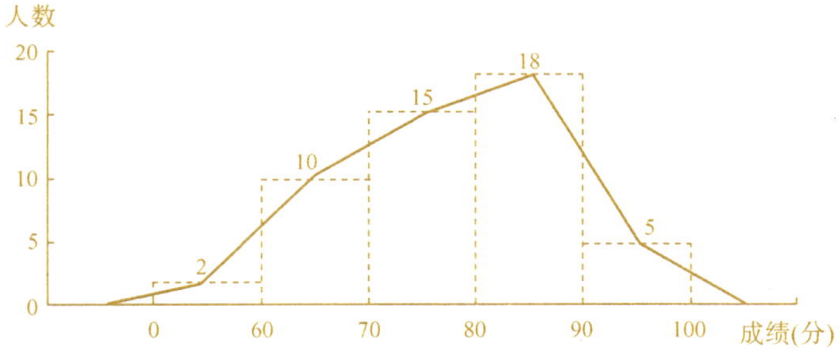

图3－6　某班统计学考试成绩折线图

（四）曲线图

当变量数列的组数非常多时，折线便趋于一条平滑的曲线，它是一种概括描述变量数列分布特征的理论曲线。曲线图是连续型随机变量频数分布常用的形式，绘制的方法是在折线图的基础上，将连接各组次数坐标点的折线加工修匀为比较平滑的曲线（见图

3－7）。

（五）饼形图

饼形图通常是以圆形面积或以圆内各扇形面积的大小来表示统计指标数值大小的图形（见图3－8）。

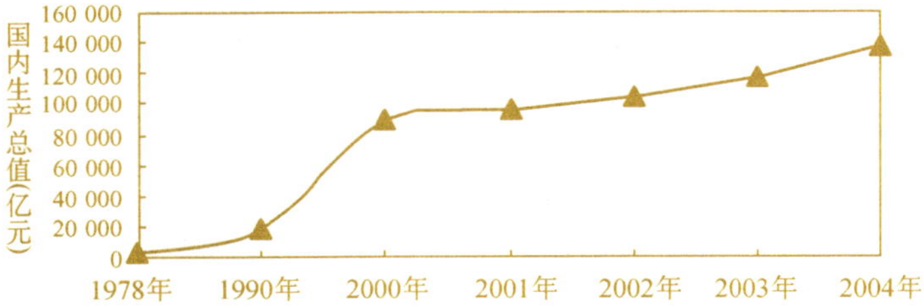

图3－7　中国一些年份的国内生产总值曲线图

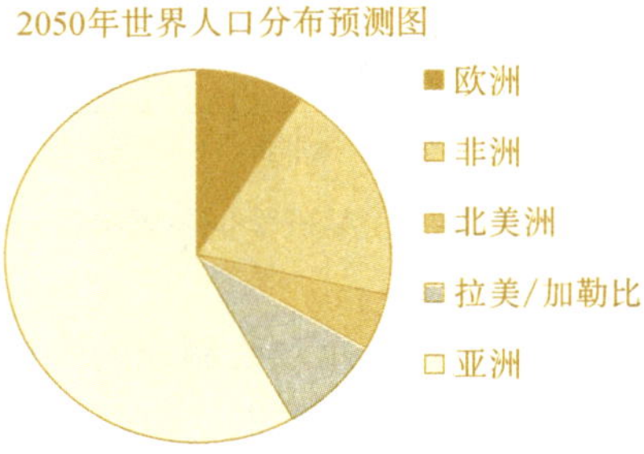

图3－8

统计图除了上述几种外，较常用者还有面积图、圆环图、相关散点图、统计地图、象形图及各式各样的三维立体图等，通用的一些统计软件、电子表格软件和文字编辑软件等都嵌有统计做图功能，在后面的内容中，我们陆续可以学习到。

知识拓展： 请通过查询相关资料，理解运用于反映总体单位数和变量（分组）之间关系的钟型分布、U型分布、J型分布、洛伦次分布等统计图的意义。

第6节　Excel在资料整理中的应用

如前所述，用各种方法取得的调查资料数据必须经过加工整理，使之系统化、条理化，才符合统计分析的要求。所以本节主要介绍Excel在资料整理中的技术和方法。

一、使用Excel整理数据

在Excel的统计函数中，有一个专用于统计分组的FREQUENCY函数；在数据分析工具中还有一个“直方图”工具，可以一次完成分组、计算频数和频率、绘制柱形图和累积频率折线图等全部操作。

使用FREQUENCY函数整理数据，主要是对定性数据进行统计分类和对定量数据进行统计分组。但是，不管是分类还是分组，首先必须按列输入样本数据（即将样本数据排成一列），还要用鼠标单击选定放置分组结果的区域。

现举例说明如下。

【例3－2】 一家调查公司为研究不同品牌饮料的市场占有率，随机抽取一家超市进行调查。调查员对50名顾客购买饮料的品牌进行了记录，如果一个顾客购买某一品牌的饮料，就将这一饮料的品牌名字记录一次。表3－16是记录的原始数据，调查员需要对不同品牌的饮料做一张频数分布表，并用柱形图显示其分布状况。

表 3－16　　　　　　　　　顾客购买饮料的品牌名称原始资料

旭日升冰茶	可口可乐	旭日升冰茶	汇源果汁	露露
露露	旭日升冰茶	可口可乐	露露	可口可乐
旭日升冰茶	可口可乐	可口可乐	百事可乐	旭日升冰茶
可口可乐	百事可乐	旭日升冰茶	可口可乐	百事可乐
百事可乐	露露	露露	百事可乐	露露
可口可乐	旭日升冰茶	旭日升冰茶	汇源果汁	汇源果汁
汇源果汁	旭日升冰茶	可口可乐	可口可乐	可口可乐
可口可乐	百事可乐	露露	汇源果汁	百事可乐
露露	可口可乐	百事可乐	可口可乐	露露
可口可乐	旭日升冰茶	百事可乐	汇源果汁	旭日升冰茶

因为 Excel 无法对文字进行识别统计，所以对于定性数据，先要将类别名称转换为数字代码。假如上述五种品牌的饮料分别用数字表示，即：

1 可口可乐　　2 旭日升冰茶　　3 百事可乐　　4 汇源果汁　　5 露露

则表 3－16 的资料整理步骤为：

1. 在 Excel 工作表中，先将各品牌饮料名称输入 A2～A51 单元格中，再将对应的饮料代码数字输入 B2～B51 单元格中。

2. 对各品牌对应代码指定一个上限值（本例因为用代码转换后的数据为单变量值数据，故直接给出代码值即可；若是组距分组，则应给出各组数据中的实际上限值，即非重叠值），然后将指定的各代码值 1、2、3、4、5 依次输入 C2～C6 单元格中，作为分组界限。

3. 选定 D2～D6 单元格作为放置分组结果的区域（选定后反白显示），然后按以下步骤操作：

（1）从插入菜单中选择“函数”项，或单击“常用”工具栏的“fx”按钮，在弹出的对话框左侧“函数分类”列表中选择“统计”，在右侧“函数名”列表中选择 FREQUENCY 函数，回车后进入 FREQUENCY 函数对话框（见图 3－9）。

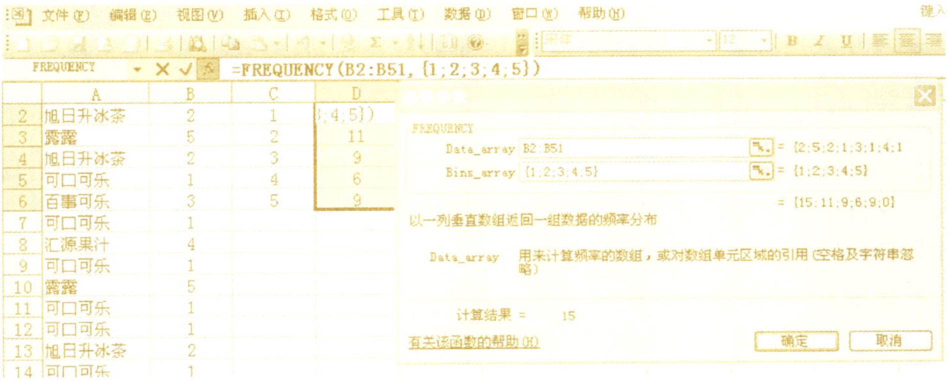

图 3－9　FREQUENCY 函数对话框

（2）在 FREQUENCY 函数对话框的上端并列有两个对话框，一个是 Data _ array，可在框中（对话框中称“频率分布”）输入待分组的原数据区域，本例可输入 B2∶B51。另一个是 Bras _ array，可在框中输入分组标志。FREQUENCY 函数要求按组距的非重叠上限分组（帮助信息称“分段点”），不接受非数值字符的分组标志。本例可输入“{1；2；3；4；5)”。输入完毕后，框中就给出了频数分布 15，11，9，6，9（后面的 0 表示没有其他）。

（3）按［Shift + Ctrl + Enter］组合键，Excel 即可将各组频数 15，11，9，6，9 记入指定的 C2 ~ C6 单元格内（回车无效）。

4. 列表计算频率、累积频数和累积频率，见图 3 – 10 所示。具体步骤为：

（1）求 D 列合计数。单击 D7 单元格，输入“ = SUM （D2∶D6）”，回车可得到合计数“50”。

（2）计算各组频率。单击 E2 单元格，输入“ = E2 * 100/50”，回车后即可得到第一组的频率“30”；然后利用填充柄功能按住鼠标左键拖至 E6 单元格后放开鼠标，即可得到 E3 ~ E6 单元格的频率，最后利用 SUM 函数求出合计频率，见图 3 – 8 中的 E 列数据。

（3）计算累积频数。单击 F2 单元格，输入“ = D2”，回车后得到第一组的累积频数“15”；再单击 F3 单元格，输入“ = F2 + D3”，回车后可得到第二组的累积频数“26”；然后利用填充柄功能按住鼠标左键拖至 F6 单元格后放开鼠标，即可得到 F4 ~ F6 单元格的累积频数，见图 3 – 10 中的 F 列数据。

	A	B	C	D	E	F	G
1	品牌名称	代码	分组	频数	频率(%)	累积频数	累积频数(%)
2	旭日升冰茶	2	1	15	30	15	30
3	露　　露	5	2	11	22	26	52
4	旭日升冰茶	2	3	9	18	35	70
5	可口可乐	1	4	6	12	41	82
6	百事可乐	3	5	9	18	50	100
7	可口可乐	1	合计	50	100	—	—

图 3 – 10　顾客购买饮料的品牌名称频数分布表

（4）计算累积频率。单击 G2 单元格，输入“ = F2 * 100/50”，回车后即可得到第一组的累积频率“30%”；然后利用填充柄功能按住鼠标左键拖至 G6 单元格后放开鼠标，即可得到 G3 ~ G6 单元格的累积频率，见图 3 – 10 中的 G 列数据。

二、使用 Excel 显示数据

使用 Excel 整理数据，最终是通过分组函数“FREQUENCY”或“直方图”工具实现分组目的，并以表、图的形式表现出来的；而使用 Excel 显示数据，也是通过编制统计表和绘制统计图来实现显示数据的目的。

（一）使用 Excel 制作统计表

统计表是统计描述的一个主要方法。随着计算机技术的发展和应用，以电子文档形式提交的科技论文和工作报告已成为趋势。在编制统计表方面，Excel 具有明显的优势。用 Excel 编制统计表，要充分利用单元格、区域、工作表来定制它们的丰富的格式（包括字体的样式与大小、数字的格式、行高与列宽、边框的样式、图案与颜色、对象的对齐、网格线的有无等)，并通过合理的操作组合来实现编制统计表的目的。

1. 在工作表内选中某个区域输入统计表的原始内容，在工作表内选中一个区域，以单元格为单位，输入统计表的每一项，即把统计表的文字和数字内容输入到单元格中。

2. 制作表线，利用边框按钮制作统计表的表线，即画出顶线、分隔线、合计线，底线等必要的粗细横线。

3. 定义文字和数字的格式并相应调整列宽和行高，利用字体的样式、大小和数字的格式功能，首先定义统计表中的文字和数字内容，然后利用列宽和行高定义功能调整统计表中总标题栏、横行标题栏、纵栏标题栏、合计项的宽度和高度，使它们之间留有合适的间隙，避免距离太近或太远，影响美观；同时应考虑整个统计表的大小，以满足显示或打印的需要。

4. 对齐数字与文字，利用文字与数字的对齐功能，加之行列间距的调整使文字和数字位数对齐。

5. 去掉网格线，利用网格线的开关功能关闭网格线的显示和打印输出，目的是去掉统计表中的竖线。

6. 进一步调整操作，利用 Excel 的其他功能进一步调整和定制统计表，使之达到专业和美观的要求。

以下结合表 3－17 中的数据，介绍使用 Excel 编制统计表的技巧与方法，演示使用 Excel 编制统计表的具体操作步骤。

表 3－17　　2002 年三个直辖市运输线路长度统计表　　单位：km

地　区	铁路营业里程	内河航道里程	公路里程
天津	681.6	443	9 696
上海	526.5	2 037	6 286
重庆	718.2	2 324	31 060
合　计	1 926.3	4 804	47 042

资料来源：《中国统计年鉴 2003》，中国统计出版社 2003 年版，第 571 页。

1. 输入原始文字和数值。在工作表的 A1～D6 区域输入上述统计表的原始文字和数值，如图 3－11 所示。

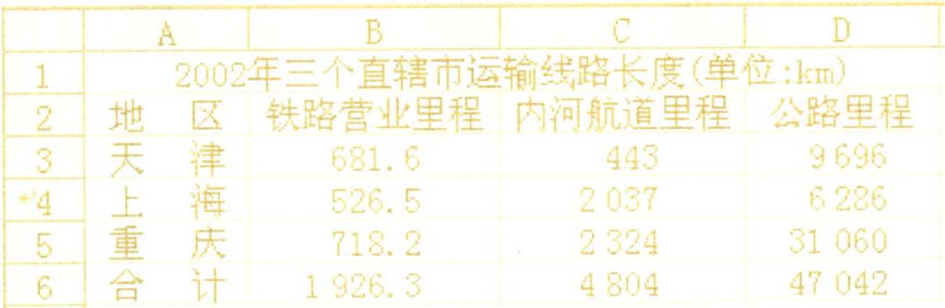

	A	B	C	D
1	2002年三个直辖市运输线路长度(单位:km)			
2	地　区	铁路营业里程	内河航道里程	公路里程
3	天　津	681.6	443	9 696
4	上　海	526.5	2 037	6 286
5	重　庆	718.2	2 324	31 060
6	合　计	1 926.3	4 804	47 042

图 3－11　统计表原始数据的建立

2. 制作表线。在 A1～D1 区域的底边画表的顶线；在 A2～D2 区域的底边画表的分隔线；在 A5～D5 区域的底边画表的合计线；在 A6～D6 区域的底边画表的底线。

画 A 与 B、B 与 C、C 与 D 列之间的列线。具体方法有两种：一是利用工具栏上的边框按钮，直接画出表线；二是选择“格式”菜单→“单元格”命令→“单元格格式”对话框

→“边框”选项卡。显然，第一种方法较简捷。以下是使用第一种方法制作表线的具体操作步骤：

（1）选中需要画表线的单元格区域 A1 ~ D1，单击工具栏上的边框按钮，在出现的图 3 – 12（a）中点击画圆圈的“边框”按钮，即可得到表格的顶部粗线。

同理，选中单元格区域 A2 ~ D2，仿上操作，点击图 3 – 12（b）画圆圈的“边框”按钮，即可得到表格的上部分隔线。

（2）选中需要画表线的单元格区域 A6 ~ D6，单击工具栏上的边框按钮，在出现的边框图 3 – 13（a）中点击画圆圈的“边框”按钮，即可得到表格的行分隔线和底部粗线。

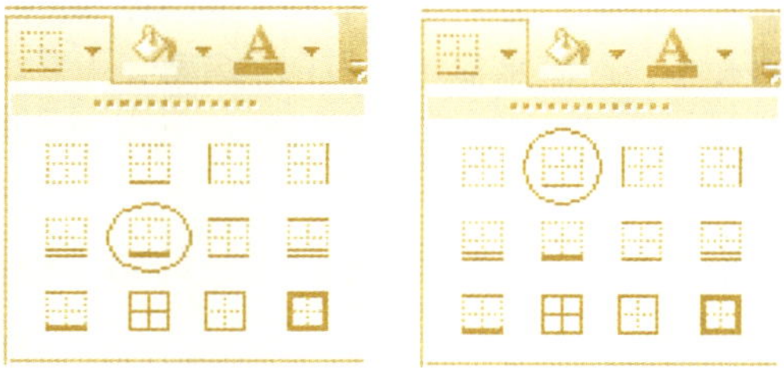

(a) (b)

图 3 – 12　下边框为粗、细边框样式

(a) (b)

图 3 – 13　上细和下粗边框、左细边框样式

（3）依次选中单元格区域 A2 ~ A6、B2 ~ B6、C2 ~ C6，依次单击工具栏上的边框按钮，依次在出现的边框图 3 – 13（b）中点击画圆圈的“边框”按钮，即可得到表格的列分隔线。其效果图见图 3 – 14。

	A	B	C	D
1	2002年三个直辖市运输线路长度(单位:km)			
2	地　区	铁路营业里程	内河航道里程	公路里程
3	天　津	681.6	443	9 696
4	上　海	526.5	2 037	6 286
5	重　庆	718.2	2 324	31 060
6	合　计	1 926.3	4 804	47 042

图 3 – 14　表线都画出来的统计表

3. 定义文字和数字的格式，并调整列宽和行高。利用工具栏上定义文字格式的按钮：定义文字的字体、字号；利用工具栏上定义数字格式的按钮：来定义数字格式，即数字是“数值样式”还是“百分比”样式等。也可以选择“格式”菜单→“单元格”命令→“单元格格式”对话框→“字体”选项卡或“数字”选项卡。通过指定其中的选项来实现上述目的。

如果要把本例中的文字和数字的大小由原来的“12”改为“14”。首先，选中 A1 ~ D6 区域，单击工具栏上定义文字“字号”的下拉对话框，并单击数字“14”即可。当文字与数字由小变大时，往往有些文字和数字会超出单元格显示（见图3 – 15画圆圈的地方），而且它们之间距离过近等。这时需要利用列宽和行高定义功能调整统计表各栏的宽度和高度，使统计表中文字与数字之间留有合适的距离。

	A		B	C	D
1	2002年三个直辖市运输线路长度(单位:km)				
2	地	区	铁路营业里程	内河航道里程	公路里程
3	天	津	681.6	443	9 696
4	上	海	526.5	2 037	6 286
5	重	庆	718.2	2 324	31 060
6	合	计	1 926.3	4 804	47 042

图 3－15　文字和数字改变后的统计表

这时，可依次拖动 B 与 C、C 与 D，D 与 E 之间的列标，设置所需的列宽。在拖动列表的时候，其右上角会出现一个动态显示的列宽度的数字，帮助你确定合适的宽度大小。本例调整的列宽为“15”（见图 3－16）；也可双击列标边界，确定与单元格内容宽度相适应的列宽。

D16　　fx　　宽度：15.75（131 像素）

	A		B	C	D
1	2002年三个直辖市运输线路长度(单位:km)				
2	地	区	铁路营业里程	内河航道里程	公路里程
3	天	津	681.6	443	9 696
4	上	海	526.5	2 037	6 286
5	重	庆	718.2	2 324	31 060
6	合	计	1 926.3	4 804	47 042

图 3－16　拖动 C 和 D 之间的列标题

调整行高，其做法与列宽的调整类似。一是拖动行标的下边界来设置所需的行高；二是双击行标的下边界可使行的高度与单元格内容的高度相适应。

4. 对齐数字与文字。即利用工具栏上对其数字与文字的按钮：来对齐数字与文字；也可选择“格式”菜单→“单元格”命令→“单元格格式”对话框→“对齐”选项卡，通过选择其中的选项来实现，本例，选择 A 列居中对齐，其余列选择右对齐。

5. 去掉网格线。单击工具栏上“网格线开关”按钮可关闭网格线显示。也可以选择“工具”菜单→“选项”命令→“视图”选项卡（见图 3－17）→单击“网格线”复选框关闭网格线显示。去掉网格线的统计表见图 3－18。

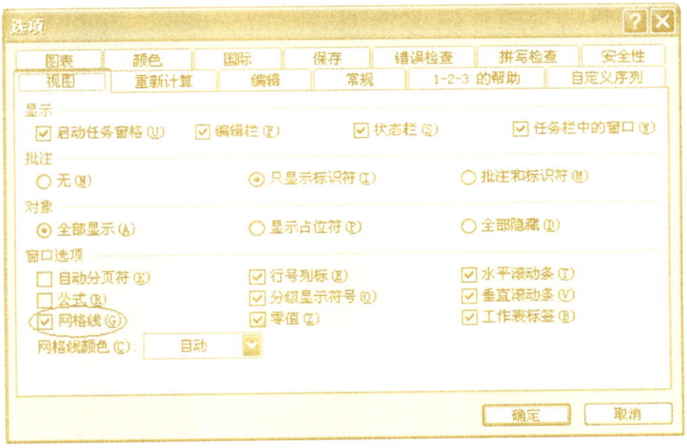

图 3－17　“选项”对话框中的“视图”选项卡

	A	B	C	D
1	2002年三个直辖市运输线路长度			(单位:km)
2	地　区	铁路营业里程	内河航道里程	公路里程
3	天　津	681.6	443	9 696
4	上　海	526.5	2 037	6 286
5	重　庆	718.2	2 324	31 060
6	合　计	1 926.3	4 804	47 042

图 3 – 18　去掉网络线的统计表样式

（二）使用 Excel 制作统计图

统计图以直观的形式反映统计数据，能够形象地表达数据间的关系。使用Excel只需鼠标圈圈点点就能使那些枯燥的数据变成直观明了、多姿多彩的统计图。在Excel中制作的统计图，可以方便地嵌入文字报告、幻灯片以及多媒体作品中。

利用 Excel 制作统计图应符合统计学中关于统计图的一些基本要求，这样统计图才能直观准确地反映统计数据之间的关系。用 Excel 制作各种统计图的具体方法参考本章的案例分析。

本章案例

六个地区旅游业发展状况分析

一、选题

近年来我国旅游业发展速度迅猛，各地区对旅游资源的开发和现有资料的整合都不遗余力，同时也加大了我国旅游业的对外宣传，吸引了众多的国际游客。现选取六个旅游资源丰富的地区（北京、辽宁、上海、广东、云南、陕西），分别在四个年份（1995 年、2000 年、2001 年、2002 年）中接待国际旅游人数的情况，来分析这些地区旅游业的发展状况，并利用 Excel 制作统计图表进行辅助分析。

二、资料搜集整理分析

1. 查阅《中国统计年鉴 2003》，取得原始数据。在 A1 与 E1 合并后的单元格中输入“六个地区各年接待国际旅游人数统计表　单位：万人次”；在 A2 ~ E8 单元格中输入地区行、列标题及原始数据；在 A9 ~ E9 合并后的单元格中输入“资料引入《中国统计年鉴 2003》第 698 页”。

2. 制作三线表。运用前述 Excel 制作表格的方法与步骤制作三线表，如图3 – 19所示。

3. 制作统计图。要求按六个地区各年接待国际旅游人数分类作图，具体步骤如下：

（1）在完成前述统计表的基础上，将光标定位于 Excel 工作表的任意单元格中，然后单击  按钮。

（2）在出现的“图表向导—4 步骤之 1—图表类型”对话框中，选中“柱形图”类型的第一种子图表类型（见图 3 – 20），单击 下一步(N) > 按钮。

	A	B	C	D	E
1	六个地区各年接待国际旅游人数统计表 单位：万人次				
2	地　区	1995年	2000年	2001年	2002年
3	北　京	166.52	237.96	239.88	266.45
4	辽　宁	21.46	50.05	60.66	79.42
5	上　海	107.54	143.9	151.65	215.94
6	广　东	122.07	212.07	240.37	298.06
7	云　南	47.38	66.59	69.57	78.13
8	陕　西	39.73	58.48	63.76	71.81
9	资料引自：《中国统计年鉴2003》.第698页。				

图 3－19　用 Excel 制作的统计表

（3）在出现的“图表向导—4 步骤之 2—图表源数据”对话框中，在“数据区域”后的方框中输入“＝sheet7！A2：E8”，并选中“系列产生在”下面的“列”（见图 3－21）。单击 下一步(N) > 按钮。

图 3－20　图表向导步骤之一（选中柱形图）

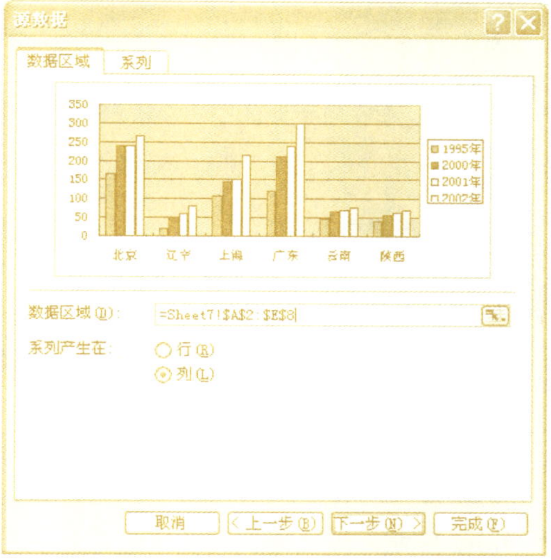

图 3－21　图表向导步骤之二（源数据）

■　在出现的“图表向导—4 步骤之 3—图表选项”对话框中，单击按钮，然后在“图表标题”的输入框中输入“接待国际旅游人数统计表”；在“分类（x）轴”的输入框中输入“地区”；在“数值（Y）轴”输入“接待国际旅游人数”（见图 3－22），然后单击 下一步(N) > 按钮。

■　在出现的“图表向导—4 步骤之 4—图表位置”对话框中，选择“作为其中对象插入”，如图 3－23 所示。

■　单击按钮，即可得到图 3－24 所示的统计图。

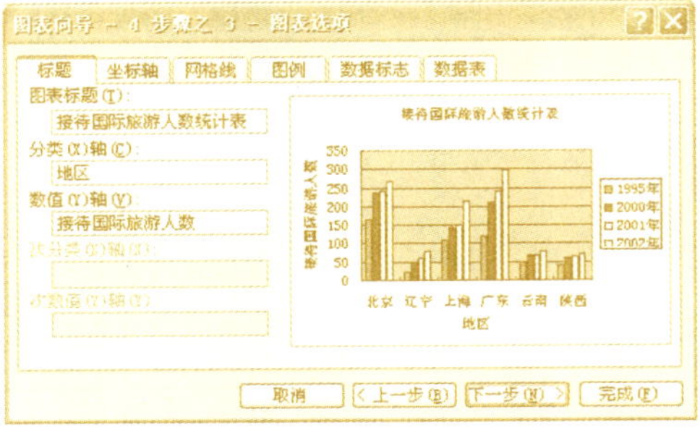

图 3－22　图表向导步骤之三（图表选项）

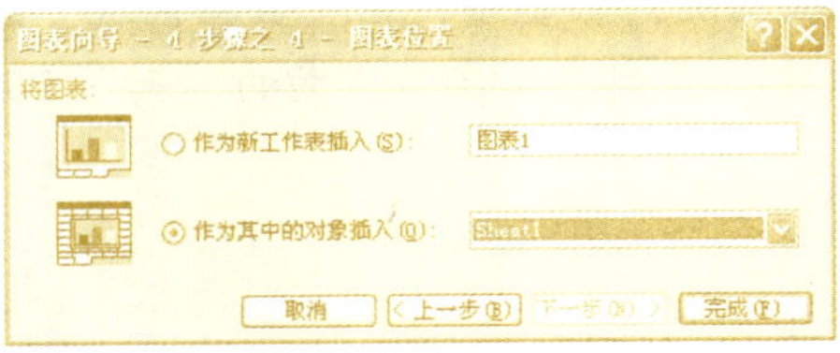

图 3－23　图在向导步骤之四（图表位置）

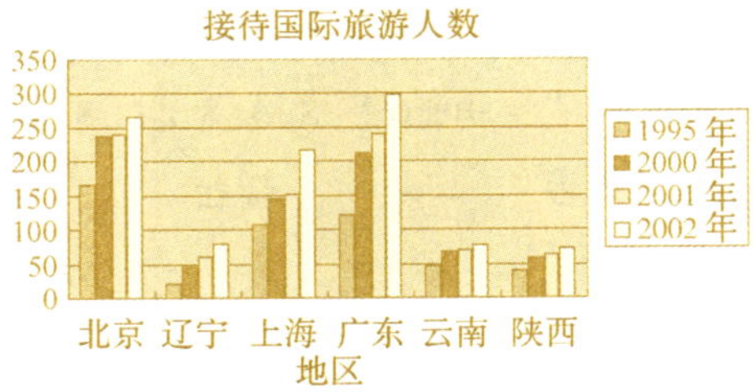

图 3－24　图表向导作图的最后结果

三、分析报告

通过分析 Excel 制作的统计图表，可以得到如下 1995—2002 年我国接待国际旅游人数的统计结论。

1. 东南沿海地区接待的国际旅游人数较多，如上海市、广东省。
2. 东北地区和中西部地区接待的国际旅游人数相对较少，如辽宁省、云南省、陕西省。
3. 辽宁省、上海市、广东省三个地区近年来接待国际旅游的人数增幅明显。
4. 北京市、云南省、陕西省三个地区近年来接待国际旅游人数的增幅不大。
5. 北京市、辽宁省、上海市、广东省四个地区从 2000—2002 年平均每年接待国际旅游的人数，比 1995 年接待国际旅游的人数有较大的增长。
6. 云南省、陕西省两个地区从 2000—2002 年平均每年接待国际旅游的人数，比 1995 年接待国际旅游的人数无较大幅度的增长。

四、启示

利用 Excel 制作的统计图表，使我们能很容易地得到六个旅游资源丰富地区接待国际旅游人数的基本情况。对照统计图表进行分析，可以得出如下结论：

1. 在 21 世纪的头三年，我国的旅游业发展速度迅猛，比 20 世纪 90 年代中叶有明显的增长。
2. 东南沿海的旅游业优势明显。
3. 东北地区和东南沿海地区的旅游业发展保持了较大涨幅。
4. 中西部地区旅游业的发展相对较为缓慢，还有待于进一步开发。

关键词

统计（资料）分组　分组标志　简单分组　复合分组　分配数列（次数分布）　频数　频率　上限　下限　组距　组中值　全距　统计表　统计图　条形图　直方图　折线图　曲线图　饼形图

第4章

资料分析

——总量分析与相对分析

学习目标：

本章主要介绍总量分析和相对分析的基础知识，包括总量指标的含义、相对指标的含义和各种计算方法及应用。通过学习，要求在理解总量指标、相对指标含义的基础上，初步掌握各种相对指标的特点和计算方法，并对不同的数据进行简单分析应用。

重点、难点：

- □ 总量指标的含义
- □ 相对指标的含义
- □ 各种相对指标的计算和应用

2017年来自教育部网站的信息显示，2016年，全国中等职业学校毕业生人数为474.71万，就业人数为459.15万，就业率为96.72%，对口就业率为75.60%。数据反映出2016年中职毕业生就业有以下几个特点：(1) 从就业去向看，到机关、企事业单位就业的占就业人数的45.49%；合法从事个体经营的占13.85%，表明在国家鼓励创新创业大形势下，不少毕业生选择了创业就业道路。升入各类高一级学校就读的占25.10%，比2015年增加5.08个百分点。这充分表明，中高职衔接立交桥不断拓宽，为更多中职毕业生接受更高层次教育提供了机会。(2) 从就业结构看，从事第一产业的占直接就业人数的8.55%；从事第二产业的占31.43%；从事第三产业的占60.02%，表明服务业成为中职毕业生就业的主渠道。(3) 从就业地域分布看，185.48万人在本地就业，占直接就业人数的67.26%；0.94万人在境外就业，占0.34%；89.37万人在异地就业，占32.40%，这表明，中职毕业生就业地域仍然以本地就业为主，成为地方产业大军的主要来源和经济社会发展的重要人才支撑。(4) 从就业质量看，在直接就业学生中，签订劳动合同的比例达88.68%，就业稳定性较高。就业月平均起薪2 001~3 000元的占37.70%，3 000元以上的占15.76%，比2015年增加了3.74个百分点，有社会保险的就业毕业生达84.61%，毕业生的薪金待遇和社会保障状况有较大改善，毕业生对就业满意度表示不满意的仅占毕业生总数的3.38%。在这里，通过总量指标和相对指标对总体（全国中职生）的描述，才使我们对2016年中职生的就业情况有了全面具体的了解。在社会生活中，媒体上也常开辟有“数字新闻”“新闻调查”等专题栏目，通过总量指标和相对指标来描述被调查研究对象的特征，使我们对现象有深刻、全面的认识。下面我们将学习总量指标和相对指标的含义、计算方法以及在社会经济生活中的应用。

第1节　总量指标分析

一、总量指标的作用

总量指标是用绝对数来反映现象总体在一定时间、地点、条件下的总规模、总水平的综合指标，又称绝对数、绝对量指标。例如，我国国土面积为960万平方千米，2017年末总人口为13.9008亿人，私人汽车拥有量为5 938.71万辆。这些都是总量指标。一般来说，总量指标与总体范围成正比，总体范围越大，总量指标数值也越大；总体范围越小，总量指标数值也越小。

总量指标是社会经济统计最基本的指标，它在统计工作中具有十分重要的作用。

1. 总量指标是认识事物的起点。它可以反映一个国家的国情、国力，也可以反映一个地区、一个部门甚至一个企事业单位的人力、物力、财力的基本情况。例如，某中职学校在校生3 000人，高级讲师30名，讲师110名，双师型教师80名，拥有多媒体教室150间。

2. 总量指标是编制计划、检查计划、实行科学管理的重要依据。例如，我国现有人口13亿，要满足这么多人口日益增长的物质和文化生活的需要，就要考虑生产量与消费量之间的关系，组织安排好人们的生产与生活。

3. 总量指标是计算相对指标和平均指标的基础。总量指标是基础指标，相对指标和平均指标一般是由两个有联系的总量指标对比得到的，是派生指标。

议一议： 利用班级的平均分或男女人数比例来理解总量指标为什么是计算相对指标和平均指标的基础。

二、总量指标的种类

（一）总体单位总量和总体标志总量

总量指标按反映现象总体的内容不同，分为**总体单位总量**和**总体标志总量**。总体单位总量简称为单位总量，是总体内的所有单位数之和。例如，某市商业企业数、中等职业技术学校数、高级技工人数等。总体标志总量简称标志总量，是总体内某一数量标志值之和。如某市商业企业总产值、利税总额、职工工资总额等。

总体单位总量和总体标志总量不是固定不变的，它们随研究目的的改变而改变。例如，要考察某市商业企业职工平均工资，则职工人数是单位总量，工资总额是标志总量。若要考察该市商业企业平均人数，则商业企业数是单位总量，职工人数变成了标志总量。

正确区分总体单位总量和总体标志总量，对于计算平均指标具有重要的意义。

（二）时期指标和时点指标

总量指标按反映的时间状况不同，分为**时期指标**和**时点指标**。

时期指标是反映现象总体在一段时期内发展变化的累计总量。例如，社会消费品零售总额、房地产成交量、出生人数等。时点指标是表明现象总体在某一时刻所达到的总量。如某公司职工人数、商品库存量、企业设备台数等。

时期指标与时点指标均有各自的显著特点，时期指标具有可加性；其数值大小与时期长短有直接关系；数值的获取一般通过连续不断的登记取得。时点指标不具有可加性，相加之后没有实际意义；时点指标数值大小与间隔时间长短没有直接关系；时点指标数值的获取一般通过间断登记取得。

做一做：某商场销售洗衣机，2018 年共销售 60 000 万台，年库存 5 000 台，讨论哪个是时期指标？哪个是时点指标？总结判断这两个指标的方法。

三、总量指标的计量单位

总量指标的计量单位有实物单位、货币单位和劳动量单位。

（一）实物单位

实物单位是根据事物的属性和特点而采用的计量单位，主要有自然单位、度量衡单位、复合单位、标准实物单位。

1. 自然单位。例如，汽车 10 万辆、人口 700 万人、服装 2 万件、电脑5 000台等，其中的“辆、人、件、台”皆为自然单位。

2. 度量衡单位。例如，表示重量的有“吨、千克”，表示里程的有“千米”，表示面积的有“平方米”，表示容积的有“升、毫升”等。

3. 复合单位。例如，货物周转量用“吨千米”表示，发电量用“千瓦小时”表示等。人口密度用“人/平方千米”表示，速度用“千米/小时”表示等。

4. 标准实物单位。例如，棉纱以 20 支纱为标准纱，拖拉机以 15 马力为一标准台等。

以实物单位来计量的统计指标称为实物指标。实物指标能够直接反映事物的使用价值和实物内容，但综合性能较差，不同实物内容、不同计量单位的实物指标无法进行汇总计算。

（二）货币单位

货币单位是以货币为尺度来度量社会财富和劳动成果或劳动消耗的一种计量单位。例如，元、万元、亿元等。

以货币单位来计量的统计指标称价值指标。价值指标具有广泛的综合性能和概括能力，在实际中被广泛应用，但价值指标脱离了具体的物质内容，比较抽象。因此，在实际工作中，往往将价值指标与实物指标结合应用，以便更全面地分析问题。

（三）劳动量单位

劳动量单位是以劳动时间来表示的计量单位。如工时、工日等。用劳动量单位来计量的总量指标称为劳动量指标。劳动量指标一般适用于工业、建筑业内部的核算。

第2节　相对指标分析

总量指标只能说明现象总体本身的总量，而不能说明现象之间的相互联系，以及现象发展的好与坏、多与少、快与慢，研究相对指标就能帮助我们解决这些问题。

一、相对指标的作用

相对指标又称相对数，是由两个有联系的指标数值对比而得到的比值。用来对比的分子分母可以是绝对数、相对数或平均数。相对指标是用来反映社会经济现象之间的数量对比关系和联系程度的。其最大特点是将两个对比的指标数值抽象化。因此，相对指标可以使那些无法直接对比的总量指标找到了共同的比较基础，这使相对指标被广泛应用。

相对指标的表示方法有有名数和无名数两种。有名数是相对指标的一种表现形式，一般是由对比的分子与分母的计量单位组合而成，大部分强度相对指标就是用有名数表示的，如人均国内生产总值（GDP）用“元/人”表示。但是，大多数相对指标是用无名数表示的。

无名数主要有系数、倍数、成数、百分数、百分点、千分数等。

系数、倍数：是将对比的基数（即分母）抽象化为1而得到的比值。当分子与分母相差不大时用系数表示，当分子比分母大许多时用倍数表示。例如，基尼系数；某上市公司利润今年是上年的3倍。

相关链接

基尼系数是意大利经济学家基尼于1922年提出的用于测定收入分配差异程度的指标。基尼系数介于0～1之间：基尼系数等于0，表示收入分配绝对平均；基尼系数等于1，表示收入分配绝对不平均；低于0.2表示收入高度平均；0.2～0.3表示比较平均；0.3～0.4表示相对合理；0.4～0.5表示收入差距较大；0.6以上表示收入差距悬殊。

成数：是将对比的基数抽象化为10而得的比值。例如，今年粮食产量比去年增长一成，即增长1/10或10%；若增长两成，即增长2/10或20%。

百分数：是将对比的基数抽象化为100而得到的比值，用符号“%”表示，它是相对指标中最常用的一种表现形式。例如，考试及格率为94%。

百分点：是百分比的增减量，即增减1个百分点等于增减1%。例如，某年我国人民币一年期存款利率由2.25%上调为2.52%，那人民币利润上调0.27个百分点。

千分数：是将对比的基数抽象化为1 000而得到的比值，用符号“‰”表示，一般适用于分子比分母小很多的情况。例如，人口出生率、人口死亡率、人口自然增长率等指标一般都用千分数表示。

二、相对指标的种类和计算

常用的相对指标主要有以下六种：计划完成程度相对数、结构相对数、比例相对数、比较相对数、强度相对数、动态相对数。

（一）计划完成程度相对指标

计划完成程度相对指标，又称为计划完成相对数或计划完成百分比，是用一定时期实际完成数与计划任务数对比而得到的比值，结果一般用百分数表示，主要用于检查监督计划执行情况。其基本计算公式为：

$$计划完成程度=\frac{实际完成数}{计划任务数}\times100\%$$

提示：在计算和应用计划完成程度指标时，要注意下面几个问题：

（1）分子、分母不能颠倒计算；

（2）分子、分母必须属同一个总体；

（3）分子、分母在指标含义、计算方法、计量单位等方面要一致。

计划完成情况的检查，可分为短期计划检查和长期计划检查两种。

1. 短期计划检查。短期计划一般指一年和一年以内的计划，其检查有计划进度检查和计划完成程度检查。

（1）进度检查，是用计划期内某一段时间的实际累计完成数与全期计划数之比来分析的，其计算公式为：

$$计划执行进度=\frac{某一阶段的实际完成数}{全期计划数}\times100\%$$

计划执行进度指标主要用于考核企业计划执行情况是否均衡，有无前松后紧的现象。

（2）完成程度检查，是用整个计划期间的实际完成数与计划任务数对比而得到的比值，由于计划任务数有绝对数、相对数和平均数三种表现形式，因此检查计划完成程度的方法就有所不同。

第一种，当计划数为绝对数时，

$$计划完成程度=\frac{实际完成数}{计划任务数}\times100\%$$

【例 4－1】 某商场本年计划销售空调 1 000 万元，实际销售了 1 200 万元。问该商场计划完成情况如何？

解：$计划完成相对数=\frac{1\ 200}{1\ 000}\times100\%=120\%$

答：该商场超额 20% 完成空调销售计划。

第二种，当计划数为相对数时，

$$计划完成程度=\frac{1+(-)实际提高(降低)率}{1+(-)计划提高(降低)率}\times100\%$$

【例 4－2】 某企业生产甲产品，上年实际成本为 420 元，本年度计划规定成本降低 6%，实际降低了 8%；同时，计划规定劳动生产率比上年提高 10%，实际提高了 15%，要求检查企业成本计划和劳动生产率计划完成情况。

解：成本计划完成相对数 $=\frac{1-8\%}{1-6\%}\times100\%=97.87\%$

$1-97.87\%=2.13\%$

劳动生产率计划完成程度 $=\frac{1+15\%}{1+10\%}\times100\%=104.55\%$

$104.55\%-1=4.55\%$

答：成本是超额2.13%完成计划，劳动生产率是超额4.55%完成计划。

当计划数为相对数时，在实际工作中也有采用相减的方法来计算的，如例4－2中，用8%－6%＝2%，表明实际成本比计划多降低了2个百分点；用15%－10%＝5%，表明实际劳动生产率比计划多提高了5个百分点。

【例4－3】 2016年我国城镇和农村居民家庭恩格尔系数分别为29.3%和32.2%，比上年分别低0.4和0.8个百分点，那么2015年城镇和农村居民家庭恩格尔系数分别是多少？

解：2015年城镇家庭恩格尔系数＝29.3%＋0.4%＝29.7%

2015年农村居民家庭恩格尔系数＝32.2%＋0.8%＝33%

相关链接

恩 格 尔 系 数

19世纪德国统计学家恩格尔根据统计资料，对消费结构的变化得出一个规律：一个家庭收入越少，家庭收入中（或总支出中）用来购买食物的支出所占的比例就越大，随着家庭收入的增加，家庭收入中（或总支出中）用来购买食物的支出则会下降。推而广之，一个国家越穷，每个国民的平均收入中（或平均支出中）用于购买食物的支出所占比例就越大，随着国家的富裕，这个比例呈下降趋势。恩格尔定律的公式：

$$\text{食物支出对总支出的比率（R1）}=\frac{\text{食物支出变动百分比}}{\text{总支出变动百分比}}$$

恩格尔系数是根据恩格尔定律得出的比例数，是表示生活水平高低的一个指标。其计算公式如下：

$$\text{恩格尔系数}=\frac{\text{食物支出金额}}{\text{总支出金额}}$$

第三种，当计划数为平均数时：

$$\text{计划完成程度}=\frac{\text{实际平均水平}}{\text{计划平均水平}}\times100\%$$

【例4－4】 某企业生产甲产品计划单位成本为100元，实际单位成本为90元。问该企业单位成本计划完成情况如何？

解：计划完成相对数 $=\frac{90}{100}\times100\%=90\%$

答：该企业超额10%完成单位成本计划。

如何评价计划完成程度呢？要以计划指标的性质和要求为标准。

（1）当计划指标是以最低限额规定的，即要求以“多而快”来完成计划，如商品销售额、利润额、财政收入、劳动生产率等成果性指标，则计划完成程度以大于100%为好现象，为超额完成计划，小于100%为未完成计划。

（2）当计划指标是以最高限额规定的，即要求以“少而省”来完成计划，如单位产品成本、原材料消耗、商品流通费用、财政支出等消耗支出性指标，则计划完成程度以小于100%为好现象，为超额完成计划，大于100%为未完成计划。

2. 长期计划检查。长期计划是主要是指五年、十年计划。长期计划有两种不同布置任务的方法：一是规定长期计划期末应达到某一水平；二是规定整个长期计划期间累计应达到某一总数，其相应的计划完成程度的检查方法就有水平法和累计法两种。

（1）水平法。

$$计划完成程度=\frac{计划期最后一年实际达到的水平}{计划期最后一年规定达到的水平}\times 100\%$$

【例4-5】 某汽车制造厂“十二五”计划规定最后一年生产量应达到40万台，实际达到了42万台，则

$$计划完成程度=\frac{42}{40}\times 100\%=105\%$$

提前完成五年计划的时间：从五年计划的第一年开始，从前往后考察，只要有连续一年时间（可以不在同一个日历年内），实际完成的水平达到了计划规定的最后一年的水平，就算完成了计划，所余时间即为提前完成五年计划的时间。

【例4-6】 某企业生产某产品五年计划规定最后一年的年生产能力应达到45万吨，实际执行情况如表4-1所示。

表4-1　　五年计划产量完成情况表　　单位：万吨

时间	第一年	第二年	第三年		第四年				第五年			
			上半年	下半年	第一季度	第二季度	第三季度	第四季度	第一季度	第二季度	第三季度	第四季度
产量	33	35	18	20	9	10	10	11	12	12	13	13

用水平法计算五年计划完成程度及提前完成计划任务的时间。

解： 五年计划完成程度 $=\frac{12+12+13+13}{45}\times 100\%=111.11\%$

从第一年开始，逐年考察计划完成的时间，发现从第四年的第三季度开始至第五年的第二季度止连续一年产量达到了45万吨，后面余下的时间正好是两个季度，由此说明提前两个季度完成该五年计划。

（2）累计法。

$$计划完成程度=\frac{长期计划期间实际累计数}{长期计划期间计划规定累计数}\times 100\%$$

【例4-7】 某地区“十二五”计划规定基建投资总额规定为20亿元，而实际执行到2015年5月15日时投资额已达到20亿元，年底达到25亿元，计算五年计划完成程度及提前完成计划任务的时间。

解： 五年计划完成程度 $=\frac{25}{20}\times 100\%=125\%$

又知，实际执行至2015年5月15日，基建投资总额恰好是20亿元，2015年5月15日距离2015年12月31日正好是7.5个月，这表明提前7.5个月完成五年计划。

（二）结构相对指标

结构相对指标，也称结构相对数、比重或比率，它是在统计分组的基础上，用总体内某一部分数值与总体全部数值之比所得的比值，以反映总体内部的构成情况。其计算公式为：

$$结构相对指标=\frac{总体中某一部分数值}{总体全部数值}\times 100\%$$

上式中的分子与分母是各组总体单位数与总体单位总量的对比，也可是各组标志值与总体标志总量的对比。结构相对指标一般用百分数表示，各部分所占比重之和必须等于100%或1。

【例4－8】 第31届里约热内卢奥运会金牌获得情况如表4－2所示，请求出各国金牌数所占比重。

表4－2　　第31届里约热内卢奥运金牌榜

国家及地区	美国	英国	中国	俄罗斯	德国	其他	合计
金牌数	46	27	26	19	17	172	307
比重（%）	14	8	8	6	5	59	100

结构相对指标主要用于揭示社会经济现象在一定时间、地点、条件下的总体特征，反映总体内部结构变化过程和发展趋势。

（三）比例相对指标

比例相对指标，也称为比例相对数，是同一总体内不同组成部分指标数值对比的结果，用来表明总体内部的比例关系。其计算公式为：

$$比例相对指标=\frac{总体中某一部分数值}{总体中另一部分数值}$$

比例相对指标可以用百分数表示，也可以用比的形式表示。例如，2017年末我国男女性别比为104.81∶100。比例相对指标对于国民经济宏观调控具有重要意义，利用比例相对指标可以分析国民经济中各种比例关系。例如，调整国内生产总值中三大产业的比例关系可以促进市场经济稳步协调发展。

比例相对指标和结构相对指标作用相同，都是揭示现象内部组成结构，但是它们的对比方法和侧重点有所不同。结构相对指标的分母与分子是一种包含关系，分子与分母不能互换；而比例相对指标的分子与分母是一种并列关系，可以互换。

（四）比较相对指标

比较相对指标，也称比较相对数，是不同总体的同类指标对比，表明现象在不同国家、不同地区、不同部门之间的数量对比关系。其计算公式为：

$$比较相对指标=\frac{甲单位（空间）的某一指标数值}{乙单位（空间）的同一指标数值}$$

式中，分子、分母的指标含义、计算方法和计量单位必须一致。比较相对指标一般用百分数或倍数表示。例如，2017年底，我国广东省人口约为台湾省人口的4.71倍。

比较相对指标可以是两个总量指标的对比，也可以是两个相对指标或平均指标的对比。利用比较相对指标，对社会经济现象在不同地区、不同部门、不同单位之间数量表现进行比较分析，可以揭示其差别程度，为领导决策提供依据。

（五）动态相对指标

动态相对指标，也称动态相对数、发展速度，是现象总体的同一指标在不同时间的对比，反映现象总体发展变化的程度。由于基期水平的不同，动态相对指标又有“同比”与“环比”之分。其计算公式为：

$$\text{动态相对指标}=\frac{\text{报告期某一指标数值}}{\text{基期同一指标数值}}\times 100\%$$

例如，某地区 2010 年人口平均预期寿命为 59.64 岁，2020 年平均预期寿命为 64.37 岁，则该地区人口平均预期寿命的动态相对指标为 107.93%。对于动态相对指标的详细介绍将在时间数列中进行。

（六）强度相对指标

强度相对指标，也称强度相对数，是由同一时期内两个性质不同但有联系的总量指标之比，用来反映社会经济现象的强度、密度和普遍联系程度。其计算公式为：

$$\text{强度相对指标}=\frac{\text{某一总量指标数值}}{\text{另一性质不同但有联系的总量指标数值}}$$

【例 4－9】 某地区土地面积为 3.6 万平方公里，2016 年年平均人口数为2 257.128万人。则

$$\text{人口密度}=\frac{2\ 257.128}{3.6}=626.98\ (\text{人/平方公里})$$

强度相对指标的表现形式一般为有名数，它是由分子与分母的计量单位复合而成。例如，人均国内生产总值用“元/人”表示，人口密度用“人/平方公里”表示等；强度相对指标也有用百分数、千分数等无名数表示的，如商品流通费用率用“%”表示，人口出生率用“‰”表示等。

> **提示**
>
> 在计算和应用强度相对指标时，要注意和平均指标相区别。平均指标要求分子与分母有严格的一一对应关系，强度相对指标只要求分子与分母有联系，而不需要有严格的一一对应关系。如平均工资、平均成绩为平均指标，人均粮食产量、人均钢产量为强度相对指标。

在强度相对指标的应用过程中，可根据需要将对比指标的分子与分母互换，从而产生了正指标和逆指标两种计算形式。如商业网点密度指标：

$$\text{商业网点密度}=\frac{\text{某地区商业机构数}}{\text{该地区人口数}}\ (\text{正指标})$$

$$\text{或}=\frac{\text{某地区人口数}}{\text{该地区商业机构数}}\ (\text{逆指标})$$

强度相对指标结果越大，反映现象的强度、密度越大，则说明是正指标；反之，结果越大，反映现象的强度、密度越小，则说明是逆指标。但并不是所有的强度相对指标的分子与分母都可以互换。例如，人口出生率、人均国内生产总值、资金利税率等的分子与分母是不能互换的。

三、应用相对指标应注意的问题

相对指标是一种抽象化的指标数值，是对现象进行对比分析的一个重要手段，要使这种对比分析准确地、深刻地反映出现象之间的联系，为充分发挥相对指标的作用，在计算应时必须注意以下几个问题：

1. 必须注意指标的可比性。
2. 相对数与绝对数结合起来运用。
3. 要正确地选择作为比较标准的基期。
4. 为了从各方面分析和研究问题，需要把各种相对数结合起来使用。

议一议： 在应用相对指标时，如果没有注意上述四个问题，对统计资料的分析会有什么样的结果？

第 3 节　Excel 在总量分析和相对分析中的应用

【例 4－10】　某公司下属三个企业生产同种产品，资料如表 4－3 所示，试计算表中所缺数值。

表 4－3　　三个企业产品产量情况　　单位：万吨

企　业	2016 年产量	2017 年产量		2017 年计划完成程度%	2017 年实际产量为 2016 年的百分比（%）
		计划产量	实际产量		
甲	160	170	165		
乙	130	138	150		
丙	175	190	200		
合　计					

	A	B	C	D
1	企业	2016年产量	2017年	
2			计划产量	实际产量
3	甲	160	170	165
4	乙	130	138	150
5	丙	175	190	200

图 4－1

解： 将原始资料依次输入到 Excel 表中的 A、B、C、D 列，得到图 4－1。

（1）计算总量指标，即 B、C、D 三列合计数。

方法一： 单击 B6 单元格，在单元格内输入“＝SUM（B3：B5）”，回车键确认，即可得到 B 列合计数。同理得到 C、D 列合计数。

方法二： 单击 B6 单元格后，点击“Σ”按钮，按回车，即可得到 B 列合计数。同理得到 C、D 列合计数。

方法三： 首先用前两种方法计算出 B 列合计数，然后点击该单元格，将鼠标指针移至该单元格的右下方，当指针变成“＋”时，按住鼠标左键向右拖至 C、D 列合计单元格，即得到了 B、C、D 三列合计数。

（2）计算相对指标。

计划完成程度的计算：单击单元格 E3，输入公式“=D3/C3×100”，按回车，即可得到甲企业的计划完成程度。再点击单元格 E3，将鼠标指针移至该单元格的右下方，当指针变成“+”时，按住鼠标左键向下拖至 E6 放开，即可得到其他几个计划完成程度指标。

动态相对指标的计算：单击单元格 F3，输入公式“=D3/B3×100”，按回车，即可得到甲企业的动态相对指标。再单击单元格 F3，将鼠标指针移至该单元格的右下方，当指针变成“+”时，按住鼠标左键向下拖至 F6 放开，即可得到其他几个动态相对指标。

本章案例

案　例　资　料

某电器商电视机销售量资料如表 4－4 所示。

表 4－4　某电器商电视机销量资料表　　单位：万台

项　目	2016 年	2017 年		
		计　划	实　际	龙头企业
液晶	20	22	25	30
纯平	46	50	51	60
合计	66	72	76	90

试用所学的各种相对指标对上述资料进行分析，看看能得出何种结论。

案　例　分　析

上述资料可以分别采用计划完成程度相对指标、结构相对指标、比例相对指标、比较相对指标和动态相对指标进行统计分析。

1. 计算计划完成程度相对指标（见表 4－5）。

表 4－5

项　目	2017 年		
	计划（万台）	实际（万台）	计划完成程度（%）
液晶	22	25	113.64
纯平	50	51	102.00

计算结果表明，液晶和纯平两个品种的电视机均已超额完成销售计划。

2. 计算结构相对指标，数据资料如表 4－6 所示。

表 4－6

项　目	2016 年		2017 年					
	实际（万台）	比重（%）	计划（万台）	比重（%）	实际（万台）	比重（%）	龙头企业（万台）	比重（%）
液晶	20	30.3	22	30.6	25	32.9	30	33.3
纯平	46	69.7	50	69.4	51	67.1	60	66.7
合计	66	100	72	100	76	100	90	100

计算结果表明，随着人民生活水平的提高，消费者的购买力水平也在不断提高，人们更加关注健康环保的产品，如液晶电视的销售比重从 2016 年的 30.3% 上升到 2017 年的 32.9%，纯平电视比重则从 69.7% 下降到 67.1%。

3. 计算比例相对指标。2016 年液晶电视销售量是纯平的 43.48%，2017 年液晶电视销售量是纯平的 49.02%，可见，液晶电视的销售比例在逐年提高。

4. 计算比较相对指标。2017 年实际销售额与龙头企业相比，液晶电视的销售量是龙头企业的 83.33%，纯平电视的销售量是龙头企业的 85%，总体销售情况是龙头企业的 84.44%。说明该企业与龙头企业差距不大。但要赶超，还需查找原因对症下药。

5. 计算动态相对指标，数据资料如表 4－7 所示。

表 4－7

项　目	2016 年实际（万台）	2017 年实际（万台）	动态相对指标（%）
液晶	20	25	125.00
纯平	46	51	110.87
合计	66	76	115.15

由计算结果可知，两种彩电的销售量总体增长 15.15%，其中，液晶电视的增长幅度较大，达 25%；纯平电视增长了 10.87%，总体情况良好。

关键词

总量指标　总体单位总量　总体标志总量　时期指标　时点指标　相对指标
计划完成程度相对指标　结构相对指标　比例相对指标　比较相对指标
动态相对指标　强度相对指标

第5章

资料分析

——总体分布分析

学习目标：

本章主要介绍对社会经济现象总体的分布进行分析的基础知识，包括平均指标的含义和作用、平均指标的各种计算方法、标志变异指标的含义和作用、各种标志变异指标的计算方法和应用等。通过学习，可为以后时间数列的动态分析、抽样推断分析以及相关分析打下基础，同时要初步掌握平均指标、标志变异指标的计算和应用技能。

重点、难点：

□ 平均指标的含义和作用

□ 平均指标的各种计算方法及应用

□ 标志变异指标的含义和作用

□ 标志变异指标的计算及应用

平均指标我们都不陌生，无论是在工作学习中，还是日常生活中，有关平均指标的资料比比皆是，我们经常接触它，根据我们的理解去使用它。例如，在歌唱比赛中，我们经常听到主持人宣布："去掉一个最高分，去掉一个最低分，* 号选手最后平均得分为 95 分"。为什么要去掉最高分、去掉最低分，再计算其他评委的平均数，作为选手的最后得分呢？

又如在企业劳动技能竞赛中，某车间两个班组（均有 5 个工人）生产同一种产品，同一单位时间内两组工人产量数量如表 5 – 1 所示：

表 5 – 1

工人编号	1	2	3	4	5	合计	平均
甲组（件）	300	250	200	150	100	1 000	200
乙组（件）	208	205	202	200	185	1 000	200

现如果只能评选一个组为先进组，如何确定？想知原委，请一起进入本章的学习。

第1节　总体分布集中趋势分析

总体单位标志值的分布同时具有两大趋势：一是集中趋势；二是离散趋势。平均指标作为标志值一般水平的代表，能够反映标志值分布的集中趋势。而标志值的离散程度则由标志变异指标来测定，它具有评价平均指标代表性大小的作用。

一、平均指标的作用

平均指标又称为平均数，反映现象总体各单位某一数量标志值的一般水平或代表性水平。平均指标是反映社会经济现象中常用的一种综合指标。例如，我们经常计算某门课的班级平均分数，就是全班同学成绩的一般水平。在全班同学总体中，每位同学是总体单位，成绩80分、90分、78分等都是数量标志值。大家成绩参差不齐，如何反映全班同学总体水平？经过计算，用平均数（假定80分）来反映。平均分数就是全班同学成绩的最一般水平、最典型水平，最具有代表性。

平均指标的显著特点是：它不是某一单位的具体数值，而是代表总体某种数量标志的一般水平，是总体各单位的代表值；平均指标把总体各单位标志值的差异给抽象化了，所以，它是一个抽象化的数值。由于平均指标能够综合反映某种社会经济现象总体在一定条件下的一般水平，所以应用很广泛，其作用主要表现在以下几个方面：

1. 可以反映总体各单位分布的集中趋势。在社会经济现象总体中，各单位中某一数量标志值往往各不相同，通常情况下，标志值很大或标志值很小的单位比较多，而逐渐靠近平均数的单位数逐渐增多，标志值围绕在平均数周围的单位占最大比重。平均指标反映了标志值变动的集中趋势。例如，2017年北京市职工月平均工资8 467元就反映了职工工资水平的集中趋势，是职工工资在具体条件下所达到的一般水平。

2. 可以对现象在不同空间、不同地区、不同单位的同类现象的水平进行对比。例如，甲、乙两个公司12月份职工工资总额分别是100万元和200万元，职工人数分别为800人和2 000人，尽管从总量指标“工资总额”和“职工人数”看，乙公司均高于甲公司，但从“人均工资”这一平均指标看，甲公司要高于乙公司250元/人。这个结果表明，甲公司工资水平高于乙公司。这一结果是通过平均指标的空间对比获得的。

3. 可以分析现象之间的依存关系。由于平均指标是代表总体某种数量标志的一般水平，在对现象总体进行分组的基础上，可以通过计算各组的平均指标，分析现象之间的依存关系。例如，粮食产量与施肥量之间存在着依存关系，即在一定限度内，施肥量与粮食亩产量呈正方向变化，当施肥量超过一定的限度时，两者呈反方向变化。

4. 可以进行数量上的估算。在统计估计和预测中，往往利用并根据部分单位标志值计算的平均指标推算总体平均指标，或者以总平均指标推算总体标志总量。例如，已知市内某区牛奶的人均消费量可以采用科学方法，推断全市的人均牛奶消费量，也可以推断全市牛奶的消费总量。

二、平均指标的种类和计算

统计中常用的平均指标有算术平均数、调和平均数、几何平均数、众数和中位数。前三种是由变量数列中各标志值参与计算得到的，称为数值平均数；而后两种是由变量数列中标志值所处的位置来确定的，称为位置平均数。

（一）算术平均数

算术平均数是统计中最常用的一种平均指标，**它是用某一现象总体的标志总量除以总体单位总量**。用公式表示为：

$$算术平均数=\frac{总体标志总量}{总体单位总量}$$

【例5－1】 某小学5月在编教职工100人，工资总额为32万元，则该校平均工资为：

$$平均工资=\frac{320\ 000}{100}=3\ 200\ （元）$$

算术平均数根据所掌握资料不同，可分为简单算术平均数和加权算术平均数。

1. 简单算术平均数。若总体未经任何分组，且掌握的资料是总体各单位的标志值，这时用简单算术平均数计算平均指标，其计算公式为：

$$\bar{x}=\frac{\sum x}{n}=\frac{x_1+x_2+\cdots+x_n}{n}$$

式中，$\bar{x}$ 为算术平均数，x_i 为标志值，n 为总体单位数，$\sum$ 为合计符号。

【例5－2】 一名警察在高速公路上随机观察了6辆车的车速，它们分别是96、100、118、110、90、105（千米/小时），试问它们的平均车速是多少？

$$\bar{x}=\frac{96+100+118+110+90+105}{6}=103.17\ （千米/小时）$$

2. 加权算术平均数。若掌握的资料是已经分组的变量数列，则需用加权算术平均数计算，其计算公式为：

$$\bar{x}=\frac{\sum xf}{\sum f}=\frac{x_1f_1+x_2f_2+\cdots+x_nf_n}{f_1+f_2+\cdots+f_n}$$

式中，f 为各组次数，其余符号与简单算术平均数相同。

【例5－3】 某同学在A商店买了2包饼干，单价是6.5元。走了没多远，看见B商店也有卖这种饼干的，每包5.0元，他又买了3包。求5包饼干的平均价格是多少？

$$\bar{x}=\frac{\sum xf}{\sum f}=\frac{6.5\times2+5.0\times3}{2+3}=5.6\ （元）$$

加权算术平均数的权数有两种：一是绝对数权数，即次数；二是相对数权数，即比率或频率。对于同一个总体，用两种权数计算所得的结果应完全相同。用相对数作权数的加权算术平均数的计算公式为：

$$\bar{x}=\sum\left(x\cdot\frac{f}{\sum f}\right)$$

式中，$f/\sum f$ 即为相对数权数。

【例5－4】 某工厂本年1月工人工资数额如表5－2所示。

表 5－2

按月工资分组（元）	工人人数（人）f	工人人数比重（%）$\frac{f}{\sum f}$	组中值 x	xf	$x \cdot \frac{f}{\sum f}$
1 000 以下	50	6. 25	900	45 000	56. 25
1 000～1 200	100	12. 50	1 100	110 000	137. 50
1 200～1 400	450	56. 25	1 300	585 000	731. 25
1 400～1 600	180	22. 50	1 500	270 000	337. 50
1 600 以上	20	2. 50	1 700	34 000	42. 50
合　计	800	100	—	1 044 000	1 305

要求：（1）用绝对数加权计算平均工资。

（2）用相对数加权计算平均工资。

解：（1）用绝对数加权计算平均工资：

$$平均工资=\frac{\sum xf}{\sum f}=\frac{1\ 044\ 000}{800}=1\ 305（元）$$

（2）用相对数加权计算平均工资：

$$平均工资=\sum\left(x\cdot\frac{f}{\sum f}\right)=1\ 305（元）$$

由组距式变量数列计算算术平均数，需先将组距式数列转换成单项式数列，如何转换呢？即计算各组组中值，用组中值近似代表各组变量值。

（二）调和平均数

调和平均数是总体各单位标志值倒数的算术平均数的倒数，也称为倒数平均数。根据掌握资料的不同，调和平均数有简单调和平均数和加权调和平均数之分。

1. 简单调和平均数。在资料未分组的情况下，用简单调和平均法计算调和平均数，其计算公式为：

$$H=\frac{n}{\sum 1/x}=\frac{1+1+\cdots+1}{1/x_1+1/x_2+\cdots+1/x_n}$$

式中，H 为调和平均数；其余符号与前述相同。

【例 5－5】 某农贸市场某种蔬菜早、中、晚的价格分别为 2. 5 元/千克、2. 0 元/千克、2. 3 元/千克，若早、中、晚各购买 1 元，问该蔬菜早、中、晚的平均价格是多少？

解：以上资料列于表 5－3。

表 5－3

时间	价格（元/千克）	购买额（元）
早	2. 5	1
中	2. 0	1
晚	2. 3	1
合　计	—	3

$$平均价格\ H=\frac{n}{\sum\frac{1}{x}}=\frac{购买总额}{购买总量}=\frac{1+1+1}{\frac{1}{2.5}+\frac{1}{2.0}+\frac{1}{2.3}}=2.26\ （元/千克）$$

2. 加权调和平均数。在已经分组的条件下，用加权调和平均法计算调和平均数，其计算公式为：

$$H=\frac{\sum m}{\sum m/x}=\frac{m_1+m_2+\cdots+m_n}{m_1/x_1+m_2/x_2+\cdots+m_n/x_n}$$

式中，m 为标志总量，称为调和平均数的权数，其余符号与前面相同。

【例 5－6】 某农贸市场某种蔬菜早、中、晚的价格分别为 2.5 元/千克、2.0 元/千克、2.3 元/千克，早、中、晚分别购买了 5 元、6 元和 7 元（见表 5－4），问该蔬菜早、中、晚的平均价格是多少？

表 5－4

时间	价格（元/千克） x	购买额（元） m
早	2.5	5
中	2.0	6
晚	2.3	7
合　计	—	18

解：

$$平均价格\ H=\frac{\sum m}{\sum m/x}=\frac{购买总额}{购买总量}=\frac{5+6+7}{\frac{5}{2.5}+\frac{6}{2.0}+\frac{7}{2.3}}=2.24\ （元/千克）$$

在统计中，调和平均数经常作为算术平均数的变形来使用，它们的关系是：

若令 m＝xf，则

$$H=\frac{\sum m}{\sum m/x}=\frac{\sum xf}{\sum xf/x}=\frac{\sum xf}{\sum f}=\bar{x}$$

如何区分是用算术平均数还是用调和平均数？首先联系题目找出所要计算的平均数的分子和分母，若题目中缺分子资料用算术平均数计算，若缺分母资料用调和平均数计算。如上例中，首先找出平均价格的分子和分母，它们分别是购买总额和购买总量，题目中缺分母（购买总量），所以用调和平均数计算。

（三）几何平均数

几何平均数是总体各单位标志值的连乘积开项数次方根而求得的平均数，它是平均指标的另一种计算形式。当某些经济现象存在“总比率等于各个比率的连乘积”这种关系时，就需要采用几何平均法计算总体平均数。可见，几何平均数作为一种较为特殊的平均数，适用于平均比率和平均速度指标的计算。

根据资料的不同，几何平均数的计算有以下两种方式：

1. 简单几何平均数。当各变量值只出现一次时，采用简单平均法计算几何平均数。

假定有 n 个变量值，则简单几何平均数的基本计算公式为：

$$G = \sqrt[n]{(x_1 \times x_2 \times x_3 \times \cdots \times x_n)} = \sqrt[n]{\Pi x}$$

式中，G 代表几何平均数；x_j（i = 1，2，3，…，n）代表变量值；n 代表变量值的个数；Π 是连乘符号。

【例 5-7】 某厂加工某种零件要经过三道工序，每道工序的加工合格率分别为 95%，97%，98%，则三道工序的平均合格率为：

$$G = \sqrt[n]{\Pi x} = \sqrt[3]{95\% \times 97\% \times 98\%} \approx 96.66\%$$

2. 加权几何平均数。如果每个变量值出现的次数不相同，则应该以次数为权数计算加权几何平均数。其计算公式为：

$$G = \sqrt[f_1+f_2+f_3+\cdots\cdots+f_n]{x_1^{f1} \times x_2^{f2} \times x_3^{f3} \cdots\cdots x_n^{fn}} = \sqrt[\Sigma f]{\Pi x^f}$$

式中，x_i（i = 1，2，3，…，n）代表变量值；f_j（i = 1，2，3，…，n）代表各变量值的次数；Σf 为次数的总和。

【例 5-8】 将一笔钱存入银行，存期为 10 年，按复利计息。10 年的利率分别是：第 1 年和第 2 年为 0.05，第 3～5 年为 0.08，第 6～8 年为 0.10，第 9～10 年为 0.12。求平均年利率。

计算平均年得率时，必须先将各年利率加 1 换算成本利率，然后按加权几何平均数计算年平均本利率，再减去 1 得年平均利率。

年平均本利率 $G = \sqrt[10]{1.05^2 \times 1.08^3 \times 1.10^3 \times 1.12^2} \approx 1.0877$

年平均利率：$1.0877 - 1 = 0.0877$

在实际工作中，几何平均数常常用来计算经济发展的平均速度。这个知识点我们在第六章还会学习到。

（四）众数（mode）

众数是总体中出现次数最多或最普遍的标志值，用符号 M_0 表示，它是一个位置平均数，因此不受数列极端数值的影响。

当总体分布均匀、没有明显的集中趋势时，则没有众数；若一个总体出现几个众多的标志值，则有几个众数。可见，一个总体可能有零众数、一个众数、两个众数或多个众数。

根据资料的不同，众数的确定一般有两种方法：

1. 由单项式数列确定众数。在单项式数列下，众数一看便知，即次数最多的那一组变量值为众数。

【例 5-9】 某班 50 位同学的年龄情况如表 5-5 所示。

表 5-5

年龄（岁）	人数（人）
17	6
18	28
19	10
20	6
合　计	50

由表 5-5 可知，全班同学年龄的众数为 18 岁。

2. 由组距式数列计算众数。首先根据分布次数确定众数组，然后由上限公式或下限公式计算众数的近似值。其计算公式为：

下限公式：$M_0 = L + \frac{\Delta_1}{\Delta_1 + \Delta_2} \times d$

上限公式：$M_0 = U - \frac{\Delta_2}{\Delta_1 + \Delta_2} \times d$

式中，M_0 为众数；L 为众数所在组的下限；U 为众数所在组的上限；Δ_1 为众数组的次数与前一组的次数之差；Δ_2 为众数组的次数与后一组的次数之差；d 为众数组的组距。

【例 5－10】 某班同学成绩分组情况如表 5－6 所示。

表 5－6

成绩（分）	学生人数（人）
60 以下	3
60～70	10
70～80	20
80～90	15
90～100	12
合　计	60

要求：计算成绩的众数。

解：从表 5－6 可以看出，70～80 为众数组，根据上限公式或下限公式计算众数如下：

$$M_0 = L + \frac{\Delta_1}{\Delta_1 + \Delta_2} \times d = 70 + \frac{10}{10+5} \times 10 = 76.67 \text{（分）}$$

$$\text{或} = U - \frac{\Delta_2}{\Delta_1 + \Delta_2} \times d = 80 - \frac{5}{10+5} \times 10 = 76.67 \text{（分）}$$

请观察：成人男女鞋鞋码的众数一般是多大？你班同学年龄的众数又是多少？

（五）中位数（median）

中位数是将总体单位的标志值按大小顺序排列，居于中间位置的那个数叫中位数。用符号 M_e 表示，中位数的大小取决于它所处的位置，因此，它是一个位置平均数，不受极端数值的影响。根据资料的不同，中位数的确定有下面两种情况：

1. 由未分组资料确定中位数。首先将标志值按大小顺序排列，然后由公式（n＋1）/2 确定中位数所处位置，最后找出中位数。

如果标志值为奇数项，则正好有一个标志值处于中间位置，这个标志值就是中位数；如果标志值为偶数项，则有两个标志值处于中间位置，那么中位数是这两个数的算术平均数。

【例 5－11】 我国有 7 个城市同一天的气温分别为 28℃、22℃、25℃、24℃、26℃、29℃、29℃，这 7 个城市气温的中位数是 24℃吗？

解：首先，将标志值按大小顺序排列：22℃、24℃、25℃、26℃、28℃、29℃、29℃，然后计算中位数的位置：（7＋1）/2＝4，由此得出第四个标志值 26℃为中位数，并非 24℃为中位数。

【例 5－12】 上例增加了一个数值后，资料变为：我国有 8 个城市同一天的气温分别为 28℃、22℃、25℃、24℃、26℃、29℃、29℃、30℃，这 8 个城市气温的中位数又是多少？

解：首先将 8 个标志值排序，依次为 22℃、24℃、25℃、26℃、28℃、29℃、29℃、30℃，然后计算中位数的位置：（8＋1）/2＝4.5，即中位数在第四和第五个标志值之间，中位数＝（26＋28）/2＝27℃。

2. 由分组资料确定中位数。首先根据公式（$\sum f+1$）/2 确定中位数的位置，然后计算向上累计或向下累计次数，由累计次数确定中位数组，最后根据上限公式或下限公式计算出中位数的近似值。

下限公式：$M_e = L + \dfrac{\dfrac{\sum f}{2} - S_{m-1}}{f_m} \times d$

上限公式：$M_e = U - \dfrac{\dfrac{\sum f}{2} - S_{m+1}}{f_m} \times d$

式中，M_e 为中位数；L 为中位数所在组的下限；U 为中位数所在组的上限；d 为中位数所在组组距；f_m 为中位数所在组的分布次数；S_{m-1}为中位数所在组以前的累计次数；S_{m+1}为中位数所在组以后的累计次数。

【例 5－13】 某班同学成绩分组情况如表 5－7 所示。

表 5－7

成绩（分）	学生人数（人）	次数（人）	
		向上累计	向下累计
60 以下	3	3	60
60～70	10	13	57
70～80	20	33	47
80～90	15	48	27
90～100	12	60	12
合　计	60	—	—

要求：计算成绩的中位数。

解：中位数组 $= \dfrac{\sum f + 1}{2} = \dfrac{60 + 1}{2} = 30.5$

由累计次数可知，中位数在 70～80 分组，由上限公式或下限公式计算得：

$$M_e = L + \frac{\frac{\sum f}{2} - S_{m-1}}{f_m} \times d = 70 + \frac{\frac{60}{2} - 13}{20} \times 10 = 78.5\ (分)$$

$$或 = U - \frac{\frac{\sum f}{2} - S_{m+1}}{f_m} \times d = 80 - \frac{\frac{60}{2} - 27}{20} \times 10 = 78.5\ (分)$$

比一比：请比较分析算术平均数、中位数和众数之间的区别。

三、应用平均数要注意的问题

在统计资料分析工作中，平均数的应用非常普遍，但在实践中，为更好的对总体分布做出分析说明，要注意以下几点应用要求：

1. 计算和应用平均指标必须注意现象总体的同质性。只有在同质总体的基础上计算和应用平均指标，才有真实的社会经济意义。如果根据不同性质总体的数据资料计算平均指标，就会掩盖事物的本质差别，得到的平均数是虚构的平均数，不能真实反映现象的一般水平；
2. 用组平均数补充说明平均数；
3. 计算和运用平均数时，要注意极端数值的影响；
4. 在运用平均数分析时还应注意用分配数列补充说明平均数；
5. 把平均数与典型事例相结合。

第2节　总体分布离散趋势分析

一、标志变异指标的作用

标志变异指标，也称“标志变动度”，是反映总体各单位标志值之间差异程度大小的综合指标。

标志变异指标是和平均指标紧密相联的一种统计分析指标，平均指标主要说明总体分布的集中趋势，而标志变异指标主要反映总体分布的离散趋势，从另一个侧面反映同一总体分布的离散程度。在统计研究中，只有将两者结合应用、相辅相成，才能更全面地描述客观现象特征，反映现象总体的数量规律。

标志变异指标在社会调查研究中具有十分重要的作用，其作用主要表现在以下几个方面：

（一）标志变异指标是衡量平均指标代表性大小的重要尺度

平均指标作为某一数量标志的代表值，其代表性如何，主要由标志变异指标来衡量。一般来说，标志变异指标大，平均指标的代表性就小；反之，标志变异指标小，平均指标的代表性就大。

【例5－14】　现有甲、乙两组人的年龄资料分别为（单位：岁）：

甲组：10、20、50、80、90　　　　计算得到 $\bar{x}_{甲}=50$

乙组：48、49、50、51、52　　　　计算得到 $\bar{x}_{乙}=50$

显然，甲、乙两组人的平均年龄都是50岁，但甲组数据分散，说明其平均年龄的代表性小；相反，乙组数据较集中，说明其平均年龄的代表性大。

（二）标志变异指标可用来研究现象量变过程的均衡性、稳定性和节奏性

在现实中，我们可以用标志变异指标来衡量生产是否均衡、农产品新品种是否稳定等；物资供应是否按时按量有节奏地进行；产品质量是否稳定在允许的范围之内；商品销售计划执行情况是否均衡，有无前松后紧或前紧后松的现象等等，都可以用标志变异指标。

二、标志变异指标的种类与计算

常见的标志变异指标有全距、平均差、标准差、离散系数等，其中全距、平均差、标准差的计量单位与平均指标的计量单位相同，一般为绝对数形式；而离散系数表现为相对数形式。

（一）全距

全距，又称极差，是总体中最大标志值与最小标志值之差。用符号R表示，计算公式为：

$$R=最大标志值-最小标志值$$

由上例资料计算甲、乙两组人年龄的全距分别为：

$R_{甲}=90-10=80$（岁）

$R_{乙}=52-48=4$（岁）

全距计算简便，容易掌握和理解，但它只考虑了最大值和最小值之间的变动程度，而没有考虑中间各个标志值的变动情况，因此易受极端值的影响，具有一定的局限性。

（二）平均差

平均差是总体各单位标志值与其平均数离差绝对值的算术平均数，一般用符号 AD 表示。平均差是由各个标志值计算得到的，因此它克服了全距的不足，能够反映总体各单位各个标志值的变动情况。根据掌握的资料不同，平均差有简单平均和加权平均两种计算方法。

1. 未分组资料用简单平均法计算：

$$AD=\frac{\sum|x-\bar{x}|}{n}$$

2. 分组资料用加权平均法计算：

$$AD=\frac{\sum|x-\bar{x}|f}{\sum f}$$

想一想：上述两公式中分子为什么要用绝对值符号，能取消它吗？并一同理解“标志值与其算术平均数的离差之和恒等于零”的算术平均数的性质。

【例 5－15】 承上例，分别计算甲、乙两组人年龄的平均差（见表 5－8）。

表 5－8

甲组			乙组		
年龄 x	离差 $x-\bar{x}$	离差绝对值 $\lvert x-\bar{x}\rvert$	年龄 x	离差 $x-\bar{x}$	离差绝对值 $\lvert x-\bar{x}\rvert$
10	－40	40	48	－2	2
20	－30	30	49	－1	1
50	0	0	50	0	0
80	30	30	51	1	1
90	40	40	52	2	2
合计	0	140	合计	0	6

$$AD_{甲}=\frac{\sum|x-\bar{x}|}{n}=\frac{140}{5}=28\text{（岁）}$$

$$AD_{乙}=\frac{\sum|x-\bar{x}|}{n}=\frac{6}{5}=1.2\text{（岁）}$$

计算表明，甲组年龄的平均差距为 28 岁，乙组年龄的平均差距为 1.2 岁，所以乙组平均年龄的代表性要强于甲组。

【例 5－16】 某班 50 名同学汉字输入速度如表 5－9 所示。请求出本班同学汉字输入速度的平均差距。

表 5-9

速度（字/分钟）	人数（人）f	计算栏				
		组中值 x	xf	$x-\bar{x}$	$\|x-\bar{x}\|$	$\|x-\bar{x}\|f$
30 以下	5	25	125	-17.6	17.6	88
30~40	15	35	525	-7.6	7.6	114
40~50	20	45	900	2.4	2.4	48
50~60	7	55	385	12.4	12.4	86.8
60 以上	3	65	195	22.4	22.4	67.2
合计	50	—	2 130	—	—	404

$$\bar{x}=\frac{\sum xf}{\sum f}=\frac{2\ 130}{50}=42.6\ （字/分钟）$$

$$AD=\frac{\sum |x-\bar{x}|f}{\sum f}=\frac{404}{50}=8.08\ （字）$$

结果表明，全班同学汉字输入速度的平均差距为 8.08 字。

（三）标准差

标准差，又称均方差，是总体单位标志值与其算术平均数离差平方的算术平均数的平方根。标准差用符号 σ 表示是最常用的标志变异指标。标准差的平方称方差，用符号 σ^2 表示。

标准差的意义与平均差基本相同，是由每个标志值计算得到的，不受极端值的影响，能够反映各个标志值之间的平均差距，标准差与平均差的不同在于用了平方的方法来消除正、负离差的影响，更符合数学的运算要求，因此，标准差是反映标志变动度最合理的指标，在实际中被广泛应用。根据资料的不同，标准差有简单平均和加权平均两种计算方法。

1. 未分组资料用简单平均法计算。

$$\sigma=\sqrt{\frac{\sum (x-\bar{x})^2}{n}}$$

2. 分组资料用加权平均法计算。

$$\sigma=\sqrt{\frac{\sum (x-\bar{x})^2 f}{\sum f}}$$

【例 5-17】 甲、乙两组人的年龄资料如表 5-10 所示。

表 5-10

甲			乙		
年龄（岁）	$(x-\bar{x})$	$(x-\bar{x})^2$	年龄（岁）	$(x-\bar{x})$	$(x-\bar{x})^2$
10	-40	1 600	48	-2	4
20	-30	900	49	-1	1
50	0	0	50	0	0
80	30	900	51	1	1
90	40	1 600	52	2	4
合　计	—	5 000	合　计	—	10

计算甲、乙两组人的平均年龄均为 50 岁，标准差计算如下：

$$\sigma_{甲}=\sqrt{\frac{\sum(x-\bar{x})^2}{n}}=\sqrt{\frac{5\ 000}{5}}=31.62\ （岁）$$

$$\sigma_{乙}=\sqrt{\frac{\sum(x-\bar{x})^2}{n}}=\sqrt{\frac{10}{5}}=1.41\ （岁）$$

（四）离散系数

以上介绍的全距、平均差、标准差都是反映标志变动度的绝对量指标，其数值的大小不仅受标志值之间差异程度的影响，而且还受标志值本身大小的制约。因此，在比较两个标志变动度、衡量其平均水平代表性大小时，若两个总体的平均水平不同、性质不同或计量单位不同，就不能直接用绝对数形式的全距、平均差、标准差来比较其标志变动度或平均水平的代表性大小，而必须采用相对数形式的离散系数来比较。

离散系数又称变异系数，是用标志变异指标与相应的算术平均数对比，来反映总体各单位标志值之间离散程度的指标，是以相对数表示的标志变异指标。离散系数有全距系数、平均差系数、标准差系数，但应用最广的是标准差系数。标准差系数一般用符号 v_σ 表示，其计算公式为：

$$v_\sigma=\frac{\sigma}{\bar{x}}\times100\%$$

【例 5－18】 甲班同学统计平均分为 79 分，标准差为 7 分；乙班同学统计平均分为 75 分，标准差为 3 分，试比较分析哪个班平均成绩的代表性强。

解：甲、乙两班的平均成绩不等，所以须计算标准差系数比较平均数的代表性大小，计算如下：

$$v_{甲}=\frac{\sigma}{\bar{x}}\times100\%=\frac{7}{79}=8.86\%$$

$$v_{乙}=\frac{\sigma}{\bar{x}}\times100\%=\frac{3}{75}=4\%$$

经计算得知，甲班的标准差系数大于乙班，所以甲班同学平均成绩的代表性较弱。

第 3 节　Excel 在总体分布分析中的应用

一、平均指标的计算

【例 5－19】 有 10 名同学的统计成绩分别为：54、62、68、70、77、77、80、83、85、90 分，计算算术平均数、众数和中位数。

操作步骤如下：

将原始数据依次输入到 Excel 表中的 A2～A11 单元格（见表 5－11）。

表 5－11

	A	B	C
1	成　绩		
2	54		
3	62		
4	68	算术平均数	= AVERAGE (A2: A11)
5	70	众　数	= MODE (A2: A11)
6	77	中　位　数	= MEDIAN (A2: A11)
7	77		
8	80		
9	83		
10	85		
11	90		

（1）计算简单算术平均数。单击任一空单元格，输入“ = AVERAGE (A2: A11)”，回车，即可得到简单算术平均数。

（2）计算众数。单击任一空单元格，输入“ = MODE (A2: A11)”，回车，即可得到成绩的众数。

（3）计算中位数。单击任一空单元格，输入“ = MEDIAN (A2: A11)”，回车，即可得到成绩的中位数。

【例 5－20】 某单位职工工资情况如表 5－12 所示。

表 5－12

月工资（元）	职工人数（人）
1 000～1 200	10
1 200～1 400	16
1 400～1 600	25
1 600～1 800	13
1 800 以上	6
合　计	70

计算算术平均数、众数和中位数。

（1）计算加权算术平均数

操作步骤如下：

将原始数据依次输入到 Excel 表中的 A～C列，其中，月工资的下限位于 A 列、月工资的上限位于 B 列、职工人数位于 C 列。得到表 5－13。

表 5－13

	A	B	C	D	E
1	月 工 资		职工人数	组 中 值	工资总额
2	L	U	f	x	xf
3	1 000	1 200	10	1 100	11 000
4	1 200	1 400	16	1 300	20 800
5	1 400	1 600	25	1 500	37 500
6	1 600	1 800	13	1 700	22 100
7	1 800	2 000	6	1 900	11 400
8	合　计		70	—	102 800
9				算术平均数	1 468. 571429
10				众　数	1 485. 714286
11				中　位　数	1 472

①计算组中值。单击单元格 D3，输入"=（A3+B3）/2"，回车，即可得到第一组的组中值。再单击单元格 D3，将鼠标指针移至该单元格的右下角，当指针变成"+"字形时，按住鼠标左键向下拖至 D7 单元格放开，即可得到其他几组的组中值。

②计算各组工资总额。单击单元格 E3，输入"=D3×C3"，回车，即可得到第一组工资总额。再单击单元格 E3，将鼠标指针移至该单元格的右下角，当指针变成"+"字形时，按住鼠标左键向下拖至 E7 单元格放开，即可得到其他几组的工资总额。单击单元格 E8，点击工具栏符号"Σ"，即可得到工资总额合计数。

③计算加权算术平均数。单击任一空单元格，输入"=E8/C8"，回车，得到平均工资。

（2）计算众数。单击任一空单元格，输入"=A5+（C5-C4）/（C5-C4+C5-C6）×200"，回车，得到众数。

（3）计算中位数。首先计算向上累计或向下累计次数，然后根据$\frac{\sum f+1}{2}$确定中位数组，中位数在第三组。单击任一空单元格，输入"=A5+（C8/2-26）/C5×200"，回车确认，得到中位数（注：26 为中位数所在组以前的累计次数）。

二、标志变异指标的计算

【例 5-21】 某商场上半年的月销售额资料如下：500 万元、630 万元、520 万元、490 万元、570 万元、580 万元。试计算全距、平均差和标准差。

操作步骤如下：将原始资料依次输入到 Excel 中的 A2～A7 单元格，得到表 5-14。

表 5-14

	A	B	C
1	月销售额		
2	500		
3	630	全距	=MAX（A2：A7）-MIN（A2：A7）
4	520	平均差	=AVEDEV（A2：A7）
5	490	标准差	=STDEVP（A2：A7）
6	570		
7	580		

（1）单击任一空单元格，输入"=MAX（A2：A7）MIN（A2：A7）"，回车，得到全距 140。

（2）单击任一空单元格，输入"=AVEDEV（A2：A7）"，回车，得到平均差 45。

（3）单击任一空单元格，输入"=STDEVP（A2：A7）"，回车，得到标准差 49.46941。

【例 5-22】 有资料如表 5-15 所示。

表 5-15

日产量（千克）	工人人数（人）
10～20	10
20～30	20
30～40	25
40～50	30
50～60	15
合　计	100

计算标准差和标准差系数。

操作步骤如下：将原始数据依次输入到 Excel 中的 A～C 列，其中，日产量的下限位于 A 列、日产量的上限位于 B 列、工人人数位于 C 列（见表 5-16）。

表 5－16

	A	B	C	D	E	F
1	日产量		工人人数	组中值	总产量	
2	L	U	f	x	xf	$(x-\bar{x})^2f$
3	10	20	10	15	150	4 840
4	20	30	20	25	500	2 880
5	30	40	25	35	875	100
6	40	50	30	45	1 350	1 920
7	50	60	15	55	825	4 860
8	合　计		100	—	3 700	14 600

（1）计算组中值。单击单元格 D3，输入“＝（A3＋B3）/2”，回车即可得到第一组的组中值。再击单元格 D3，将鼠标指针移至该单元格的右下角，当指针变成“＋”字形时，按住鼠标左键向下拖至 D7 单元格放开，即可得到其他几组的组中值。

（2）计算各组总产量。单击单元格 E3，输入“＝D3×C3”，回车即可得到第一组总产量。再击单元格 E3，将鼠标指针移至该单元格的右下角，当指针变成“＋”字形时，按住鼠标左键向下拖至 E7 单元格放开，即可得到其他几组的总产量。单击单元格 E8，点击工具栏符号“Σ”，即可得到总产量合计数。

（3）计算加权算术平均数。单击任一空单元格，输入“＝E8/C8”，回车确认，得到平均日产量 37。

（4）计算 $(x-\bar{x})^2f$。单击单元格 F3，输入“＝C3×（D3－37）^2”，回车确认，得到第一组的 $(x-\bar{x})^2f$ 值。再击单元格 F3，将鼠标指针移至该单元格的右下角，当指针变成“＋”字形时，按住鼠标左键向下拖至 F7 单元格放开，即可得到其他几组的 $(x-\bar{x})^2f$ 值。单击单元格 F8，点击工具栏符号“Σ”，即可得到 $\sum(x-\bar{x})^2f$ 的值。

（5）计算标准差。单击任一空单元格，输入“＝SQRT（F8/C8）”，回车确认，得到日产量的标准差 12.08305。

（6）计算标准差系数。单击任一空单元格，输入“＝12.08305/37”，回车确认，得到日产量的标准差系数 0.326569。

本章案例

【案例 1】

居民现有住房面积调查

某调查机构对某市 1 000 户居民家庭现有住房面积进行调查，资料见表5－17。

表 5－17

住房面积（m^2）	户数（户）	频率（%）	累计	
			户数（户）	频率（%）
40 以下	20	2	20	2
40～60	30	3	50	5
60～80	73	7.3	123	12.3
80～100	230	23	353	35.3
100～120	280	28	633	63.3
120～140	200	20	833	83.3
140～160	100	10	933	93.3
160 以上	67	6.7	1 000	100
合　计	1 000	100	—	—

计算分析如下：

（1）从表 5－17 中数据可看出，居民住房面积分布数列两端户数少，中间户数多，基本成对称分布。（近似正态分布）

（2）随着居民收入的提高，居民对住房面积和住房条件的改善是日益增长的，假定 $120m^2$ 是三口之家的理想面积，那么还有 63.3% 的居民家庭低于该水平，因此，该市房地产投资开发仍有较大的市场潜力。

（3）经计算得到：平均数 $\bar{x}=\frac{\sum xf}{\sum f}=111.1\ (m^2)$，全距 $=180-20=160\ (m^2)$ 标准差 $\sigma=\sqrt{\frac{\sum (x-\bar{x})^2 f}{\sum f}}=30.41\ (m^2)$。

以上数据表明该市居民住房面积差距较大，单从居住条件看，贫富悬殊仍较严重。

【案例 2】

消费者对彩电售后服务满意度的调查

某地抽查 1 200 名城乡消费者对彩电售后服务满意度进行评价，资料见表5－18。

表 5－18　消费者对彩电售后服务评价表

	等级 x	城镇		乡村	
		人数（人）	比重（%）	人数（人）	比重（%）
很满意	1	78	15.3	34	4.9
较满意	2	98	19.2	48	7.0
一般	3	206	40.4	69	10.0
不满意	4	102	20.0	318	46.1
很不满意	5	26	5.1	221	32.0
合　计	—	510	100.0	690	100.0

计算分析如下：

（1）集中程度分析。从表中资料可以看出，城镇消费者选择“一般”的最多，乡村消费者选择“不满意”的居多，城乡总体情况不容乐观。

或采用计算平均等级来反映集中程度，经计算得到城镇的平均等级为2.8，农村的平均等级为3.93，城乡总体为3.45，说明城乡消费者对彩电售后服务均不太满意，生产商须大力提高售后服务质量和水平，以增强消费者的满意度。

（2）离散程度分析。经计算得知，城镇等级标准差 $\sigma=1.08$，标准差系数 $V=38.6\%$；乡村的等级标准差 $\sigma=1.07$，标准差系数 $V=27.2\%$，说明乡村消费者对售后服务的满意度相对较集中，且集中在不满意和很不满意的回答上。

关键词

平均指标　算术平均数　调和平均数　众数　中位数　标志变异指标　全距　平均差　标准差　标准差系数

第6章

资料分析——时间数列分析

学习目标：

本章内容主要介绍时间数列的含义、种类、编制原则等基本知识，以达到初步掌握对社会经济现象的变动进行动态分析的方法。通过学习，要掌握各种动态分析指标的计算和具体应用，并依据现象在不同时间变动的数据，简单分析出其变动的规律。

重点、难点：

- □ 时间数列的含义和种类
- □ 水平指标计算方法
- □ 各种速度指标的计算和换算
- □ 时间数列的趋势分析方法

某商品专卖店为加强管理的科学化，采集了过去四年的销售量资料如表6－1所示：

表6－1

年份 销售额	2014				2015				2016				2017			
	春	夏	秋	冬	春	夏	秋	冬	春	夏	秋	冬	春	夏	秋	冬
销售额（万元）	26	31	19	28	25	30	20	28	27	34	23	32	27	35	21	31

根据这些以时间排序的销售量统计资料，我们该怎样描绘抑或反映该专卖店2014－2017年销售额时间数列中的指标？通过数据，结合图表，从中能否找到专卖店销售额的一般规律？以制定出科学的销售策略，获取更大的利润空间。通过本章知识的学习，相信我们对这些问题的解决将迎刃而解。

第1节　时间数列的作用与种类

一、时间数列的作用

时间数列，又称动态数列，是将某种现象在不同时间上发展变化的一系列指标，按时间先后顺序排列所形成的数列。

时间数列一般有两个构成要素：一是现象所属的时间；二是现象的发展水平，即统计指标。表6－2反映了时间数列两个构成要素在实际生活中的应用。

表6－2　　我国2012—2016年国内生产总值、人均国内生产总值及职工平均工资

年份	2012	2013	2014	2015	2016
国内生产总值（亿元）	534 123	588 018.8	636 138.7	689 052.1	744 127.2
人均国内生产总值（元/人）	39 544	43 320	46 629	50 251	53 980
城镇单位在岗职工平均工资（元）	47 593	52 388	57 346	63 241	68 993

资料来源：根据国家统计局官方网站公布数据整理。

时间数列在统计研究和经济分析中具有十分重要的作用：（1）展示现象发展变化的全过程；（2）揭示现象的内在规律和未来的发展变化趋势；（3）可以作为历史资料的积累。

编制时间数列是为了进行指标的前后对比以研究现象的发展变化趋势，因此，保持各指标之间的可比性是编制时间数列的基本原则。具体要求包括：时间长短可比；总体范围可比；经济内容可比；计算口径可比等几个方面。

想一想：如果在某一时间数列的对比分析中，不满足以上具体要求，会出现什么问题？

二、时间数列的种类

时间数列按其指标的表现形式不同，可分为绝对数时间数列、相对数时间数列和平均数时间数列。其中，绝对数时间数列是基本数列，相对数时间数列和平均数时间数列是派生数列。

（一）绝对数时间数列

绝对数时间数列由一系列总量指标按时间先后顺序排列而成，用来反映现象在不同时间所达到的总规模、总水平。如表6－2中的国内生产总值时间数列。按反映现象的时间状况不同，绝对数时间数列可分为时期数列和时点数列。

时期数列的指标数值是由时期指标构成；时点数列的指标数值是由时点指标构成。

（二）相对数时间数列

相对数时间数列由一系列相对指标按时间先后顺序排列而成，用来反映现象之间相互联系的发展变化情况。如表6－2中的人均国内生产总值时间数列。在相对数时间数列中，各指标数值不能相加。

（三）平均数时间数列

平均数时间数列由一系列平均指标按时间先后顺序排列而成。它反映现象在不同时间的平均水平的发展变化情况。如表 6－2 中的城镇单位在岗职工平均工资数列。在相对数时间数列中，各指标数值也不能相加。

说一说：举例看看身边有哪些事物或现象的时间数列，它们属于哪一类型的时间数列？

第 2 节　时间数列的水平分析

时间数列的分析指标包括水平指标和速度指标两大类。水平指标包括发展水平、平均发展水平、增长量与平均增长量；速度指标包括发展速度和平均发展速度、增长速度和平均增长速度等。水平分析是速度分析的基础，速度分析是水平分析的深入。

一、发展水平

时间数列中的各项指标数值称为发展水平，用符号表示为 a_1，a_2，…，a_n，根据发展水平在数列中所处的位置不同，可分为：

（1）最初水平：时间数列中的第一项指标数值，用符号 a_1 表示；

（2）最末水平：时间数列中的最后一项指标数值，用符号 a_n 表示；

（3）中间水平：时间数列中间各项指标数值，用符号 a_2，a_3，…，a_{n-1}表示；

（4）报告期水平：计算期或考察期水平；

（5）基期水平：用来作为对比基础时期的水平。

二、平均发展水平

平均发展水平，又称序时平均数或动态平均数。动态平均数与前面所学的静态平均数都是用来反映现象的一般水平的，但也有明显的区别，主要表现在：动态平均数是由时间数列计算得到，静态平均数是由变量数列计算得到；动态平均数是同一现象在不同时间上的数量平均，静态平均数是总体单位在同一时间上不同空间上的数量平均。

时间数列的发展水平可以是绝对数，也可以是相对数或平均数，因此，平均发展水平的计算可以由绝对数时间数列计算，也可以由相对数或平均数时间数列计算。

（一）由绝对数时间数列计算平均发展水平

绝对数时间数列可分为时期数列和时点数列，由于它们的性质不同，因此，计算方法也不一样。

1. 由时期数列计算平均发展水平。由于时期数列的各项指标具有可加性，因此，由时期数列计算平均发展水平可采用简单算术平均法计算，其公式为：

$$\bar{a}=\frac{\sum a}{n}=\frac{a_1+a_2+\cdots+a_n}{n}$$

式中，$\bar{a}$ 为平均发展水平；a_1，a_2，…，a_n 为各期发展水平；n 为指标项数。

【例 6－1】 某企业 2018 年上半年工业增加值的数据如表 6－3 所示。

表 6－3

月　份	1	2	3	4	5	6
工业增加值（万元）	70.2	73.4	75.6	76.3	76.8	77.0

要求：计算上半年月平均工业增加值。

解： 上半年月平均工业增加值：

$$\bar{a}=\frac{\sum a}{n}=\frac{70.2+73.4+75.6+76.3+76.8+77.0}{6}=74.88\text{（万元）}$$

2. 由时点数列计算平均发展水平。时点数列按登记资料的时间不同，分为连续时点数列和间断时点数列。

（1）连续时点数列。有两种情况：一种是在所研究的时期中，按逐日发生、逐日登记的时点资料进行排列，称为间隔相等的连续时点数列；另一种是在所研究的时期中，不是逐日发生，只按发生之日登记资料进行排列，称为间隔不等的连续时点数列。

间隔相等的连续时点数列采用简单算术平均的方法计算平均发展水平，用公式表示为：

$$\bar{a}=\frac{\sum a}{n}$$

【例 6－2】 某班同学第 11 周人数统计如表 6－4 所示。

表 6－4

日　期	星期一	星期二	星期三	星期四	星期五
学生出勤人数（人）	48	50	51	49	47

要求：计算第 11 周平均每天的出勤人数。

解： 第 11 周平均出勤人数 $\bar{a}=\frac{48+50+51+49+47}{5}=49$（人）

间隔不等的连续时点数列采用加权算术平均的方法计算平均发展水平，用公式表示为：

$$\bar{a}=\frac{\sum af}{\sum f}$$

【例 6－3】 某服务中心 7 月人员变动如下：7 月 1 日共有职工 60 人，10 日离职 2 人，18 日面试合格招收 5 人，25 日解聘 1 人，试计算 7 月平均人数。

解： 上述资料整理如表 6－5 所示。

表 6－5

日　期	1～9	10～17	18～24	25～31
间隔天数（天）	9	8	7	7
职工人数（人）	60	58	63	62

$$\bar{a}=\frac{60\times9+58\times8+63\times7+62\times7}{9+8+7+7}\approx61\text{（人）}$$

（2）间断时点数列。在所研究的时期中，资料按月初、月末、年初、年末等登记排列，称为间断时点数列。间断时点数列有间隔相等和间隔不等两种情况。

间隔相等的间断时点数列计算公式为：

$$\bar{a}=\frac{\frac{a_1}{2}+a_2+a_3+\cdots+a_{n-1}+\frac{a_n}{2}}{n-1}$$（称为“首尾折半法”）

【例 6-4】 某校多媒体设备台数资料如表 6-6 所示。

表 6-6

月初	1	2	3	4	5	6	7
设备台数（台）	120	125	123	130	137	138	140

试分别计算：

（1）第一季度月平均设备台数；

（2）第二季度月平均设备台数。

该题有两种解法：

方法 1：先分别计算 1～6 月的月平均台数，再计算第一、二季度的月平均台数。

1 月的月平均数$\overline{a_1}=\frac{月初+月末}{2}=\frac{120+125}{2}$

2 月的月平均数$\overline{a_2}=\frac{月初+月末}{2}=\frac{125+123}{2}$

3 月的月平均数$\overline{a_3}=\frac{月初+月末}{2}=\frac{123+130}{2}$

…………

6 月的月平均数$\overline{a_6}=\frac{月初+月末}{2}=\frac{138+140}{2}$

$$第一季度月平均设备台数=\frac{\frac{120+125}{2}+\frac{125+123}{2}+\frac{123+130}{2}}{3}=125（台）$$

$$第二季度月平均设备台数=\frac{\frac{130+137}{2}+\frac{137+138}{2}+\frac{138+140}{2}}{3}=137（台）$$

方法 2：直接用“首尾折半法”计算。

第一季度月平均设备台数 = 124.33（台）

$$第二季度月平均设备台数=\frac{\frac{130}{2}+137+138+\frac{140}{2}}{4-1}\approx137（台）$$

想一想：将月初资料改为月末资料后，又该如何计算？

间隔不等的间断时点数列计算公式为：

$$\bar{a}=\frac{\frac{a_1+a_2}{2}f_1+\frac{a_2+a_3}{2}f_2+\cdots+\frac{a_{n-1}+a_n}{2}f_{n-1}}{f_1+f_2+\cdots+f_{n-1}}$$

【例 6－5】 上述例题我们将时间和数值稍作变动，变动后的资料如表 6－7 所示。又知次年 1 月初的设备台数为 180 台，试计算全年月平均设备台数。

表 6－7

月　初	1	4	6	7	12
设备台数（台）	150	159	168	170	172

解：解题步骤如下：

（1）确定时点之间的间隔期数，即 f 值。经计算分别为 3、2、1、5、1。

（2）计算全年月平均设备台数：

$$\bar{a}=\frac{\frac{150+159}{2}\times3+\frac{159+168}{2}\times2+\frac{168+170}{2}\times1+\frac{170+172}{2}\times5+\frac{172+180}{2}\times1}{3+2+1+5+1}$$

$$=165.875\ (台)$$

（二）由相对数或平均数时间数列计算平均发展水平

由于相对数或平均数一般都是由两个有联系的指标对比而得到的，所以，由相对数或平均数时间数列计算平均发展水平时，首先要找出形成相对数或平均数时间数列的分子和分母资料，分别计算动态平均，最后进行对比。用公式表示为：

$$\bar{c}=\frac{\bar{a}}{\bar{b}}$$

式中，$\bar{c}$ 为相对数或平均数时间数列的序时平均数；$\bar{a}$ 为相对数或平均数时间数列的分子资料的序时平均数；$\bar{b}$ 为相对数或平均数时间数列的分母资料的序时平均数。

由相对数或平均数时间数列计算平均发展水平有下面三种情况：

1. 分子、分母都是时期资料。公式为：

$$\bar{c}=\frac{\bar{a}}{\bar{b}}=\frac{\sum a/n}{\sum b/n}=\frac{\sum a}{\sum b}$$

【例 6－6】 某企业第一季度产值情况如表 6－8 所示。试计算第一季度平均计划完成程度。

表 6－8

月　份	1	2	3
计划产值（万元）	600	680	700
计划完成（%）	100	106	98

解：首先计算各月实际产值：

1 月份实际产值 = 600 × 100% = 600（万元）

2 月份实际产值 = 680 × 106% = 720.8（万元）

3 月份实际产值 = 700 × 98% = 686（万元）

然后计算平均计划完成程度：

$$\bar{c}=\frac{\bar{a}}{\bar{b}}=\frac{(600+720.8+686)\div3}{(600+680+700)\div3}=101.35\%$$

2. 分子、分母都是时点资料。公式为：

$$\bar{c}=\frac{\bar{a}}{\bar{b}}=\frac{(\frac{a_1}{2}+a_2+a_3+\cdots+\frac{a_n}{2})\div(n-1)}{(\frac{b_1}{2}+b_2+b_3+\cdots+\frac{b_n}{2})\div(n-1)}=\frac{\frac{a_1}{2}+a_2+a_3+\cdots+\frac{a_n}{2}}{\frac{b_1}{2}+b_2+b_3+\cdots+\frac{b_n}{2}}$$

【例 6－7】 某公司人员结构见表 6－9。计算第一季度技师占全体职工的平均比重。

表 6－9 单位：人

月　份	1	2	3	4
月初全体职工人数	98	100	103	110
其中：技师人数	30	28	34	36

解：平均比重 $\bar{c}=\frac{\bar{a}}{\bar{b}}=\frac{(\frac{30}{2}+28+34+\frac{36}{2})\div(4-1)}{(\frac{98}{2}+100+103+\frac{110}{2})\div(4-1)}=30.94\%$

3. 分子是时期资料，分母是时点资料。公式为：

$$\bar{c}=\frac{\bar{a}}{\bar{b}}=\frac{\sum a\div n}{(\frac{b_0}{2}+b_1+b_2+\cdots+\frac{b_N}{2})\div(N-1)}=\frac{a_1+a_2+a_3+\cdots+a_n}{\frac{b_0}{2}+b_1+b_2+\cdots+\frac{b_N}{2}}$$

【例 6－8】 某企业上半年总产值与工人人数资料如表 6－10 所示。

表 6－10

月　份	1	2	3	4	5	6	7
总产值（万元）	520	500	580	589	610	614	620
月初工人人数（人）	200	220	218	224	225	227	230

请计算：（1）该企业第一季度月平均劳动生产率；

（2）该企业第二季度月平均劳动生产率。

解：（1）第一季度月平均劳动生产率：

$$\bar{c}=\frac{\bar{a}}{\bar{b}}=\frac{(520+500+580)\div3}{(\frac{200}{2}+220+218+\frac{224}{2})\div(4-1)}=2.46\text{（万元/人）}$$

（2）第二季度月平均劳动生产率：

$$\bar{c}=\frac{\bar{a}}{\bar{b}}=\frac{(589+610+614)\div3}{(\frac{224}{2}+225+227+\frac{230}{2})\div(4-1)}=2.67\text{（万元/人）}$$

三、增长量和平均增长量

（一）增长量

增长量，又称增减量，是报告期水平与基期水平之差，用来反映现象在一定时期内增减的绝对量。其基本计算公式为：

增长量 = 报告期水平 − 基期水平

根据基期不同，增长量可分为逐期增长量和累计增长量。

逐期增长量 = 报告期水平 − 前期水平

累计增长量 = 报告期水平 − 固定基期水平

逐期增长量和累计增长量的关系是：**累计增长量等于相应各逐期增长量之和。**

（二）平均增长量

平均增长量是说明现象在一段时期内平均增减的绝对量，即各逐期增长量的序时平均数。其计算公式为：

$$\text{平均增长量}=\frac{\text{逐期增长量之和}}{\text{逐期增长量的个数}}=\frac{\text{累计增长量}}{\text{时间数列项数}-1}$$

【例 6－9】 某企业产量资料及增长量计算表如表 6－11 所示，求平均增长量。

表 6－11

年份		2013	2014	2015	2016	2017
产量（万台）		4.2	4.5	4.7	4.6	5.0
增长量（万台）	逐期	—	0.3	0.2	−0.1	0.4
	累计	—	0.3	0.5	0.4	0.8

解：$\text{平均增长量}=\frac{0.3+0.2+(-0.1)+0.4}{4}=0.2$（万台）

$\text{或}=\frac{0.8}{5-1}=0.2$（万台）

第 3 节　时间数列的速度分析

常用的时间数列速度指标有发展速度、增长速度、平均发展速度、平均增长速度四种。

一、发展速度

发展速度是社会经济现象的报告期水平与基期水平之比，用来反映现象发展变化的快慢程度。其基本计算公式为：

$$\text{发展速度}=\frac{\text{报告期水平}}{\text{基期水平}}\times100\%$$

根据基期不同，发展速度可分为环比发展速度和定基发展速度。

$$\text{环比发展速度}=\frac{\text{报告期水平}}{\text{前期水平}}\times100\%$$

$$定基发展速度 = \frac{报告期水平}{固定基期水平} \times 100\%$$

两者的关系是：**定基发展速度等于相应的环比发展速度的连乘积**。

二、增长速度

增长速度，又称增减速度，是报告期的增长量与基期水平之比，用来反映现象的相对增长程度。其基本计算公式为：

$$增长速度 = \frac{增长量}{基期水平} = \frac{报告期水平 - 基期水平}{基期水平} = 发展速度 - 1$$

根据基期不同，增长速度可分为环比增长速度和定基增长速度。

$$环比增长速度 = \frac{逐期增长量}{前期水平} = 环比发展速度 - 1$$

$$定基增长速度 = \frac{累计增长量}{固定基期水平} = 定基发展速度 - 1$$

算一算：请结合前面的计算公式，验证环比增长速度与环比发展速度、定基增长速度与定基发展速度之间的关系式。

在一般情况下，考察现象的发展程度常用环比增长速度来衡量。增长速度是从相对数上反映经济现象增长的相对程度，它们的计算基数可能不同，那么各期环比增长速度所隐藏的现象实际增长的绝对量效果可能不同，即每增长 1% 相对应的绝对量可能不同。因为在低水平基础上的平均增长速度与高水平基础上的平均增长速度是不可比的，所以对现象进行动态对比时，必须注意速度背后隐藏的绝对增长量。通常用增长 1% 的绝对值来考察速度背后隐藏的绝对增长量。

增长 1% 的绝对值是逐期增长量与环比增长速度之比，用来说明经济现象报告期比基期每增长 1% 所包含的实际经济效果。即：

$$增长1\%的绝对值 = \frac{逐期增长量}{环比增长速度 \times 100} = \frac{前期发展水平}{100}$$

表 6－12 是根据资料所计算的发展速度、增长速度及增长 1% 的绝对值。

表 6－12　　某企业 2012—2016 年商品销售收入

年　份		2012	2013	2014	2015	2016
农民人均纯收入（元）		2 253.4	2 366.4	2 475.6	2 622.2	2 936.4
发展速度（%）	环　比	—	105.01	104.61	105.92	111.98
	定　基	100	105.01	109.86	116.37	130.31
增长速度（%）	环　比	—	5.01	4.61	5.92	11.98
	定　基	—	5.01	9.86	16.37	30.31
增长 1% 的绝对值（元）		—	22.53	23.66	24.76	26.22

通过下例，我们可以进一步理解为什么要计算增长 1% 的绝对值。

【例 6－10】　某工业企业工业总产值资料如表 6－13 所示，要求计算环比增长速度。

表 6－13

年　份	2014	2015	2016	2017
工业总产值（万元）	250	300	500	600

解： 2015 年的环比增长速度 $=\frac{300}{250}-1=20\%$

2017 年的环比增长速度 $=\frac{600}{500}-1=20\%$

从增长速度看，2015 年和 2017 年一样增长了 20%，但从绝对数看，2015 年增长了 50 万元，2017 年增长了 100 万元，二者有显著的不同。

议一议： 根据上面的例子，为什么要计算增长 1% 的绝对值？进一步理解因为发展速度是报告期水平与基期水平之比，若基期水平低，则速度就高；若基期水平高，则速度就低。所以，有时高速度可能掩盖着低水平，低速度可能隐藏着高水平。

三、平均发展速度与平均增长速度

平均发展速度是社会经济现象各环比发展速度的序时平均数，反映现象在一定时期内平均发展变化的程度。平均增长速度反映现象在一定时期内平均增长的相对程度。

平均增长速度 = 平均发展速度 − 1

平均发展速度的计算方法有水平法（或称几何平均法）和累计法（或称方程式法）两种。

（一）水平法

由于平均发展速度是社会经济现象各环比发展速度的序时平均数，而总速度（或定基发展速度）等于相应各环比发展速度的连乘积，所以计算平均发展速度就不能用算术平均法计算，而需用几何平均法计算。其计算公式有：

$$\bar{x}=\sqrt[n]{x_1\cdot x_2\cdot x_3\cdot\cdots\cdot x_n}=\sqrt[n]{\Pi x}\qquad(6.1)$$

$$\bar{x}=\sqrt[n]{\frac{a_n}{a_0}}\qquad(6.2)$$

$$\bar{x}=\sqrt[n]{R}\qquad(6.3)$$

式中，$\bar{x}$ 为平均发展速度；x_1，x_2，x_3，…，x_n 为各期环比发展速度；Π 为连乘积符号；a_n 为报告期水平；a_0 为基期水平；R 为总速度（或定基发展速度）。

【例 6－11】 某企业 2013 年的工业增加值为 5 000 万元，计划 2018 年达到10 000万元。问每年应以怎样的速度发展，才能达到预期的目标？

解： 已知 $a_0=5\ 000$ 万元，$a_5=10\ 000$ 万元

则 $\bar{x}=\sqrt[n]{\frac{a_n}{a_0}}=\sqrt[5]{\frac{10\ 000}{5\ 000}}=114.87\%$

【例 6－12】 已知某国家 2013 年至 2017 年生产总值的环比发展速度分别为 130%、116%、106%、128% 和 110%，试计算该国 2013 年至 2017 年平均每年的发展速度和平均增长速度。

解： 根据式 6.1 计算如下：

$\bar{x}=\sqrt[n]{x_1 \cdot x_2 \cdot x_3 \cdots x_n}$

$\bar{x}=\sqrt[5]{1.3\times1.16\times1.06\times1.28\times1.11}$

$=1.2566$（125.66%）

即该国2013年至2017年生产总值平均每年的发展速度为125.66%。

平均增长速度=125.66%－1=25.66%

【例6－13】 某企业2015年的工业增加值为5 000万元，计划2020年达到10 000万元，问每年应以怎样的平均速度发展，才能达到预期的目标？

解： 根据式6.2计算如下：

已知$a_0=5\,000$万元，$a_5=10\,000$万元

则 $\bar{x}=\sqrt[n]{\frac{a_n}{a_0}}=\sqrt[5]{\frac{10\,000}{5\,000}}=114.87\%$

【例6－14】 某企业规定2016—2020年五年内，劳动生产率应比2015年提高50%，问平均每年应提高多少？

解： 根据式6.3计算如下：

已知 $R=1+50\%$，

则平均发展速度 $\bar{x}=\sqrt[n]{R}=\sqrt[5]{1+50\%}=108.45\%$

平均增长速度=108.45%－1=8.45%

即平均每年应提高8.45%

（二）累计法

累计法，又称方程式法，其计算原理是：假定从最初水平a_0出发，若每期均以平均发展速度$\bar{x}$发展，则第n期的发展水平为$a_0\overline{x^n}$，以此计算的各期发展水平等于实际发展水平，用符号表示为：

$$a_1=a_0\bar{x},\ a_2=a_0\overline{x^2},\ a_3=a_0\overline{x^3},\ \cdots,\ a_n=a_0\overline{x^n}$$

以上等式两边相加得：

$$a_0\bar{x}+a_0\overline{x^2}+a_0\overline{x^3}+\cdots+a_0\overline{x^n}=a_1+a_2+a_3+\cdots+a_n$$

$$a_0(\bar{x}+\overline{x^2}+\overline{x^3}+\cdots+\overline{x^n})=\sum a\left[(\bar{x}+\overline{x^2}+\overline{x^3}+\cdots+\overline{x^n})-\frac{\sum a}{a_0}\right]=0$$

解此高次方程，所得$\bar{x}$的正根就是平均发展速度。

但求解这个高次方程是一项非常复杂的工作，在实际中，往往采用“平均增长速度查对表”直接查出。

请思考： 为什么说高水平难以高速度，低水平却可以高速度呢？为什么中国国内生产总值可以以每年大于或近乎7%的速度增长，美国国民生产总值每年增长不到4%，而美国仍然发展很快呢？

第4节　时间数列的趋势分析

影响时间数列变动趋势的因素既有基本因素，也有偶然因素。基本因素对现象的影响是持续的，偶然因素对现象的影响一般是暂时的、不规则的，由于偶然因素的影响，现象在短期内的变动趋势往往不明显，时而上升、时而下降，因此，有必要对时间数列进行修匀，使修匀后的数列呈现明显的趋势。时间数列修匀的方法有很多，这里仅介绍常用的移动平均法和最小平方法。

一、移动平均法

移动平均法，是从原数列的第一项指标开始，按一定的项数计算序时平均数，由序时平均数构成新的时间数列。在新的时间数列中，短期的、偶然的影响因素被削弱，长期趋势得到显现。但在计算中要记住：边移动、边平均。

移动平均法既可以采用奇数项移动平均，也可以采用偶数项移动平均，偶数项移动不能一次到位，其平均所得项数不能对正原数列，所以一般需要再进行一次偶数项移动平均才行，因此一般多采用奇数项移动平均，移动平均后所得的新数列比原数列的项数要少。移动平均法不能进行外推预测。

【例6－15】　表6－14是某企业产量移动平均法计算表，请计算两项移动平均数并填入表6－14中。

表6－14　　单位：万吨

月　份	产　量	两项移动平均		三项移动平均
		第一次移动	第二次移动	
1	50		—	—
		52		
2	54		55.00	55.3
		58		
3	62		57.25	55.7
		56.5		
4	51		55.75	57.3
		55		
5	59		58.50	58.3
		62		
6	65		60.50	59.0
		59		

续表

月　份	产　量	两项移动平均		三项移动平均
		第一次移动	第二次移动	
7	53		58.75	60.7
		58.5		
8	64		62.75	62.3
		67		
9	70		65.50	64.0
		64		
10	58		63.00	64.7
		62		
11	66		65.50	65.3
		69		
12	72		—	—

二、最小平方法

最小平方法，又称最小二乘法，它是利用数学模型配合一条趋势线，使实际值与趋势值之间的离差平方和为最小。最小平方法既可以用于直线模型的配合，也可以用于曲线模型的配合，这里仅介绍直线模型（又称线性模型）的配合。

如何判断现象是直线趋势还是曲线趋势？若时间数列的逐期增长量大致相等，则说明现象呈直线趋势。

设直线模型为 $y_t = a + bt$，则有 $\sum (y - y_t)^2 =$ 最小值，即 $\sum (y - a - bt)^2 =$ 最小值。对上式中的 a、b 分别求偏导得到：

$$\begin{cases} \sum y = na + b\sum t \\ \sum ty = a\sum t + b\sum t^2 \end{cases}$$

上式中，y_t 为趋势值；y 为实际值；a、b 为参数；t 为时间序号。

解方程组得：

$$\begin{cases} b = \dfrac{n\sum ty - \sum t\sum y}{\sum t^2 - (\sum t)^2} = \dfrac{\overline{ty} - \bar{t}\,\bar{y}}{\overline{t^2} - (\bar{t})^2} \\ a = \dfrac{\sum y}{n} - b\dfrac{\sum t}{n} = \bar{y} - b\bar{t} \end{cases}$$

（普通法常数公式）

有时为了计算简便，可采用最小平方法简捷法计算。简捷法令 $\sum t = 0$，若时间数列的项数为奇数项，则中间一项为原点 0，前后两端对称设置为：…，-3，-2，-1，0，1，2，3，…；若时间数列的项数为偶数项，一般将 t 设置为：…，-5，-3，-1，1，3，5，…。

由此计算得到：

$$\begin{cases} b = \dfrac{\sum ty}{\sum t^2} = \dfrac{\overline{ty}}{\overline{t^2}} \\ a = \dfrac{\sum y}{n} = \bar{y} \end{cases}$$

（简捷法常数公式）

【例 6-16】 表 6-15 是最小平方法普通法和简捷法计算表。

表 6-15 单位：万吨

		普通法				简捷法			
年份	产量 y	t	ty	t^2	y_t	t	ty	t^2	y_t
2013	50.3	1	50.3	1	50.48	-5	-251.5	25	50.48
2014	56.8	2	113.6	4	56.22	-3	-170.4	9	56.22
2015	62.0	3	186.0	9	61.96	-1	-62.0	1	61.96
2016	67.5	4	270.0	16	67.70	1	67.5	1	67.70
2017	72.4	5	362.0	25	73.44	3	217.2	9	73.44
2018	80.0	6	480.0	36	79.18	5	400.0	25	79.18
合计	389	21	1 461.9	91	388.98	0	200.8	70	388.98

根据表 6-15 中所列数据，请用普通法和简捷法预测 2019 年和 2020 年的生产量。

普通法：$\begin{cases} b=\dfrac{6\times 1\,461.9-21\times 389}{6\times 91-21\times 21}=5.74 \\ a=\dfrac{389}{6}-5.74\times\dfrac{21}{6}=44.74 \end{cases}$

所以直线趋势方程为：$y_t=44.74+5.74t$。预测 2019 年和 2020 年的产量：

$y_{2019}=44.74+5.74\times 7=84.92$（万吨）

$y_{2020}=44.74+5.74\times 8=90.66$（万吨）

简捷法：$\begin{cases} b=\dfrac{200.8}{70}=2.87 \\ a=\dfrac{389}{6}=64.83 \end{cases}$

所以直线趋势方程为：$y_t=64.83+2.87t$。预测 2019 年和 2020 年的产量：

$y_{2019}=64.83+2.87\times 7=84.92$（万吨）

$y_{2020}=64.83+2.87\times 9=90.66$（万吨）

第 5 节　Excel 在时间数列分析中的应用

一、计算平均发展水平

【例 6-17】 有时间数列如表 6-16 所示。

表 6－16

月　份	1	2	3	4	5	6	7
总产值（万元）	300	310	309	308	310	314	320
期初工人人数（人）	120	123	125	126	130	138	140

要求：（1）分别计算上半年月平均产值。

（2）分别计算上半年月平均工人人数。

（3）分别计算上半年月平均工人劳动生产率。

解：首先，将原始数据依次输入到工作表 A～C 列。其中，月份位于 A 列，总产值位于 B 列，期初工人人数位于 C 列（见表 6－17）。

表 6－17

	A	B	C	D	E
1	月　份	总产值	期初工人人数		
2	1	300	120		
3	2	310	123	月平均产值	＝AVERAGE（B2：B8）
4	3	309	125	月平均工人人数	＝（C2/2＋C3＋C4＋C5＋C6＋C7＋C8/2）/6
5	4	308	126	月平均劳动生产率	＝E3/E4
6	5	312	130		
7	6	314	138		
8	7	320	140		

（1）计算上半年月平均产值。单击任一空单元格，输入“＝AVERAGE（B2：B7），按回车，即可得到上半年月平均总产值 308.8333。

（2）计算上半年月平均工人人数。单击任一空单元格，输入“＝（C2/2＋C3＋C4＋C5＋C6＋C7＋C8/2）/6”，按回车，即可得到上半年月平均工人人数 128.66667。

（3）计算上半年月平均工人劳动生产率。单击任一空单元格，输入“＝E_3/E_4”，按回车，即可得到上半年月平均工人劳动生产率 2.4002591。

二、计算增长量、发展速度、增长速度、增长 1% 的绝对值

【例 6－18】 有时间数列如表 6－18 所示。要求计算增长量、发展速度、增长速度、增长 1% 的绝对值。

表 6－18

年　份	2012	2013	2014	2015	2016	2017	2018
销售额（万元）	5 000	6 800	5 300	5 200	5 700	5 900	6 000

解：首先，将原始数据依次输入到 A、B 列中，其中，年份位于 A 列，销售额位于 B 列（见表 6－19）。

表 6-19

	A	B	C	D	E	F	G	H	I
1	年 份	销售额	逐期增长量	累计增长量	环比发展速度%	定基发展速度%	环比增长速度%	定基增长速度%	增长1%的绝对值
2	2012	5 000	—	—	—	—	—	—	—
3	2013	6 800	1 800	1 800	136	136	36	36	50
4	2014	5 300	-1 500	300	77.94117647	106	-22.05882353	6	68
5	2015	5 200	-100	200	98.11320755	104	-1.886792453	4	53
6	2016	5 700	500	700	109.6153846	114	9.615384615	14	52
7	2017	5 900	200	900	103.5087719	118	3.50877193	18	57
8	2018	6 000	100	1 000	101.6949153	120	1.694915254	20	59

（1）计算增长量。单击单元格 C3，输入“=B3-B2”，按回车，得到2013年的逐期增长量，再单击单元格 C3，将鼠标指针移至该单元格的右下角，当指针变成“+”字形时，按住鼠标左键向下拖至 C8 单元格放开，即可得到其他几年的逐期增长量。

单击单元格 D3，输入“=B3-5 000”，按回车，得到2013年的累计增长量，再单击单元格 D3，将鼠标指针移至该单元格的右下角，当指针变成“+”字形时，按住鼠标左键向下拖至 D8 单元格放开，即可得到其他几年的累计增长量。

（2）计算发展速度。单击单元格 E3，输入“=B3/B2*100”，按回车，得到2013年的环比发展速度，再单击单元格 E3，将鼠标指针移至该单元格的右下角，当指针变成“+”字形时，按住鼠标左键向下拖至 E8 单元格放开，即可得到其他几年的环比发展速度。

单击单元格 F3，输入“=B3/5 000*100”，按回车，得到2013年的定基发展速度，再击单元格 F3，将鼠标指针移至该单元格的右下角，当指针变成“+”字形时，按住鼠标左键向下拖至 F8 单元格放开，即可得到其他几年的定基发展速度。

（3）计算增长速度。单击单元格 G3，输入“=C3/B2*100”，或输入“=E3-100”，按回车，得到2013年的环比增长速度，再单击单元格 G3，将鼠标指针移至该单元格的右下角，当指针变成“+”字形时，按住鼠标左键向下拖至 G8 单元格放开，即可得到其他几年的环比增长速度。

单击单元格 H3，输入“=D3/5 000*100”，或输入“=F3-100”，按回车，得到2013年的定基增长速度，再单击单元格 H3，将鼠标指针移至该单元格的右下角，当指针变成“+”字形时，按住鼠标左键向下拖至 H8 单元格放开，即可得到其他几年的定基增长速度。

（4）计算增长1%的绝对值。单击单元格 I3，输入“=B2/100”，按回车，得到2013年增长1%的绝对值，再单击单元格 I3，将鼠标指针移至该单元格的右下角，当指针变成“+”字形时，按住鼠标左键向下拖至 I8 单元格放开，即可得到其他几年的增长1%的绝对值。

本章案例

某企业经营业绩的分析

资料：某企业“十二五”期间的基本情况及主要经营情况如表6－20所示。

表6－20　　某企业“十二五”经营业绩情况表

年　　份	2011	2012	2013	2014	2015	2016
年初职工人数（人）	1 500	1 520	1 489	1 502	1 518	1 520
其中：高级技工（人）	130	128	132	136	140	146
产值（万元）	1.2	1.0	1.3	1.8	2.0	2.5
利润（万元）	3 030	3 031	3 060	3 120	3 160	3 180

计算分析如下：

（1）通过计算得知，高级技工占全体职工的比重在逐年增加，这必将带动整个企业生产技术的改进和提高，从而提高劳动生产率，增强企业竞争力。

高级技工的变化情况如表6－21所示。

表6－21　　高级技工占全体职工比重计算表

年　　份	2011	2012	2013	2014	2015	2016
年初职工人数（人）	1 500	1 520	1 489	1 502	1 518	1 520
高级技工人数（人）	130	128	132	136	140	146
高级技工所占比重（%）	8.67	8.42	8.87	9.05	9.22	9.61

五年期间高级技工占全体职工的平均比重：

$$平均比重=\frac{\left(\frac{130}{2}+128+132+136+140+\frac{146}{2}\right)\div 5}{\left(\frac{1\ 500}{2}+1\ 520+1\ 489+1\ 502+1\ 518+\frac{1\ 520}{2}\right)\div 5}=8.94\%$$

$$全员年平均劳动生产率=\frac{(3\ 030+3\ 031+3\ 060+3\ 120+3\ 160)\div 5}{\left(\frac{1\ 500}{2}+1\ 520+1\ 489+1\ 502+1\ 518+\frac{1\ 520}{2}\right)\div 5}$$

$$=2.04（万元/人）$$

（2）该企业上下齐心、共同努力，利润指标逐年递增，发展势头良好。发展情况如表6－22所示。

表 6－22　　企业利润资料动态分析指标计算表

年份		2011	2012	2013	2014	2015
利润（万元）		3 030	3 031	3 060	3 120	3 160
增长量（万元）	逐期	—	1	29	60	40
	累计	—	1	30	90	130
发展速度（%）	环比	—	100.03	100.96	101.96	101.28
	定基	100	100.03	100.99	102.97	104.29
增长速度（%）	环比	—	0.03	0.96	1.96	1.28
	定基	—	0.03	0.99	2.97	4.29
增长1%的绝对值（万元）		—	30.30	30.31	30.60	31.20

$$\text{年平均增长量}=\frac{1+29+60+40}{4}=32.5\ (\text{万元})$$

$$\text{年平均增长速度}=\sqrt[4]{104.29\%}-1=1.056\%$$

关键词

时间数列　绝对数时间数列　相对数时间数列　平均数时间数列　序时平均数
增长量　逐期增长量　累计增长量　平均增长量　发展速度
环比发展速度　定基发展速度　增长速度　环比增长速度
定基增长速度　平均发展速度　最小平方法

第7章

资料分析——统计指数分析

学习目标：

掌握有关统计指数的基本应用能力。要求在理解指数的含义、种类及作用等基础知识的前提下，着重掌握综合指数的编制原则和方法、了解和掌握综合指数与平均指数之间的变形关系以及平均指数的应用；熟练掌握指数体系及因素分析的方法，初步具备对社会经济现象总变动中各因素的影响方向、影响程度和影响的绝对值进行分析的能力。

重点、难点：

□ 指数的含义和作用
□ 同度量因素
□ 数量指标指数与质量指标指数的编制方法
□ 指数体系
□ 指数因素分析

在日常生活中，我们可能在新闻媒体中看到克强指数①、幸福指数、人的全面发展指数、地区创新指数以及社会和谐指数等统计指数名称，也经常听到和看到各种指数的统计数字；也经常听到或看到各种具体统计数字。例如，《中国统计年鉴2017》提供的数字表明，与2015年相比，2016年居民消费价格指数为102%，商品零售价格指数为100.7%，工业品出厂价格指数为98.6%，工业生产者购进价格指数为98%，固定资产投资价格指数为99.4%。那么什么是指数？它可以反映什么问题？它是如何计算出来的？它有什么用途？它有助于解决社会经济生活中的什么问题？相信通过本章的学习，我们将加深对这些问题的认识和理解。

① 克强指数，是英国著名政经杂志《经济学人》推出的一项经济指标，以中国国务院总理李克强名字命名，用于评估中国GDP增长量。

第1节　统计指数的作用与种类

一、统计指数的作用

统计指数也叫经济指数，简称为指数，有广义和狭义之分。从广义上讲，**凡是说明现象数量对比关系的相对数，都可称为指数**。例如，发展速度、计划完成情况相对数等，均可称为指数。我们通常所说的指数是指狭义的指数，**它是反映不能直接相加的多因素组成的复杂现象总体的综合变动的相对数**。例如，要反映多种产品的产量、价格、成本的综合变动情况，由于各种产品的经济用途、规格、型号、计量单位等不同，不能直接将各种产品的价格、产量、成本简单对比，为了解决各要素相加进行比较的问题，就要使用本章介绍的指数法。我国统计部门公布的商品零售价格指数、农产品收购价格指数、居民消费价格指数以及金融领域里的各种证券价格指数等，都是利用指数的原理和方法编制的。

一般地讲，统计指数主要有以下三个方面的作用：

（一）综合反映事物的变动方向与变动程度

指数是用百分比表示的相对数。百分比大于或小于100%，反映现象变动方向是正还是负；而比100%大多少或小多少则反映现象变动程度的大小。例如，商品零售物价指数为125%，说明多种商品零售物价总的变动情况是上涨了25%。

（二）分析现象总变动中各因素变动的影响的变动方向和变动程度

复杂现象的变动往往受到两个以上因素的影响。例如，现象的总量指标是若干因素的乘积：

1. 商品销售额 = 商品销售量 × 单位商品价格
2. 产品总成本 = 产品生产量 × 单位产品成本

（以上）一个总量指标受两个因素影响

3. 原材料费 = 产量 × 单位产品原材料消耗量 × 原材料单价

一个总量指标受三个因素影响

商品销售额的变动（报告期同基期比较）取决于很多因素（经济、政治、社会文化、消费心理等），从可以测度的因素来考察，其变动受销售量和价格两个因素的共同影响。我们可以利用指数体系分析各构成因素对总指数的变动影响，这种影响可以从相对数和绝对数两个方面进行分析。

（三）研究事物在长时间内的变动趋势

编制一系列反映某一现象变动情况的指数形成指数数列，可以反映被研究现象的变动趋势。例如，根据2000—2018年的零售商品物价指数资料，编制18个环比价格指数，从而构成价格指数数列。这样，就可以研究物价变动对经济建设和人民生活水平的影响。

此外，利用指数还可以进行地区经济综合评价、对比等。

二、统计指数的种类

指数可按多种标志进行分类。常用的分类有下列几种：

（一）指数按其研究对象的范围不同，可分为个体指数和总指数

个体指数是指反映一种现象数量变动情况的相对数。个体指数通常记作 k。例如：

$$个体产品产量指数\ k_q = \frac{q_1}{q_0}$$

$$个体物价指数\ k_p = \frac{p_1}{p_0}$$

式中，q 表示产量；p 表示产品或商品的单价；下标 1 表示报告期；下标 0 表示基期。

个体指数就是我们在前面学习过的动态相对数，也就是发展速度。

总指数则指由多种要素构成的复杂现象的数量综合变动情况的相对数。例如，工业总产量指数、零售物价指数、股票价格指数等。总指数与个体指数有一定的联系，可以用个体指数计算相应的总指数。用个体指数简单平均求得的总指数称为**简单指数**；用个体指数加权平均求得的总指数称为**加权指数**。

另外，还有一种介于个体指数与总指数之间的指数，叫**类指数**或**组指数**。它是在对总体分组的基础上，分别计算总体中各类或各组变动的相对数。类指数是相对于总指数而言的，它实质上仍属于总指数。

（二）指数按其说明的指标性质不同，可分为数量指标指数和质量指标指数

数量指标指数是说明数量指标变动的相对数。例如，产量指数、销售量指数等。**质量指标指数**是反映质量指标变动的相对数。例如，价格指数、成本指数、劳动生产率指数等。

（三）指数按其对比的情况不同，分为动态指数和静态指数

动态指数是指说明现象在不同时间上变动情况的指数，它是指数的最初含义，如通常计算的产量指数、价格指数、成本指数等都属于这种指数。**静态指数**是指用来综合反映现象在不同空间上差异情况的相对数。例如，为了综合反映多种产品产量的计划完成情况，为了对比不同地区或不同单位多种现象的综合差异情况所计算的相对数，均可称为静态指数。

（四）指数按其计算方法及特点不同，分为综合指数和平均指数

这种分类是针对总指数而言的。综合指数的计算特点是先综合后对比，而平均指数的计算特点则是先对比后综合。

除了上述分类之外，在指数数列中按所采用的基期不同，指数还可分为定基指数和环比指数等。

议一议：列举日常生活或查阅相关国家和地区的统计报告中常见的指数，并指出它们的类别。

第 2 节　总指数的编制

总指数是相对于个体指数而言的一个概括名称，它具体可分为综合指数和平均指数两种

形式。

一、综合指数的编制

如果一个总量指标可以分解为两个或两个以上的因素，将其中一个或一个以上的因素固定下来，仅观察其中一个因素的变动，这样计算的总指数，就叫综合指数。其计算过程是：

首先，引入同度量因素，使不能直接相加的指标过渡到能够进行综合；**所谓同度量因素，是指把不能直接相加和对比的因素指标过渡到另一个能够相加和对比的总量指标的因素指标。**

其次，将同度量因素固定在同一时期，以观察其他因素变动的情况。

最后，通过不同经济内容的两个总量指标的对比，来考察被研究因素的综合变动，即复杂现象的总变动。

由于总量指标都是由数量指标和质量指标综合而成的。因此，综合指数可以分别按数量指标指数和质量指标指数进行研究。

（一）数量指标指数

数量指标指数说明数量指标的综合变动情况。现用一例来说明数量指标指数的编制原理。

【例 7－1】 某商场销售的三种商品的资料如下（见表 7－1）。

表 7－1　　某商场销售三种商品的资料

商品名称	计量单位	销售数量		销售价格（元）	
		基期 q_0	报告期 q_1	基期 p_0	报告期 p_1
甲	支	100	115	100	100
乙	件	200	220	50	55
丙	个	300	315	20	25

这里设定用 p 和 q 分别代表商品的价格和销售量，并以 p_1、q_1 和 p_0、q_0 分别表示报告期和基期的相应指标。如果只是分别说明每一种商品销售量的增减情况，就不存在什么问题，只需计算各自的销售量个体指数（动态相对数）即可。但综合指数研究的是总变动情况，因此，必须同时对三种商品销售量的变动进行观察。下式虽然考虑了三种商品数量的总变动，但从经济分析的角度来看它是无意义的，也是错误的。因为三种商品不仅使用价值有别，而且计量单位也不相同，也就是三种商品的销售量是不能直接相加的。

$$\frac{\sum q_1}{\sum q_0}=\frac{115+220+315}{100+200+300}$$

要说明三种商品数量的总变动，必须将其转化为可以直接相加的量才能进行综合比较。各种商品虽然其使用价值各不相同，计量单位千差万别，但有一点却是相同的，即它们都有价值，而商品的价值是可以相加的。因此，只要将三种商品的销售量转换成三种商品的销售价值即可。一定数量的商品，就是一定数量的价值。将使用价值不同的各种不能相加的具体商品转换成可以直接相加的抽象的商品价值，需要引进一个媒介因素——价格，各种商品的价格分别与它们的销售量相乘，便可得到抽象的价值形态的销售额，这样，复杂总体的同度量问题就可以解决了。商品价格这一因素在这里起着同度量的作用，故称之为“**同度量因素**”。

我们的任务是说明三种商品销售量总的变动情况，因此，同度量因素即价格必须是不变的，必须属于同一时期，只有这样，才能通过三种商品总销售额的对比单纯地反映出销售量的总变动。价格的时期有两个，一是报告期，二是基期，从而就有两种不同的计算综合指数的方法：

$$I_q = \frac{\sum p_1 q_1}{\sum p_1 q_0} \tag{7.1}$$

$$I_q = \frac{\sum p_0 q_1}{\sum p_0 q_0} \tag{7.2}$$

对于表 7－1 的资料，可得如下两种结果：

用式 7.1 计算：

$$I_q = \frac{\sum p_1 q_1}{\sum p_1 q_0} = \frac{100 \times 115 + 55 \times 220 + 25 \times 315}{100 \times 100 + 55 \times 200 + 25 \times 300} = \frac{31\ 475}{28\ 500} = 110.44\%$$

$$\text{由于销售量变动而增加的销售额} = \sum p_1 q_1 - \sum p_1 q_0 = 31\ 475 - 28\ 500 = 2\ 975 \text{（元）}$$

计算结果说明：三种商品销售量报告期比基期平均增加了 10.44%，由于销售量增加而增加的销售额为 2 975 元。

再用式 7.2 计算：

$$I_q = \frac{\sum p_0 q_1}{\sum p_0 q_0} = \frac{100 \times 115 + 50 \times 220 + 20 \times 315}{100 \times 100 + 50 \times 200 + 20 \times 300} = \frac{28\ 800}{26\ 000} = 110.77\%$$

$$\text{由于销售量变动而增加的销售额} = \sum p_0 q_1 - \sum p_0 q_0 = 28\ 800 - 26\ 000 = 2\ 800 \text{（元）}$$

计算结果说明：三种商品销售量平均增加了 10.77%，由此增长的销售额为 2 800 元。

上面两式计算结果虽有差异，但二者差别不大，到底采用哪个公式更合理？下面从公式分子、分母代表的经济含义加以比较说明。

1. 分析式 7.1。式 7.1 的分子 $\sum p_1 q_1$ 是报告期三种商品的实际销售总额，而分母 $\sum q_0 p_1$ 则是按报告期价格计算的基期三种商品的（混合）销售总额，无论是从卖者还是从买者的角度看，这一混合销售额都没有现实的经济意义。再者，此式虽然也用的是相同时期的价格，但实际上报告期的价格与基期价格相比也发生了变动，这种变动已包括在分子、分母中，从而对销售量指数产生了影响，也就是说，式 7.1 实际上并不单纯地反映销售量的变动，它同时也包含了价格的隐形变化。

2. 分析式 7.2。式 7.2 的分母是基期三种商品的实际销售总额。分子是报告期三种商品按基期价格计算的销售额，即不变价格的价值量指标。分子与分母之差说明在价格不变的情况下，单纯由于报告期销售量的增加而增加的销售额，符合人们一般的思维习惯，并具有一定的经济内涵。加之该式用的是基期价格，这里不存在价格变化的隐性影响问题，因此，该式虽然从形式上看对比的是两个时期的总销售额，实际上反映的却是销售量的总变动状况。

根据以上分析，计算销售量指数时，式 7.2 比式 7.1 更合理。从式 7.2 可知，销售量指数是数量指标指数，同度量因素是基期价格，而价格又是质量指标，因此，把销售量指数的计算特点普遍化，就可得出数量指标指数的一般计算原则：**计算数量指标指数，一般要以基期的质量指标作为同度量因素。**

（二）质量指标指数

仍用表 7－1 的资料，以商品价格指数为例来说明质量指标指数的编制原理。

从表7－1可以看出，甲商品价格未变；乙商品上涨5元，涨幅10%；丙商品涨价5元，提高25%。但三种商品价格的综合变动却不能直接显示出来。计算价格指数的目的就是求出三种商品价格总的变动情况。

三种商品由于计量单位不同，价格是不能相加的，因此，首先要使不能相加的因素变成可以相加的因素，即必须解决同度量问题。根据对数量指标指数的分析，各种商品的销售额是可以相加的，那么，当研究价格的综合变动时，销售量就成为同度量因素。

由于选用的时期不同，价格指数也有两种不同的计算形式：

$$I_p = \frac{\sum p_1 q_0}{\sum p_0 q_0} \tag{7.3}$$

$$I_p = \frac{\sum p_1 q_1}{\sum p_0 q_1} \tag{7.4}$$

式7.3的分母是基期三种商品的实际销售总额，分子是基期三种商品按报告期价格计算的假定销售额。其经济意义是：如果基期所销售的三种商品按现在的价格计算，其销售额是多少。分子与分母之差说明基期销售的三种商品如按报告期价格计算将增加的销售额。此式虽然也能反映价格的综合变动，但它说明的是基期三种商品的价格变动。由于我们分析问题一般是立足于现实，站在报告期的角度，所以，式7.3的经济意义不够现实。式7.4与式7.3相比，无论从相对意义上还是从绝对意义上来看，都更合理、更具有现实意义。根据上述分析，计算价格指数应以式7.4为宜，即宜将同度量因素固定在报告期。

推广到一般，便可得出计算质量指标指数的一般原则：**计算质量指标指数，一般应以报告期的数量指标为同度量因素。**

现用式7.4计算上面三种商品的价格指数如下：

$$I_p = \frac{\sum p_1 q_1}{\sum p_0 q_1} = \frac{100 \times 115 + 55 \times 220 + 25 \times 315}{100 \times 115 + 50 \times 220 + 20 \times 315} = \frac{31\ 475}{28\ 800} = 109.29\%$$

价格变动影响额 $= \sum p_1 q_1 - \sum p_0 q_1 = 31\ 475 - 28\ 800 = 2\ 675$（元）

计算结果说明：虽然三种商品价格变动情况各不相同，但总的来说报告期比基期上涨了9.29%，由于价格上涨而增加的销售额为2 675元。

（三）综合指数编制的一般原则

由以上分析可知，计算综合指数的关键问题是如何选择同度量因素，它包括两个方面：一是选择什么作为同度量因素；二是确定同度量因素的时期。**编制综合指数的一般原则：在编制数量指标指数时，一般以基期的质量指标作为同度量因素；在编制质量指标指数时，一般以报告期的数量指标作为同度量因素。**

从综合指数的编制方法来看，我们可以进一步认识到它具有以下特点：

1. 先综合后对比。即先解决总体中各个个体由于使用价值、经济用途、计量单位、规格、型号等不同不能直接简单相加对比的问题。为此，需要引入一个媒介因素（权数），使不能直接相加、不能直接对比的现象变成能够直接相加、能够直接对比的现象，这个因素称之为同度量因素。

2. 把总量指标中的同度量因素加以固定，以测定所要研究因素的影响程度。例如，若要观察两个时期多种商品销售总额中的销售量的影响，需要把两个时期各种商品的价格作为权数固定在同一时期，以测定两个时期各种商品销售量的影响。

3. 分子与分母所研究对象的范围原则上必须一致。
4. 综合指数的计算对资料要求较高，需要使用全面资料。

知识拓展

习惯上，将同度量因素固定在基期的综合指数称为拉斯拜尔指数，简称拉氏指数（由德国学者 Laspeyres 于 1864 年提出）；而将同度量因素固定在报告期的综合指数称为派斯彻指数，简称派氏指数（由德国另一学者 Paasche 于 1874 年提出）。

二、平均指数的编制

总指数的另一重要计算形式是平均指数，它是通过先计算个体指数，而后对个体指数加权平均来测定现象的总变动程度。

平均指数是个体指数的加权平均数。因此，选择什么作为权数就成为重要的问题。前面讲过，综合指数的同度量因素也是一种权数，它要么是一个数量指标 q，要么是一个质量指标 p。而这里，由于个体指数是两个不同时期的个别现象的对比结果。因此，所引进的权数只有是一个价值指标 pq，计算结果才具有经济意义。

从理论上讲，平均指数可采用的权数有四种价值形式：p_0q_0、p_0q_1、p_1q_0、p_1q_1。但在实际工作中，出于对计算结果的经济意义和资料获取的可行性的考虑，将 p_0q_1、p_1q_0 用作权数的较少，常用的是 p_0q_0 和 p_1q_1。并且，p_0q_0 一般用于指数的算术平均形式，而 p_1q_1 则常用于指数的调和平均形式。

（一）加权算术平均指数

使用加权算术平均法计算总指数的步骤为：

1. 计算个体指数。将报告期的物量（如产量、销售量、购进量、人数或工时等）除以基期的物量，求得物量的个体指数，即 $k_q = q_1/q_0$。

2. 取得基期的价值指标 p_0q_0 的数据。

3. 以求得的个体指数为变量、基期的价值指标（p_0q_0）为权数，使用加权算术平均方法计算总指数。其计算公式为：

$$I_q = \frac{\sum k_q p_0 q_0}{\sum p_0 q_0} = \frac{\sum \frac{q_1}{q_0} p_0 q_0}{\sum p_0 q_0} \tag{7.5}$$

下面举例说明采用这种平均指数计算总指数的方法。

【例 7－2】 某三种产品的有关资料如表 7－2 所示。试问三种产品产量平均增长了多少？产量增长对产值有什么影响？

表 7－2　　三种产品的资料　　单位：万元

产品名称	产量		个体产量指数 $\frac{q_1}{q_0}$	基期产值 p_0q_0	报告期产值 p_1q_1
	基期 q_0	报告期 q_1			
甲	16	20	1.25	100	120
乙	20	22	1.10	100	115
丙	12	18	1.50	60	85

解： 根据已知资料和题目要求，不便于用综合指数计算，应以基期产值为权数计算产量的算术平均指数。即：

$$产量算术平均数指数=\frac{\sum k_q p_0 q_0}{\sum p_0 q_0}$$

$$=\frac{1.25\times100+1.10\times100+1.50\times60}{100+100+60}=\frac{325}{260}=125\%$$

答：三种产品产量平均增长了25%，由于产量增长而增长的产值为65（即325－265）万元。

（二）加权调和平均指数

使用加权调和平均法计算总指数的步骤为：

1. 计算个体指数。将报告期的质量指标（单价、单位成本、劳动生产率等）除以基期的质量指标，求得质量指标的个体指数，即 $k_p=p_1/p_0$。

2. 取得报告期的价值指标（p_1q_1）的资料。

3. 以求得的个体指数为变量、报告期的价值指标 p_1q_1 为权数，采用加权调和平均方法计算总指数。其计算公式为：

$$I_p=\frac{\sum p_1q_1}{\sum\frac{p_1q_1}{k_p}}=\frac{\sum p_1q_1}{\sum\left(p_1q_1\div\frac{p_1}{p_0}\right)} \tag{7.6}$$

下面举例说明加权调和平均法计算总指数的方法。

【例7－3】 三种商品销售的资料如表7－3所示。通过计算说明其价格总的变动情况。

表7－3　　三种产品的资料　　单位：万元

产品名称	价格		个体价格指数 $\frac{p_1}{p_0}$	基期产值 p_0q_0	报告期产值 p_1q_1
	基期 p_0	报告期 p_1			
甲	10	9	0.90	80	86
乙	20	19	0.95	20	34
丙	20	17	0.85	160	144

解： 根据表7－3中资料可得：

$$I_p=\frac{\sum p_1q_1}{\sum\frac{p_1q_1}{k_p}}=\frac{86+34+144}{\frac{86}{0.90}+\frac{34}{0.95}+\frac{144}{0.85}}=\frac{264}{300.76}=87.8\%$$

答：计算结果说明，三种商品价格平均下降了12.2%。

（三）固定权数的平均指数

除了上面介绍的两种平均指数外，实践中还广泛使用一种固定权数的平均指数。

从理论上讲，固定权数平均指数也可分为固定权数加权算术平均指数和固定权数加权调和平均指数两种，但在实际工作中，调和平均的形式很少使用。因此，这里主要介绍固定权数加权算术平均指数。其计算公式如下：

$$固定权数加权算术平均指数\ I=\frac{\sum KW}{\sum W} \tag{7.7}$$

式中，K代表个体指数或类指数；W表示固定权数，为相对数，即比重权数。

这类权数确定之后，一般要使用较长时间（如 3 年、5 年等）才调整一次，所以称它为固定权数。权数可以根据有关的普查资料、抽样调查资料或典型调查资料来确定和计算。

我国的商品零售价格指数、生活费用价格指数，西方国家的消费者价格指数、生产者价格指数以及工业生产指数等都是采用固定权数平均数指数的形式计算的。

（四）编制平均指数的一般原则

由上分析，我们可以得出**编制平均指数的一般原则：计算数量指标指数时，要采用基期的价值指标（p_0q_0）为权数进行加权算术平均；计算质量指标指数时，应使用报告期的价值指标（p_1q_1）为权数进行加权调和平均。**

平均指数与综合指数之间的区别主要表现在两个方面：一是解决同度量问题的思路不同。综合指数是通过引进同度量因素，先综合后对比；而平均指数则是通过计算个体指数，然后加权平均，先对比后综合。二是两种指数所需要的资料有别。综合指数通常依据总体的全面调查资料，而平均指数则一般使用总体的非全面调查资料。

第 3 节　指数体系及因素分析

一、指数体系的作用

社会经济现象的数值变动常取决于两个或两个以上因素的共同作用。因此，在分析现象的变动时，应考虑各个因素和总体现象之间的内在联系，需要将相互联系的若干指数结合起来加以运用，这就要求编制相应的指数体系。

指数体系可以有两种不同的含义。广义的指数体系类似于指标体系的概念，泛指由若干个内容上互相关联的统计指数所结成的体系。根据考察问题的需要，构成这种体系的指数可多可少。

狭义的指数体系仅指几个指数之间在一定的经济联系基础之上所结成的较为严密的数量关系式。其最为典型的表现形式就是：**从相对数来看，一个总变动指数等于若干个（两个或两个以上）因素指数的乘积；从绝对数来看，各个因素指数的分子与分母差额之和应等于总体变动指数分子与分母的差额，也就是各个因素影响总体差额之和应等于总体变动差额。**我们下面专门讨论这种形式的指数体系。例如：

销售额指数 = 销售价格指数 × 销售量指数

用符号表示即为：

$$\frac{\sum p_1q_1}{\sum p_0q_0}=\frac{\sum p_1q_1}{\sum p_0q_1}\times\frac{\sum q_1p_0}{\sum q_0p_0}$$

就绝对水平看其关系式为：

$$\sum p_1q_1-\sum p_0q_0=\left(\sum p_1q_1-\sum p_0q_1\right)+\left(\sum p_0q_1-\sum p_0q_0\right)$$

在经济分析中，这种关系式还可以列举出很多。例如：

总产值指数 = 产量指数 × 产品价格指数

总成本指数 = 产量指数 × 单位产品成本指数

总产量（或总产值）指数 = 员工人数指数 × 劳动生产率指数

增加值指数 = 员工人数指数 × 劳动生产率指数 × 增加值率指数

销售利润指数 = 销售量指数 × 销售价格指数 × 销售利润率指数

显然，这些指数体系都是建立在有关指数化指标之间的经济联系基础之上的。

编制指数体系的作用表现为如下几方面：

1. 对编制综合指数具有指导意义。在使用综合指数形式计算总指数时，从现实经济意义出发，计算数量指标指数应以基期质量指标为同度量因素。为了满足指数体系的要求，质量指标指数则要以报告期的数量指标为同度量因素。

2. 利用指数体系可以进行现象之间数量的相互推算。在实际工作中往往缺少一些必要的统计资料。按照现象之间的动态联系，利用指数体系可以将它们推算出来。它既可以推算指数，也可以推算平均指标或相对指标。现举例说明之。

【例 7－4】 某百货商店上期销售收入为 525 万元，本期要求达到 556.5 万元。在规定销售价格下调 2.6% 的条件下，该商店商品销售量要增加多少才能使本期销售收入达到原定的目标？

解： 根据题意，可以建立销售额指数体系：

销售额指数 = 销售量指数 × 销售价格指数

由此可推得销售量指数为：

$$销售量指数 = \frac{556.5/525}{100\% - 2.6\%} = 108.8\%$$

答：该商店本期商品销售量至少要增加 8.8% 才能使销售额在售价降低 2.6% 的情况下达到 556.5 万元的销售收入目标。

【例 7－5】 某地区报告期平均职工人数为 229.5 万人，比基期增加 2%；报告期工资总额为 167 076 万元，比基期多支出 9 576 万元。试推算基期职工的平均工资。

解： 根据指数体系就可推算出职工平均工资。由于工资总额指数 = 平均工资指数 × 平均职工人数指数，所以

$$平均工资指数 = \frac{167\,076}{167\,076 - 9\,576} \div 1.02 = 104\%$$

有了平均工资指数，就可算出基期的平均工资：

$$基期平均工资 = \frac{167\,076 \div 229.5}{104\%} = 700\ （元）$$

本例也可以按下面的方法推算基期的平均工资：

$$基期平均工资 = \frac{基期工资总额}{基期职工人数} = \frac{167\,076 - 9\,576}{229.5 \div 1.02} = \frac{157\,500}{225} = 700\ （元）$$

3. 利用指数体系可以分析复杂现象总变动中各个因素变动对其影响的程度，也即利用指数体系可以进行因素分析。

二、因素分析

我们知道，社会经济现象的变动总是受多种因素变动的影响。**因素分析就是根据指数体**

系，分析现象总变动中各个因素的影响作用有多大。因素分析按其分析的指标性质不同，可分为总量指标变动的因素分析、相对指标变动的因素分析和平均指标变动的因素分析；按其分析因素的多少不同，又可分为两因素分析和多因素分析，等等。

下面以总量指标变动的两因素分析、总量指标变动的多因素分析和平均指标变动的两因素分析为例，来说明这一分析方法。

（一）总量指标变动的两因素分析

若某一总量指标的变动受两个因素影响，我们可以分别测出每个因素变动对总变动的影响程度和数量。

【例 7 –6】 仍以表 7 –1 三种商品销售的资料为例（见表 7 –4）。

表 7 –4　　总量指标变动的两因分析计算表

商品名称	计量单位	销售数量		销售价格（元）		销售总额（元）		
		(q_0)	(q_1)	(p_0)	(p_1)	p_0q_0	p_1q_1	p_0q_1
甲	千克	100	115	100	100	10 000	11 500	11 500
乙	台	200	220	50	55	10 000	12 100	11 000
丙	件	300	315	20	25	6 000	7 875	6 300
合计	—	—	—	—	—	26 000	31 475	28 800

解：商品销售额的总变动：

商品销售额指数 $I_{pq}=\dfrac{\sum p_1q_1}{\sum p_0q_0}=\dfrac{31\ 475}{26\ 000}=121.06\%$

商品销售总增加额 $=\sum p_1q_1-\sum q_0p_0=31\ 475-26\ 000=5\ 475$（元）

其中：

（1）销售量变动的影响：

销售量指数 $I_q=\dfrac{\sum p_0q_1}{\sum p_0q_0}=\dfrac{28\ 800}{26\ 000}=110.77\%$

销售量变动的影响额 $=\sum p_0q_1-\sum p_0q_0$

$=28\ 800-26\ 000=2\ 800$（元）

（2）价格变动的影响：

价格指数 $I_p=\dfrac{\sum p_1q_1}{\sum p_0q_1}=\dfrac{31\ 475}{28\ 800}=109.29\%$

价格变动的影响额 $=\sum p_1q_1-\sum p_0q_1=31\ 475-28\ 800=2\ 675$（元）

（3）指数体系：

相对数：$110.77\%\times109.29\%=121.06\%$

绝对数：$2\ 800+2\ 675=5\ 475$（元）

答：三种商品由于销售量平均增加 10.77%，使销售额增加 2 800 元；由于价格提高 9.29%，使销售额增加 2 675 元。二者共同作用的结果使销售额提高 21.06%，增加的绝对额为 5 475 元。

（二）总量指标变动的多因素分析

在具体分析任务的要求下，总量指标指数体系可以由更多的指数组成，用以分析多因素变动对现象总体变动影响的程度，说明总体现象变动的具体原因。例如，工业企业原材料支出总额的变动可以分解为产品产量、单位产品原材料消耗量和单位原材料价格三个因素的变动影响，因此，需要编制原材料支出总额指数及其包括的三个因素指数形成的总量指标指数体系，来进行多因素变动的分析。

多因素现象的指标体系由于所包含的现象因素较多，因此指数的编制过程比较复杂。所以，以下两点是编制多因素指数时需要加以注意的原则：

1. **在编制多因素指标所组成的综合指数时，为了测定某一因素指标的变动影响，其他所有因素都要固定不变。**

2. **综合指数中的各因素要按合理顺序排列，一般是数量指标在前，质量指标在后；主要指标在前，次要指标在后。**总之，要根据所研究现象的经济内容，依据各因素之间的内在联系加以具体确定。例如，就工业企业原材料支出总额的组成因素的排列顺序而言，要按产品产量、单位产品原材料消耗量（单耗）、单位原材料价格的顺序排列如下：

原材料支出总额 = 产量 × 单耗 × 单位原材料价格

上述公式中，产量与单耗的乘积为原材料消耗量，它具有经济意义；而单耗与单位原材料价格的乘积表示单位产品原材料的消耗额，也具有经济意义。可见上述公式中各因素的排列顺序能够保持它们之间彼此适应和互相结合，因而是合理的。

设 q、m、p 分别代表产量、单耗和原材料单价，则原材料支出总额指数体系及绝对量关系式如下：

$$\frac{\sum q_1m_1p_1}{\sum q_0m_0p_0}=\frac{\sum q_1m_0p_0}{\sum q_0m_0p_0}\times\frac{\sum q_1m_1p_0}{\sum q_1m_0p_0}\times\frac{\sum q_1m_1p_1}{\sum q_1m_1p_0} \tag{7.8}$$

$$\sum q_1m_1p_1-\sum q_0m_0p_0=(\sum q_1m_0p_0-\sum q_0m_0p_0)+(\sum q_1m_1p_0-\sum q_1m_0p_0)+(\sum q_1m_1p_1-\sum q_1m_1p_0) \tag{7.9}$$

【例 7-7】 设某企业三种产品的产量、单耗和原材料单价的有关资料以及原材料支出总额的计算资料分别如表 7-5 和表 7-6 所示。

表 7-5　　三种产品的产量和单耗情况

产品名称	产量（台）		材料名称	单位产品原材料消耗量（千克）		单位原材料价格（元）	
	基期 q_0	报告期 q_1		基期 m_0	报告期 m_1	基期 p_0	报告期 p_1
甲	50	60	A	150	145	3	3.2
乙	50	50	B	62	65	1.5	1.8
丙	150	200	C	90	90	0.5	0.85

表 7-6　　三种产品原材料支出总额计算表

产品名称	原材料支出总额（元）			
	$q_0m_0p_0$	$q_1m_0p_0$	$q_1m_1p_0$	$q_1m_1p_1$
甲	22 500	27 000	26 100	27 840
乙	4 650	4 650	4 875	5 850
丙	10 800	14 400	14 400	15 300
合　计	37 950	46 050	45 375	48 900

根据表7-5和表7-6资料，可以分析原材料支出总额的变动情况及其原因。

（1）原材料支出总额的变动情况，即

原材料支出总额指数 $I_{qmp}=\frac{\sum q_1m_1p_1}{\sum q_0m_0p_0}=\frac{48\ 990}{37\ 950}=129.09\%$

原材料支出实际总差额 $\sum q_1m_1p_1-\sum q_0m_0p_0=48\ 990-37\ 950=11\ 040$（元）

它说明该工厂报告期原材料支出总额比基期增长29.09%，增加金额为11 040元。

（2）产量变动影响情况，即

产量指数 $I_q=\frac{\sum q_1m_0p_0}{\sum q_0m_0p_0}=\frac{46\ 050}{37\ 950}=121.34\%$

产量影响差额 $\sum q_1m_0p_0-\sum q_0m_0p_0=46\ 050-37\ 950=8\ 100$（元）

它说明由于产量增加，使原材料支出额增长21.34%，多支出费用8 100元。

（3）单位产品原材料消耗量变动影响，即

产品单耗指数 $I_m=\frac{\sum q_1m_1p_0}{\sum q_1m_0p_0}=\frac{45\ 375}{46\ 050}=98.53\%$

产品单耗影响差额 $\sum q_1m_1p_0-\sum q_1m_0p_0=45\ 375-46\ 050=-675$（元）

它说明由于单位产品原材料消耗量的降低，使原材料支出额下降1.47%，少支出675元。

（4）单位原材料价格变动影响，即

原材料价格指数 $I_p=\frac{\sum q_1m_1p_1}{\sum q_1m_1p_0}=\frac{48\ 990}{45\ 375}=107.97\%$

原材料价格影响差额 $\sum q_1m_1p_1-\sum q_1m_1p_0=48\ 990-45\ 375=3\ 615$（元）

它说明由于原材料价格提高，使原材料支出额增加7.97%，绝对额增加3 615元。

以上各指数之间的关系如下：

$121.34\%\times98.53\%\times107.97\%=129.09\%$

其因素影响差额之间的关系为：

8 100（元）+（-675）（元）+3 615（元）=11 040（元）

可见，原材料支出总额增加29.09%（绝对额为11 040元）是由于产量、单耗、原材料价格三个因素分别影响增支21.34%（或8 100元）、-1.47%（或-675元）、7.97%（或3 615元）共同变动、共同作用造成的。

通过相对数和绝对数两个方面的分析，影响超支的因素一目了然，便于管理者找出控制成本费用的方法，改善企业的经营管理。事实上，因素分析作为一个非常有用的统计分析方法，可以被引入企业财务分析等诸多领域。

多因素指数分析方法和前面的两因素分析方法基本类似，只是由于研究目的和要求不同，对影响现象的因素分解的程度不同。因此，通过因素之间的合并，多因素指数体系可以变成两因素指数体系。如上例，若把单位原材料消耗量与单位原材料价格合并，上述指数体系则变成了单位产品原材料消耗额和产量两因素构成的指数体系。相反，我们也可根据实际经济分析的需要把两因素进一步分解为多个因素。明确了这个道理，也就掌握了多因素指数体系的应用。

做一做：请利用百度或其他网页搜索工具，学习统计指数因素分析方法中的连环替代法，加深对上述知识技能的认识。

（三）平均指标变动的两因素分析

由前面所学加权算术平均数的计算公式

$$\overline{X}=\frac{\sum Xf}{\sum f}=\sum\left(X\frac{f}{\sum f}\right)$$

可以看出，在分组的情况下，加权算术平均数的大小不仅受各变量值 X 的影响，同时也受各变量值的次数（f）在总次数（$\sum f$）中所占的比重$\left(\frac{f}{\sum f}\right)$的影响。这样，也可以利用指数体系对总平均指标的变动进行因素分析。此时，指数体系以及影响的绝对量关系式如下：

可变构成指数 = 固定构成指数 × 结构影响指数

$$即\frac{\sum X_1f_1/\sum f_1}{\sum X_0f_0/\sum xf_0}=\frac{\sum X_1f_1/\sum f_1}{\sum X_0f_1/\sum f_1}\times\frac{\sum X_0f_1/\sum f_1}{\sum X_0f_0/\sum f_0}$$

总平均指标变动额 = 各组水平变动影响额 + 结构变动影响额

$$即\left(\frac{\sum X_1f_1}{\sum f_1}-\frac{\sum X_0f_0}{\sum f_0}\right)=\left(\frac{\sum X_1f_1}{\sum f_1}-\frac{\sum X_0f_1}{\sum f_1}\right)+\left(\frac{\sum X_0f_1}{\sum f_1}-\frac{\sum X_0f_0}{\sum f_0}\right)$$

上述各项指数的具体含义说明如下：

1. 可变构成指数（I_{xf}）。**统计上把在分组条件下包含各组平均水平及其相应的单位数结构这两个因素变动的总平均指标指数称为可变构成指数**。其计算公式为：

$$I_{xf}=\frac{\sum X_1f_1/\sum f_1}{\sum X_0f_0/\sum Xf_0}$$

式中，$\bar{x}$ 为总平均指标；x 为各组标志值即平均水平；f 为各组单位数。

2. 固定构成指数（I_x）。为了单纯反映变量值变动的影响，就需要消除总体中各组单位数所占比重变化的影响，即需要**将总体内部结构固定起来计算平均指标指数，这样的指数叫固定构成指数**。它只反映各组平均水平对总平均指标变动的影响。其计算公式可表示为：

$$I_x=\frac{\sum X_1f_1/\sum f_1}{\sum X_0f_1/\sum f_1}$$

3. 结构影响指数（I_f）。为了单纯反映总体结构变动的影响，就需要**把变量值固定起来，这样计算的平均指标指数叫结构影响指数**。它只反映总体结构变动对总平均指标变动的影响。其计算公式为：

$$I_f=\frac{\sum X_0f_1/\sum f_1}{\sum X_0f_0/\sum f_0}$$

由指数体系可知，可变构成指数是通过报告期与基期平均指标的实际水平对比来计算的，它同时包含两个因素变动的综合影响，全面反映了总平均指标的实际变动情况。在平均指标变动的两个影响因素中，一般把各组水平看成质量指标，而把总体构成或结构（即各组比重）当作数量指标，这样，根据综合指数的一般规则，固定构成指数是将总体构成固定在报告期，它消除了总体结构变动的影响，单纯反映各组水平变动对总平均指标变动的影响。而结构影响指数是将各组水平固定在基期，仅仅反映由于总体结构变动对总平均指标变动的影响。

【例 7－8】 某厂所属两个分厂的某产品成本资料如表 7－7 所示，试分析该厂某产品总平均单位成本的变动受各分厂成本水平变动以及全厂产量结构变动的影响情况。

表7－7　　平均指标变动影响因素分析表

厂别	单位成本（元）		产量（件）		总成本（元）		
	X_0	X_1	f_0	f_1	X_0f_0	X_1f_1	X_0f_1
一分厂	10.0	9.0	300	1 300	3 000	11 700	13 000
二分厂	12.0	12.2	700	700	8 400	8 540	8 400
全厂	—	—	1 000	2 000	11 400	20 240	21 400

解： 全厂平均单位成本：

$$基期平均单位成本=\frac{\sum X_0f_0}{\sum f_0}=\frac{11\ 400}{1\ 000}=11.4\ （元/件）$$

$$报告期平均单位成本=\frac{\sum X_1f_1}{\sum f_1}=\frac{20\ 240}{2\ 000}=10.12\ （元/件）$$

$$假定平均单位成本=\frac{\sum X_0f_1}{\sum f_1}=\frac{21\ 400}{2\ 000}=10.7\ （元/件）$$

全厂平均单位成本变动分析：

$$可变构成指数=\frac{\sum X_1f_1/\sum f_1}{\sum X_0f_0/\sum Xf_0}=\frac{10.12}{11.4}=88.8\%$$

$$单位成本变动额=\frac{\sum X_1f_1}{\sum f_1}-\frac{\sum X_0f_0}{\sum f_0}=10.12-11.4=-1.28\ （元/件）$$

其中：

（1）各分厂单位成本变动对平均单位成本的影响。

$$固定构成指数=\frac{\sum X_1f_1/\sum f_1}{\sum X_0f_1/\sum f_1}=\frac{10.12}{10.7}=94.6\%$$

$$\begin{matrix}由于各厂单位成本变动\\使全厂单位成本变化额\end{matrix}=\frac{\sum X_1f_1}{\sum f_1}-\frac{\sum X_0f_1}{\sum f_1}$$

$$=10.12-10.7=-0.58\ （元/件）$$

（2）各分厂产量变动对总厂平均单位成本变动的影响。

$$结构影响指数=\frac{\sum X_0f_1/\sum f_1}{\sum X_0f_0/\sum f_0}=\frac{10.7}{11.4}=93.9\%$$

$$\begin{matrix}产量结构变动使全厂\\单位成本变化额\end{matrix}=\frac{\sum X_0f_1}{\sum f_1}-\frac{\sum X_0f_0}{\sum f_0}$$

$$=10.7-11.4=-0.7\ （元/件）$$

（3）指数体系。

相对数：94.6%×93.9%＝88.8%

绝对数：－0.58元/件＋（－）0.7元/件＝－1.28元/件

答：由于分厂单位成本下降使总厂单位成本下降了5.4%，从绝对数上看降低了0.58元；由于产量结构变动使全厂单位成本下降6.1%，降低额为0.7元。两者综合，使全厂平均单位成本下降11.2%，单位成本节约1.28元。

第4节　几种常用的经济指数

一般而言，选择指数形式的主要标准应该是指数的经济分析意义，有时还要求考虑实际编制工作的可行性，以及对指数分析性质的某些特殊要求。现以国内外常见的主要经济指数为例，对指数方法的具体应用加以介绍。

一、工业生产指数

工业生产指数是指用来反映工业产品实物产量综合增减变动的相对数。它实际上是通过计算工业发展速度，来表明一定时期内工业生产的全部产品使用价值量综合变动情况的一种动态相对指标。

计算工业生产指数或工业发展速度的方法主要有下面两种：

1. 综合物量指数法。综合指数法，在我国又称产值指数法或不变价格法。其计算公式为：

$$I_q=\frac{\sum q_1 p_n}{\sum q_0 p_n}$$

式中，I_q 为工业生产指数；q_1 为报告期产量；q_0 为基期产量；p_n 为不变价格。

采用不变价格计算产值指数是为了消除价格变动的影响。

2. 加权平均物量指数。加权平均物量指数，也就是生产指数。其计算公式为：

$$I_q=\frac{\sum \frac{q_1}{q_0} q_0 p_0}{\sum q_0 p_0}\qquad 或\ I_q=\frac{\sum k_q q_0 p_0}{\sum q_0 p_0}\qquad 或\ I_q=\frac{\sum k_q W}{\sum W}$$

式中，I_q 为工业生产总指数或类指数；q_1/q_0 为某一代表性产品的个体产量指数；$q_0 p_0$ 为基期权数；p_0 为单位产品增加值。

由上式可以看出，工业生产指数就是依据部分产品的个体产量指数，经过加权平均计算出综合发展速度的一种方法。这需要解决两个问题：一是各种产品个体产量指数；二是以哪一年的价值量指标作为基期的权数。

二、产品成本指数

产品成本指数概括反映生产各种产品的单位成本水平的综合变动程度，它是企业或部门内部进行成本管理的一个有用工具。记各种产品的产量为 q，单位成本为 p，则全部可比产品（即基期实际生产过且计算期仍在生产的产品）的综合成本指数通常采用质量指标指数来编制：

$$I_p=\frac{\sum p_1 q_1}{\sum p_0 q_1}$$

该指数的分子与分母之差可以表示：由于单位成本水平的降低（或提高），使计算期所生产的那些产品的成本总额节约（或超支）了多少。

类似地，在对成本水平实施计划管理的场合，还可以编制相应的成本计划完成情况指数，用以检查有关成本计划的执行情况。其编制方法可以采用质量指标指数编制公式：

$$I_p=\frac{\sum p_1q_1}{\sum p_nq_1}$$

式中，p_n 为计划规定的单位成本水平。该分子与分母之差，可以说明计划执行过程中所节约或超支的成本总额。

不过，在同时制定了产量计划的条件下，则应该采用数量指标指数编制成本计划完成情况指数：

$$I_p=\frac{\sum p_1q_n}{\sum p_nq_n}$$

式中，q_n 为计划规定的产量水平。

该指数可以在兼顾产量计划的前提下来检查成本计划执行情况，即避免由于片面追求完成成本计划而破坏了产量计划。但在企业按照市场需求组织生产，没有制订产量计划或不要求恪守产量计划指标的情况下，上面的数量指标指数公式就失效了。

三、工业品出厂价格指数

工业品出厂价格指数也叫工业生产者价格指数。编制工业品出厂价格指数的一般步骤为：首先计算各代表产品或规格品的平均价格，然后计算代表产品或规格品的价格指数，再依次计算各行业小类、中类、大类价格指数，最后计算工业品出厂价格总指数。

1. 平均价格的计算。这里的平均价格是用不同价格销售的销售量加权计算的混合平均单价。其计算公式为：

$$\overline{p_1}=\frac{\text{报告期某产品销售总额}}{\text{同期该产品销售总量}}=\frac{\sum p_1q_1}{\sum q_1}$$

$$\overline{p_0}=\frac{\text{基期某产品销售总额}}{\text{同期该产品销售总量}}=\frac{\sum p_0q_0}{\sum q_0}$$

2. 代表产品或规格品的价格指数计算。计算代表产品或规格品的价格指数，基层填报企业和综合部门要分别进行。

基层填报企业使用下列公式：

$$\text{某种产品（规格品）价格指数 }K=\frac{\text{报告期平均单价}}{\text{基期平均单价}}=\frac{\overline{p_1}}{\overline{p_0}}$$

各级综合部门汇总时可使用下列公式：

$$\text{某种产品（规格品）价格指数 }K=\frac{\sum\text{各企业个体指数}\times\text{企业销售量}}{\sum\text{各企业销售量}}=\frac{\sum k_iq_i}{\sum q_i}$$

如果某产品分列若干代表规格品，可用各个代表规格品价格指数的简单算术平均值作为该产品的价格指数。

3. 工业品出厂价格总指数计算。编制工业品出厂价格总指数一般选用固定权数的平均指数公式，即：

$$\text{固定权数加权算术平均指数 }I=\frac{\sum k_iW}{\sum W}$$

之所以使用这一公式计算，是因为：（1）综合指数是以全面调查资料为基础计算的，而在经济生活中，工业产品的价格资料不可能也不必要进行全面调查；(2)在统计实际工作中，从取得计算指数所需统计资料的角度来讲，平均指数远比综合指数容易计算；(3)从世界各国编制指数的实践来讲，大多国家均使用加权算术平均方法。因此，不管计算各特定分组指数、各工业行业指数还是工业品出厂价格总指数，均宜采用固定权数的平均指数公式。

四、农产品收购价格指数

农产品收购价格指数反映全社会农产品收购者以各种形式收购各种农产品价格的变动总趋势及平均幅度。

由于农产品收购季节性强，时间比较集中，产品品种也比较少，其当年的收购金额资料比较容易获得，因此，长期以来我国的农产品收购价格指数都是采用以报告期实际收购额加权的调和平均指数公式计算的。其计算公式为：

$$\text{农产品收购价格指数 } I_p = \frac{\sum p_1 q_1}{\sum \frac{p_1 q_1}{k_p}}$$

式中，$k_p = p_1/p_0$ 为各种（类）农产品收购价格指数；p_1q_1 为各种（类）农产品报告期收购金额。

农产品收购价格指数的编制步骤为：先计算各种商品的个体价格指数，继而依次计算各小类指数、大类指数，直至最后计算出农产品收购价格总指数。

【例7-9】 举例说明农产品收购价格指数的计算过程（见表7-8）。

表7-8　　某地农产品收购价格指数计算简表

类别及品名	代表规格品规格等级	计量单位	综合平均价（元）		价格指数（%）	收购金额（万元）	
			上年	本年		本年实际	按上年价计算
甲	乙	丙	1	2	3	4	5=4÷3
总指数					96.0	22 046	22 958
一、粮食类					84.7	6 955	8 210
小麦	中等	百千克	158.03	136.75	86.5	2 550	2 948
玉米	中等	百千克	127.18	105.97	83.3	2 840	3 409
籼稻	中等	百千克	160.13	128.95	80.5	1 105	1 373
黄豆	中等	百千克	310.13	297.36	95.8	460	480
二、经济作物类					101.7	4 905	4 823
三、木材类					103.7	1 890	1 823
四、工业用油漆					111.7	742	664
五、畜禽产品类					108.7	2 580	2 374
六、蚕茧蚕丝类					118.4	760	642
七、干鲜果类					86.8	420	484
八、干菜及调味品					81.9	1 124	1 372
九、药材类					104.6	815	779
十、土副产品类					108.5	665	613
十一、水产品类					101.4	1 190	1 174

农产品收购价格指数的具体计算步骤为：

第一步，计算各代表规格品的收购价格指数。将各调查商品的报告期综合平均收购价格除以基期综合平均收购价格，再乘以100求得。例如：

小麦个体价格指数 = 136.75 ÷ 158.03 = 86.5%

玉米个体价格指数 = 105.97 ÷ 127.18 = 83.3%

第二步，计算小类商品收购价格指数。各小类商品收购价格指数采用“倒推法”计算。

（1）根据各代表规格品的收购价格指数和各代表规格品的报告期收购额，倒推出以基期收购价格计算的报告期收购额。其计算方法为：

$$\text{按基期收购价格计算的报告期收购额}\ (p_0q_1) = \frac{\text{各代表规格品报告期收购额}\ (p_1q_1)}{\text{相应规格品的收购价格指数}\ (k_p)} \times 100$$

（2）依据各代表规格品的报告期收购额、按基期价格计算的报告期收购额资料，采用调和平均指数公式，求各小类商品收购价格指数。其计算公式为：

$$\text{农产品小类商品收购价格指数}\ I_p = \frac{\sum p_1q_1}{\sum (p_1q_1/k_p)}$$

在本例中，由于粮食大类未分小类，所以不需计算小类指数。

第三步，计算各大类商品的收购价格指数。各大类商品收购价格指数也是采用“倒推法”计算的。由于粮食大类不分小类，所以可直接由各代表商品求粮食大类的收购价格指数。

$$\text{粮食大类收购价格指数}\ I_p = \frac{\sum p_1q_1}{\sum \frac{p_1q_1}{k_p}} = \frac{2\ 550 + 2\ 840 + 1\ 105 + 460}{\frac{2\ 550}{0.865} + \frac{2\ 840}{0.833} + \frac{1\ 105}{0.805} + \frac{460}{0.958}}$$

$$= \frac{6\ 955}{8\ 210} = 84.7\%$$

第四步，计算农产品收购价格总指数。将各大类指数用各相应大类商品的报告期收购额作权数调和平均，即可得到最后结果。

$$\text{农产品收购价格总指数}\ I_p = \frac{\sum p_1q_1}{\sum \frac{p_1q_1}{k_p}} = \frac{22\ 046}{22\ 958} = 96.0\%$$

计算结果表明，该地区农产品收购价格比上年平均降低了4%。

编制农产品收购价格指数不但可以反映农产品收购价格的变动情况，而且还可以计算说明农产品收购价格的变动对于农民收入和农产品收购单位与个人支出的影响。其方法是：用报告期农产品收购额减去按基期价格计算的报告期农产品收购额，就可得到由于农产品收购价格的变动而影响农民收入和农产品收购单位与个人支出的增减额。在本例中：

$$\sum p_1q_1 - \sum \frac{p_1q_1}{K_p} = 22\ 046 - 22\ 958 = -912\ \text{（万元）}$$

它说明：由于农产品收购价格的降低，使农民减少收入912万元，而农产品收购单位与个人则少支出912万元。

五、商品零售价格指数

商品零售价格指数是反映城乡商品零售价格变动趋势的一种经济指数。

从 1985 年起，我国开始采用部分商品平均价格法计算全社会商品零售价格总指数。其计算公式为：

$$I_p = \frac{\sum k_p W}{\sum W}$$

式中，k_p 为个体指数或各层的类指数；W 为各层零售额比重权数。

具体计算过程是：先分别计算出各代表规格品基期和报告期的全社会综合平均价，并计算出相应的价格指数，然后分层逐级计算小类、中类、大类和总指数。

【例 7－10】 现以部分资料（见表 7－9）说明价格总指数的编制和计算过程。

表 7－9　零售价格总指数计算表

商品类别及名称	代表规格品	计量单位	平均价格（元）		权数（w）（%）	指数（%）k	kW
			p_0	p_1			
总指数					100	115.1	1 151.4
一、食品类					51	117.5	5 992.5
1. 粮食					35	105.3	3 685.5
细粮					65	105.6	6 864.0
面粉	标准	千克	2.4	2.52	40	105.0	4 200.0
大米	粳米标一	千克	0	3.71	60	106.0	6 360.0
粗粮			3.5		35	104.8	3 668.0
2. 副食品			0		45	125.4	5 643.0
3. 烟酒茶					11	126.0	1 368.0
4. 其他食品					9	114.8	1 033.2
二、衣着类					20	115.2	2 304.0
三、日用品类					11	109.5	1 204.5
四、文化娱乐用					5	110.4	552.0
五、书报杂志类					2	108.6	217.2
六、药及医疗用品类					6	116.4	698.4
七、建筑装潢材料类					2	114.5	229.0
八、燃料类					3	105.6	316.8

解：

（1）计算出各代表规格品的价格指数。如面粉价格指数为：

$$k = \frac{p_1}{p_0} = \frac{2.52}{2.40} = 105.0\%$$

（2）根据各代表规格品的价格指数及给出的相应权数，加权算术平均计算小类指数。如细粮类价格指数为：

$$I_p = \frac{\sum kW}{\sum W} = \frac{105\% \times 40 + 106\% \times 60}{100} = 105.6\%$$

（3）根据各小类指数及相应的权数，加权算术平均计算中类指数。如粮食类价格指数为：

$$I_p = \frac{\sum kW}{\sum W} = \frac{105.6\% \times 65 + 104.8\% \times 35}{100} = 105.3\%$$

(4) 根据各中类指数及相应的权数，加权算术平均计算大类指数。如食品类价格指数为：

$$I_p = \frac{\sum kW}{\sum W} = \frac{105.3\% \times 35 + 125.4\% \times 45 + 126.0\% \times 11 + 114.8\% \times 9}{100} = 117.5\%$$

(5) 根据各大类指数及相应的权数，加权算术平均计算总指数。即

$$I_p = \frac{\sum kW}{\sum W} = (117.5\% \times 51 + 115.2\% \times 11 + 109.5\% \times 11 + 108.6\% \times 2 + 116.4\% \times 6 + 114.5\% \times 2 + 105.6\% \times 3) \div 100 = 115.1\%$$

六、居民消费价格指数

居民消费价格指数是反映一定时期内城乡居民所购买的生活消费价格和服务项目价格的变动趋势和程度的一种相对数。

居民消费价格指数包括消费品价格和服务项目价格两个部分。编制该指数时，首先要对消费品和服务项目进行分类，并选择消费品和服务项目的代表。目前的居民消费价格指数分为食品类、衣着类、家庭设备用品类、医疗保健用品类、交通和通信工具类、娱乐教育文化用品类、居住类、服务项目类等。其中，服务项目分为房租、水电费、交通费、邮电费、医疗保健费、学杂保育费、文娱费、修理费及其他服务费等八大类。指数中的权数原则上应采用居民消费支出的构成资料，但由于数据来源的限制，目前仍根据社会商品零售额和服务行业的营业额来确定。最后，分别求出各消费品价格指数和服务价格指数，并将两者进行加权平均汇总。其计算公式为：

$$I_p = \frac{\sum kW}{\sum W}$$

式中，k 为类指数；W 为权数；分别为消费品零售额和服务项目营业额占两者总和的比重。

【例 7-11】 由表 7-10 已知各大类、交通工具和通信工具中类及其代表商品（代表品）的有关资料，要求据以编制有关的价格指数。

表 7-10　　某市居民消费价格指数计算表

类别及品名	平均价格（元）		指数（%）(p_1/p_0)	权数（w）	指数×权数（%）
	基期	计算期			
总指数	—	—	102.69	100	—
一、食品类	—	—	104.15	42	43.74
二、衣着类	—	—	95.46	15	14.32
三、家庭设备及用品	—	—	102.7	11	11.3

续表

类别及品名	平均价格（元）		指数（%）(p_1/p_0)	权数（w）	指数×权数（%）
	基期	计算期			
四、医疗保健	—	—	110.43	3	3.31
五、交通和通信工具	—	—	98.53	4	3.94
1. 交通工具	—	—	104.37	60	62.62
摩托车	8 450	8 580	101.54	〈45〉	45.69
自行车	336	360	107.14	〈50〉	53.57
三轮车	540	552	102.22	〈5〉	5.11
2. 通信工具	—	—	89.77	40	35.91
六、文教娱乐	—	—	101.26	5	5.06
七、居住	—	—	103.5	14	14.49
八、服务项目	—	—	108.74	6	6.52

计算各类消费价格指数和消费价格总指数如下：

（1）交通工具和通信工具两个中类的价格指数。

交通工具类指数 $I_p=\frac{\sum i_p w}{100}=\frac{45.69+53.57+5.11}{100}=104.37\%$

通信工具类指数 $I_p=\frac{\sum i_p w}{100}=\frac{71.04+18.66}{100}=89.77\%$

（2）计算交通和通信工具大类的价格指数。

$$I_p=\frac{\sum i_p w}{100}=\frac{62.62+35.91}{100}=98.53\%$$

（3）计算居民消费价格总指数。

$$I_p=\frac{\sum i_p w}{100}$$

$$=\frac{43.743+14.319+11.297+3.313+3.941+5.065+14.490+6.524}{100}$$

$$=\frac{102.69}{100}=102.69\%$$

通过计算说明，该市的居民消费价格上涨了2.69个百分点。

居民消费价格指数除了能反映城乡居民所购买的生活消费品和服务项目价格的变动趋势和程度外，还有以下几个方面的作用：

第一，反映通货膨胀状况。**通货膨胀的严重程度是用通货膨胀率来反映的，它说明了一定时期内商品价格持续上升的幅度。**通货膨胀率一般以居民消费价格指数来表示。其计算公式为：

$$通货膨胀率=\frac{报告期居民消费价格指数-基期居民消费价格指数}{基期居民消费价格指数}\times100\%$$

第二，反映货币购买力变动。**货币购买力是指单位货币能够购买到的消费品和服务的数量。**居民消费价格指数上涨，货币购买力则下降，反之则上升。因此，居民消费价格指数的倒数就是货币购买力指数。其计算公式为：

$$货币购买力指数=\frac{1}{居民消费价格指数}\times 100\%$$

第三，反映对职工实际工资的影响。消费价格指数的提高意味着实际工资的减少，消费价格指数下降则意味着实际工资的提高。因此，利用消费价格指数可以将名义工资转化为实际工资。其计算公式为：

$$实际工资=\frac{名义工资}{消费价格指数}$$

七、股票价格指数

股票作为一种特殊的金融商品，也有价格。广义的股票价格包括票面价格、发行价格、账面价格、清算价格、内在价格、市场价格等。狭义的股票价格，即通常所说的市场价格，也称股票行市。它完全随股市供求行情变化而涨落。股票价格指数是指根据精心选择的那些具有代表性和敏感性强的样本股票某时点平均市场价格计算的动态相对数，用以反映某一股市股票价格总的变动趋势。

股价指数可以按月、季、年来编制，但由于股票价格变化频繁，通常要每天都编制。具体编制时，要以某年某月某日的股价为基期股价，这一天称为基日。一般基日股价定为100，以后各日的实际股价均与基日股价对比，计算出各日的股价指数。为了反映股价变动的实际情况，通常利用两个不同时日股价指数的差额来表示，这就是股票价格指数的“点”。其差额为正，称为股价上涨了若干点；若差额为负，则称为股价下跌了若干点。

股价指数计算的方法很多，但一般以发行量为权数进行加权综合。其计算公式为：

$$I_p=\frac{\sum p_{1i}q_i}{\sum p_{0i}q_i}$$

式中，p_{1i}为第 i 种样本股票报告期价格；p_{0i}为第 i 种样本股票基期价格；q_i 为第 i 种股票的发行量，可以确定为基期，也可以确定为报告期，但大多数股价指数是以报告期发行量为权数计算的。

【例 7－12】 设有三种股票的价格和发行量资料（见表 7－11），试计算股票价格指数。

表 7－11　三种股票的价格和发行量资料

股票名称	基期价格（元）	本日收盘价（元）	报告期发行量（万股）
A	25	26.5	3 500
B	8	7.8	8 000
C	12	12.6	4 500

解： 根据表 7－11 资料得股价指数为：

$$I_p=\frac{\sum p_{1i}q_i}{\sum p_{0i}q_i}=\frac{26.5\times 3\ 500+7.8\times 8\ 000+12.6\times 4\ 500}{25\times 3\ 500+8\times 8\ 000+12\times 4\ 500}=103.09\%$$

答：股价指数上涨了 3.09 点。

股价指数是反映证券市场行情变化的重要指标，不仅是广大证券投资者进行投资决策分析的依据，而且也被视为一个地区或国家宏观经济态势的“晴雨表”。目前，世界各国和地区的主要证券交易所都有自己的股票价格指数。例如，美国的道·琼斯股票价格指数和标准普尔股票价格指数、伦敦金融时报指数、法兰克福 DAX 指数、巴黎 CAC 指数、瑞士的苏黎世 SMI 指数、日本的日京指数、中国香港的恒生指数等等。我国的上海和深圳两个证券交易所也编制了自己的股票价格指数，如上海证券交易所的综合指数和 30 指数、深圳证券交易所的成分股指数和综合指数等。

第 5 节　Excel 在指数因素分析中的应用

在 Excel 中进行指数分析，没有专门用于指数分析和因素分析的工具与统计函数，主要使用输入公式的方法结合填充柄功能进行操作。现举例加以说明。

【例 7－13】　根据某企业三种产品的单位成本和产量资料，计算单位成本指数。

解：原始数据及各步计算数据如图 7－1 所示，计算综合指数具体步骤如下。

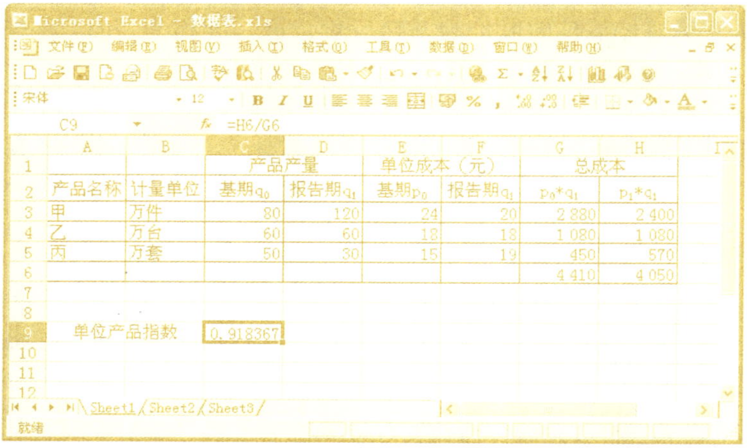

	A	B	C	D	E	F	G	H
1			产品产量		单位成本（元）		总成本	
2	产品名称	计量单位	基期q_0	报告期q_1	基期p_0	报告期q_1	p_0*q_1	p_1*q_1
3	甲	万件	80	120	24	20	2 880	2 400
4	乙	万台	60	60	18	18	1 080	1 080
5	丙	万套	50	30	15	19	450	570
6							4 410	4 050
9		单位产品指数	0.918367					

图 7－1　综合指数计算数据

第一步，计算每一个“$p_0 \times q_1$”。在 G3 中输入“＝D3 × E3”，回车得到结果；然后，使用填充柄功能按住鼠标左键向下拖，至 G5 单元格，松开鼠标，可得G4～G5结果，即自动填入 G4～G5 的数值。

第二步，计算每一个“$p_1 \times q_1$”。在 H3 输入“＝D3 × F3”，回车得到结果；然后，使用填充柄功能按住鼠标左键向下拖，至 H5 单元格，松开鼠标，可得H4～H5结果，即自动填入 H4～H5 的数值。

第三步，计算“$\sum p_0 \times q_1$”和“$\sum p_1 \times q_1$”。选定 G3∶G5 区域，单击工具栏上的“Σ”按钮，在 G6 出现该列的求和值。选定 H3∶H5 区域，单击工具上的“Σ”按钮，在 H6 出现该列的求和值。

第四步，计算单位成本指数“$\sum p_0 \times q_1 / \sum p_0 \times q_0$”。单击任一空单元格，本例中为 C9，

输入“=H6/G6”，即可得单位成本指数91.8367%。

数量指标综合指数与质量指标综合指数的计算方法类似，这里不一一赘述。

【例7-14】 根据某企业三种产品单位成本和报告期总成本资料，利用加权调和平均数指数计算单位成本指数。

解： 原始数据及各步计算数据如图7-2所示，计算平均指数具体步骤如下：

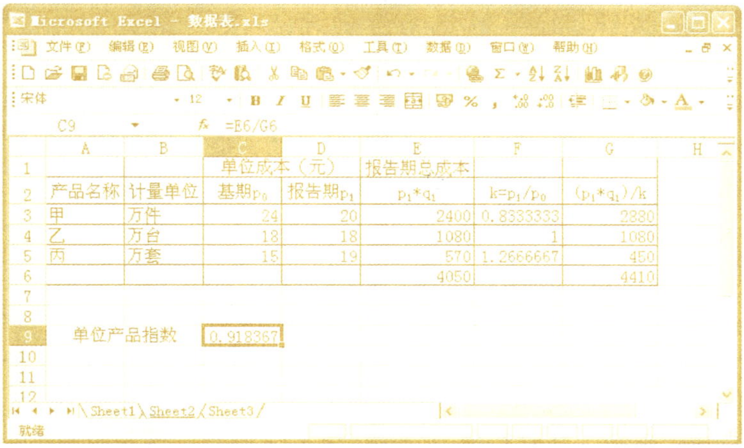

	A	B	C	D	E	F	G
1			单位成本（元）		报告期总成本		
2	产品名称	计量单位	基期p_0	报告期p_1	p_1*q_1	$k=p_1/p_0$	$(p_1*q_1)/k$
3	甲	万件	24	20	2400	0.8333333	2880
4	乙	万台	18	18	1080	1	1080
5	丙	万套	15	19	570	1.2666667	450
6					4050		4410
9	单位产品指数		0.918367				

图7-2　平均指数计算数据

第一步，计算每一个个体指数 $k=p_1/p_0$：在F3中输入：“=D3/C3”，回车得到结果；然后，使用填充柄功能按住鼠标左键向下拖，至F5单元格，松开鼠标，可得F4~F5结果，即自动填入F4~F5的数值。

第二步，计算每一个 p_1q_1/k：在G3中输入“=E3/F3”，回车得到结果；然后，使用填充柄功能按住鼠标左键向下拖，至G5单元格，松开鼠标，可得G4~G5结果，即自动填入G4~G5的数值。

第三步，计算 $\sum p_1q_1$ 和 $\sum p_1q_1/k$：选定E3:E5区域，单击工具栏上的“Σ”按钮，在E6出现该列的求和值。选定G3:G5区域，单击工具上的“Σ”按钮，在G6出现该列的求和值。

第四步，计算单位成本指数 $\sum p_0q_1/\sum p_1q_1/k$：单击任一空单元格，本例中为C9，输入“=E6/G6”，即可得单位成本指数91.8367%。

加权算术平均数指标与加权调和平均数指数的计算方法类似，这里就不再举例说明。

【例7-15】 根据例7-13中某企业三种产品单位成本和产量资料进行因素分析。

解： 原始数据及各步计算数据如图7-3所示，进行因素分析的具体步骤如下：

第一步，计算每一个“$p_0\times q_1$”和“$\sum p_0\times q_1$”：在G3中输入“=D3×E3”，回车得到结果；然后，使用填充柄功能按住鼠标左键向下拖，至G5单元格，松开鼠标，可得G4~G5结果。选定G3:G5区域，单击工具栏上的“Σ”按钮，在G6出现该列的求和值。

第二步，计算每一个“$p_1\times q_1$”和“$\sum p_1q_1$”。在H3输入“=D3×F3”，回车得到结果；然后，使用填充柄功能按住鼠标左键向下拖，至H5单元格，松开鼠标，可得H4~H5结果。选定H3:H5区域，单击工具栏上的“Σ”按钮，在H6出现该列的求和值。

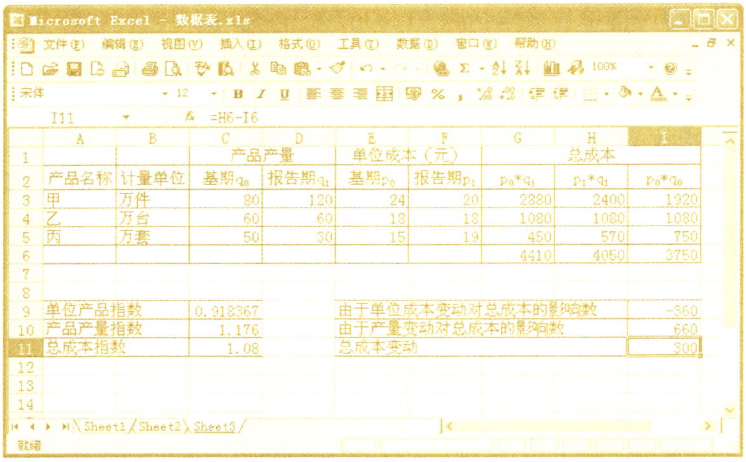

	A	B	C	D	E	F	G	H	I
1			产品产量		单位成本（元）		总成本		
2	产品名称	计量单位	基期q_0	报告期q_1	基期p_0	报告期p_1	p_0*q_1	p_1*q_1	p_0*q_0
3	甲	万件	80	120	24	20	2880	2400	1920
4	乙	万台	60	60	18	18	1080	1080	1080
5	丙	万套	50	30	15	19	450	570	750
6							4410	4050	3750
9	单位产品指数		0.918367		由于单位成本变动对总成本的影响数				-360
10	产品产量指数		1.176		由于产量变动对总成本的影响数				660
11	总成本指数		1.08		总成本变动				300

图7-3　因素分析数据

第三步，计算每一个“$p_0\times q_0$”和“$\sum p_0\times q_0$”。在I3输入“=C3×E3”，回车得到结果；然后，使用填充柄功能按住鼠标左键向下拖，至I5单元格，松开鼠标，可得I4~I5结果。选定I3:I5区域，单击工具栏上的“Σ”按钮，在I6出现该列的求和值。

第四步，计算单位成本指数、产量指数和总成本指数：在C9中输入“=H6/G6”,求得单位成本指数；在C10中输入“=G6/I6”，求得产量指数；在C11中输入“=H6/I6”，总成本指数。

第五步，计算由于单位成本变动对总成本的影响数、由于产量变动对总成本的影响数和总成本变动总数：在I9中输入“=H6-G6”，可求得单位成本指数；在I10中输入“=G6-I6”，可求得产量指数；在I11中输入“=H6-I6”，可求得总成本指数。

本章案例

汉水酒精厂利润滑坡的原因与对策

一、选题

汉水酒精厂上年盈利33万元，报告年度亏损39万元，出现利润大滑坡。年底上级调换了厂长，新厂长上任后决心带领职工扭转亏损局面。新厂长年轻有为，深知要扭转亏损局面必须首先搞好企业诊断，进行科学的决策。为此，新任厂长将统计学会咨询服务组请来拟订决策方案，并派本厂统计人员与咨询服务组一起工作。

二、资料搜集整理分析

咨询服务组对以下资料进行了搜集整理分析：

1. 汉水酒精厂近两年经营情况，如表7-12所示。

表7－13　　汉水酒精厂近两年经营情况

项　目	单　位	上年度	报告年度	比上年增减量	比上年增减（%）
产值（不变价）	万元	611	425	－186	－30.44
酒精销售量	吨	5 823	4 052	－1 771	－30.41
出厂价	元/吨	1 283	1 782	＋499	＋38.89
销售收入	万元	747	722	－25	－3.35
单位成本	元/吨	1 130	1 746	＋616	＋54.51
总成本	万元	658	707	＋49	＋7.45
税金	万元	56	54	－2	－3.57
利润	万元	33	－39	－72	－218.18

2. 销售收入变动的影响因素。销售收入受销售量和价格两个因素的影响。由于销售量减少，销售收入减少了227万元。即

(4 052－5 823)×1 283＝－2 272 193（元）

由于价格上升销售收入增加了202万元。即

(1 782－1 283)×4 052＝2 021 948（元）

增减相抵，销售收入减少了25万元。

3. 总成本变动的影响因素。总成本受单位成本和产量两个因素的影响。由于单位成本上升，总成本增加了249.6万元。即

(1 746－1 130)×4 052＝2 496 032（元）

由于产量减少，总成本减少200.1万元。即

(4 052－5 823)×1 130＝－2 001 230（元）

增减相抵，总成本增加49.5万元。

4. 单位成本的影响因素。单位成本可分解为单位变动成本和单位固定成本两部分，具体项目见表7－13。

表7－13　　汉水酒精厂酒精单位成本构成　　单位：元

项目	单位	上年度			报告年度		
		数量	单价/元	金额	数量	单价/元	金额
单位成本	元			1 130.0			1 746.0
一、单位变动成本	元			901.1			1 422.3
粮食	吨	2.89	240	693.6	3.03	400	1 212.0
电	度	383	0.2	76.6	431	0.2	86.2
煤	吨	1.54	85	130.9	1.46	85	124.1
二、单位固定成本	元			228.9			323.7
固定成本总额	万元			133.3			131.2
1. 管理费	万元			68.3			64.2
2. 财务费	万元			30.0			31.0
3. 折旧费	万元			25.0			25.0
4. 工资	万元			10.0			11.0
酒精产量	吨	5 823			4 052		

注：单位固定成本＝固定成本总额÷酒精产量

5. 单位变动成本的影响因素。单位变动成本可以分解为数量和价格两个因素，现计算成本指数，见表 7－14。

表 7－14　　单位变动成本指数计算资料　　单位：元

项　目	单　位	数　量		价　格		金　额		
		上年度 q_0	报告年度 q_1	上年度 p_0	报告年度 p_1	上年度 p_0q_0	报告年度 p_1q_1	假定 p_0q_1
粮食	吨	2.89	3.03	240	400	693.5	1 212	727.2
电	度	383	431	0.2	0.2	76.6	86.2	86.2
煤	吨	1.54	1.46	85	85	130.9	124.1	124.1
合　计	元	—	—	—	—	901.1	1 422.3	937.5

$$数量指数\ \overline{K}_q=\frac{\sum p_0q_1}{\sum p_0q_0}=\frac{937.5}{901.1}=104.04\%$$

$$\sum p_0q_1-\sum p_0q_0=937.5-901.1=36.4\ （元）$$

$$价格指数\ \overline{K}_p=\frac{\sum p_1q_1}{\sum p_0q_1}=\frac{1\ 422.3}{937.5}=151.71\%$$

$$\sum p_1q_1-\sum p_0q_1=1\ 422.3-937.5=484.8\ （元）$$

$$单位变动成本总指数\ \overline{K}_{qp}=\frac{\sum p_1q_1}{\sum p_0q_0}=\frac{1\ 422.3}{901.1}=157.84\%$$

$$\sum p_1q_1-\sum p_0q_0=1\ 422.3-901.1=521.2\ （元）$$

$$\overline{K}_{qp}=\overline{K}_q\times\overline{K}_p=104.04\%\times151.71\%=157.84\%$$

$$\sum p_1q_1-\sum p_0q_0=（\sum p_0q_1-\sum p_0q_0）+（\sum p_1q_1-\sum p_0q_1）=36.4+484.8=521.2\ （元）$$

6. 劳动生产率变动情况（见表 7－15）。

表 7－15　　劳动生产率变动情况

项　目	单　位	上年度	报告年度	比上年增减（%）
工人劳动生产率	元/人	30 725	21 273	－30.76
全员劳动生产率	元/人	23 698	16 239	－31.48

7. 主要经济指标横向对比资料（见表 7－16）。

表 7－16　　主要经济指标横向对比资料

项　目	单　位	全国最高水平	全国平均水平	本厂水平	比最高（%）	比平均（%）
企业年产量	吨	33 083	10 088	4 052	－87.75	－59.83
实物劳动生产率	吨/人	235.9	80.38	15.47	－93.44	－80.75
淀粉出酒率	%	57.29	52.14	50.27	－12.25	－3.59
标煤单耗	千克/吨	428	808	1 046	＋144.39	＋29.46
电单耗	度/吨	160	255	431	＋169.38	＋69.02

8. 酒精市场供求状况调查资料。为了更好地安排今后的酒精生产和销售工作，咨询组对该地区范围内的 31 家酒精生产和使用单位进行了问卷调查。调查情况如下：

（1）该地区共有 10 家酒精生产单位，报告年度共生产酒精 27 400 吨。

（2）报告年度该地区酒精消费量为 25 409 吨，其中企业自产自用 16 900 吨，从市场购买 8 509 吨。

（3）目前，该地区生产酒精的厂家平均售价为 2 330 元/吨，而使用酒精的厂家平均购价为 2 350 元/吨。这说明使用单位在外地的购价高于本地平均售价。

三、主要分析结论

汉水酒精厂是一个拥有自动化设备的现代化企业，系轻工部定点生产单位，产品质量好，价格合理，建厂初期经济效益较好，年利润在 100 万元左右。上年利润下降到 33 万元，报告年度则亏损 39 万元，出现利润大滑坡。

从表 7－12 反映的情况看，报告年度比上年的利润减少 72 万元，主要是销售收入减少使利润减少 25 万元，总成本增加使利润减少 49.5 万元。

销售收入为什么减少呢？从表 7－12 和资料 2 可以看出，由于报告年度酒精销售量比上年减少 1 771 吨，销售收入减少 227 万元；由于酒精出厂价上涨 38.89%，销售收入增加 202 万元。两个因素增减相抵，销售收入减少 25 万元。

总成本为什么增加呢？从资料 3 和表 7－12 可以看出，报告年度单位成本达到 1 746 元，比上年的 1 130 元上升 616 元；由于单位成本上升总成本增加 249.6 万元，由于产量减少总成本减少 200.1 万元。两个因素增减相抵，总成本增加 49.6 万元。

单位成本为什么大幅度上升呢？从表 7－12 可以看出，单位变动成本报告年度为 1 422.3元，比上年的 901.1 元增加 521.2 元。由于单位变动成本的增加，总成本增加 211 万元，即

$$总成本=(1\,422.3-901.1)\times 4\,052=2\,111\,902（元）$$

单位固定成本报告年度为 323.7 元，比上年的 228.9 元增加 94.8 元。由于单位固定成本的增加，总成本增加 38 万元，即

$$总成本=(323.7-228.9)\times 4\,052=384\,129（元）$$

单位固定成本增加主要是由于产量减少，而固定成本总额并没有增加。单位变动成本为什么大幅度上升呢？从资料 5 可以看出，一个因素是单位消耗数量增长 4.4%，使单位变动成本增加 36.4 元，单位消耗数量增加使总成本增加 15 万元（$36.4\times 4\,052$）；另一个因素是原材料价格上涨 51.71%，使单位变动成本增加 484.8 元。原材料价格上涨使总成本增加 196 万元（$484.8\times 4\,052$）。

原材料涨价使总成本增加，同时使利润减少 196 万元。这在出厂价中已经得到补偿，因为出厂价上涨使利润增加了 202 万元。这两项价格因素正负相抵后，使利润增加了 6 万元（202－196）。

综上所述，报告年度的利润比上年减少 72 万元，其原因如下：（1）销售收入减少使利润减少 25 万元；（2）单位固定成本增加使利润减少 38 万元；（3）单位消耗数量增加使利润减少 15 万元；（4）产品出厂价增加额大于原材料进价增加额使利润增加 6 万元。即

$$利润=6-25-38-15=-72（万元）$$

从本质上看，汉水酒精厂利润滑坡是个管理问题。下面作进一步的分析论证。

第一，缺乏市场竞争意识，忽视营销管理。上面归纳的利润减少的原因中第 1、第 2 两项实际上都是个产销问题。因为产销量减少直接减少销售收入，减少利润；因为产销量减少

也间接地增大了单位固定成本，使利润减少。

报告年度的酒精产销量为什么大幅度下降呢？一个原因是原材料供应不足。酒精生产的主要原材料是红薯干，当时红薯干供不应求，价格猛涨，该厂又储备很少，所以原材料供应时断时续，对生产有一定的影响。另一个原因是忽视营销管理。报告年度酒精市场逐渐从供不应求转变为供过于求，市场出现了竞争，而该厂对市场竞争形势缺乏应变措施，既没有设立营销机构，也没有开展营销工作，结果失去了一些用户。

第二，生产管理和成本管理松弛。从资料5、6、7可以看出，报告年度与上年比较，物质消耗上升，劳动生产率下降，几项主要经济指标远远低于全国平均水平。由于单位产品物质消耗上升，利润减少15万元，全员劳动生产率下降31.48%。

实物劳动生产率全国最高水平为235.9吨/人，全国平均水平为80.38吨/人，该厂只有15.47吨/人，比最高水平低93.44%，比平均水平低80.75%。

淀粉出酒率全国最高水平为57.29%，全国平均水平为52.14%，该厂则为50.27%，比最高水平低7.02个百分点，比平均水平低1.87个百分点，该厂如果能达到全国平均水平，以年产量6 500吨计算，则可节约淀粉464吨(6 500/50.27% -6 500/52.14%)，如果淀粉含量达到66%，可折合红薯干703吨，按每千克红薯干0.4元计算，可节约原材料费28.12万元。

标煤单耗全国最低为428千克/吨，全国平均水平为808千克/吨，而该厂的标煤单耗达1 046千克/吨，比平均水平高29.47%。如果标煤单耗能降至全国平均水平，仍以年产6 500吨计算，可节约标煤1 547吨 [6 500× (1.046 -0.808)]，可节约燃料费18.4万元(1 547/0.7143×85)。

电单耗全国最低为160度/吨，全国平均水平为255度/吨，该厂为431度/吨，为平均水平的169%，高出平均水平176度，如能达到平均水平，可节约电力114.4万度 [6 500×(431 -255)]，可节约电费22.88万元。

第三，劳动管理方法陈旧。改革开放已有多年，该厂在劳动管理方面仍然实行“大锅饭”“铁饭碗”，干多干少一个样，干好干坏一个样，不能充分调动职工劳动生产和参与管理的积极性，因此，劳动效率低，原材料和能源浪费严重。

针对上述情况，提出如下对策：

第一，深化经济体制改革，充分调动职工群众的积极性。发动群众提出改革措施，尽快改革分配上的平均主义，劳动报酬与产量和成本挂钩。

第二，全面实行现代科学管理，向管理要效益，建立健全各项规章制度，尽快变“人治”为“制度治”。当前要重点抓好营销管理、生产管理和成本管理，努力缩小几项主要经济指标与全国平均水平的距离。

第三，加强市场调查，大力开拓市场，提高设备利用率，努力增加产销量。该厂设计生产能力为年产酒精10 000吨，实际最高产量为8 600吨。鉴于当前生产有一定的困难，建议次年安排生产酒精6 500吨，销售酒精6 500吨。

四、实践效果

该厂领导采纳了统计咨询服务组的意见，迅速组织实施，结果效益骤增。次年生产酒精5 894吨，比报告年度增长45.46%，产销率达到98%，各项经济指标都有程度不同的进步，实现了扭亏为盈，全年利润总额41万元。

五、启示

帮助一个亏损企业扭亏为盈要有良策。这种良策从哪里来？只有一个来源，那就是来源于实践，来源于实事求是的调查研究。

一个企业亏损既有一般性的原因，又有其特殊的原因。只有通过实践，通过深入细致地调查研究，认真分析，找出这个企业亏损的根本原因，认识问题的个性和共性，才能找出解决问题的良策。要做到这一点，必须下工夫搜集足够多的信息，熟练地应用统计方法，认真分析和研究，才能实现调查分析研究的目的。

资料来源：余群英：《现代统计技术》，机械工业出版社 2006 年版，第 245 ~ 250 页。

关键词

个体指数　总指数　综合指数　数量指标指数　质量指标指数　平均指数
加权算术平均指数　加权调和平均指数　同度量因素　指数体系　因素分析
可变构成指数　固定构成指数　结构影响指数

第8章 调查报告撰写

学习目标：

本章主要介绍撰写调查报告的撰写步骤、撰写过程中要注意的有关问题以及调查报告的基本格式等。通过学习，要初步掌握撰写调查报告提纲、应用调查报告的写作格式撰写调查报告的能力。

重点、难点：

□调查报告的基本格式

□调查报告的撰写步骤

当我们对调查进行了资料搜集、资料整理、资料分析工作后，我们该怎样把调查研究的结果表述出来、如何以恰当的形式传达给他人、同他人进行交流呢？这就是撰写调查报告的工作。

对于一项社会调查研究项目来说，调查研究报告是其成果的集中体现。调查研究报告撰写的好坏将直接影响整个社会调查研究工作的成果和社会作用。因此，我们必须高度重视社会调查研究报告的写作。

第1节 调查报告的撰写步骤与方法

一、撰写步骤

调查报告的撰写步骤一般分以下几方面：

（一）确立主题

调查报告的主题就是调查报告所要表达的中心问题，它是整个调查报告灵魂。确立明确而适当的主题是整个调查报告撰写过程顺利开展的前提。在一般情况下，调查报告的主题就是该项调查的主题，即调查报告所要反映的重点问题，也就是整个调查的中心问题，二者往往是一致的。

例如，进行一项以青年结婚消费问题为中心的社会调查，其调查报告的主题就是青年结婚消费的状况、特点及问题。在这种情况下，要确立调查报告的主题并不困难。

但有些时候可能会由于某些原因，使调查报告的主题不能与调查的主问题统一起来。例如，当一项调查的内容很多、涉及的范围和领域很广、一份调查报告难以容纳全部内容时，就需要从中选择部分内容形成调查报告，并确立相应的调查报告主题，这时的调查报告主题比起调查的主题来范围就缩小了。还有的时候，由于某些因素的影响，使得调查所得的资料与调查最初的目的之间存在一定的差距，无法说明事先预定的调查主题，此时也要根据实际的资料和结果重新确立调查报告的主题。

（二）拟订提纲

主题确立后，不可马上动笔写调查报告，而应先构思好调查报告的整体框架，并进一步将这种框架转变为具体的写作提纲。如果说主题是调查报告的魂，那么这种提纲就是调查报告的骨架。

拟订写作提纲的主要作用是清理思路，明确调查报告内容，安排好调查报告的整体结构，为实际写作打下基础。拟定写作提纲的方法是对调查报告的主题进行分解，并将分解后的每一部分进一步具体化。

例如，拿前面所举的青年结婚消费问题调查的例子来说，可先将“青年结婚消费问题”这一主题分解成“青年结婚消费的现状”“青年结婚消费的特点”“青年结婚消费的趋势”、“青年结婚消费中存在的主要问题”“正确引导青年结婚消费的建议”等几个大的部分，然后再将每一部分的内容具体化。比如，将第一部分内容具体化为：(1) 结婚消费的数值；(2) 结婚消费的内容和形式；(3) 结婚消费费用的来源；(4) 当事人的职业、文化程度等背景与消费形式间的关系等。

（三）选择材料

一项调查所得资料与调查报告所用的材料并不是一回事。调查资料往往都与调查主题有关，但不一定都与调查报告的主题紧密相联；或者说并非所有的调查资料都能成为撰写调查报告时所用的材料。因此，在写调查报告前必须对所用的材料进行选择。这种选择首先应以写作提纲的范围和要求为依据，即应按照调查报告的“骨架”来进行，这样才能保证所选取的材料与调查报告的主题密切相关。其次，还要坚持精练、典型、全面的原则，做到既不漏掉一些重要的材料，又使所用的材料具有最大的代表性和最强的说服力。

为了充分论证主题，应该精心选择以下几种类型的材料：

1. 典型材料。典型材料是最能反映事物本质、说明和表现主题的材料，如典型事件、典型例证、典型经验、典型事迹等。典型材料必须真实、具体、生动，具有代表性。典型材料的运用有助于说明事物的本质，加深对问题的认识，增强说服力。

2. 综合材料。综合材料是指能说明事物总体概貌的材料。写作时，要注意处理好典型材料和综合材料的关系，没有综合材料说明不了广度，缺少典型材料体现不了深度，只有把这两种材料有机地结合起来，才能充分说明事物总体的状况。

3. 对比材料。对比材料是一组具有可比性的材料，如历史与现实的对比、成功与失败的对比、新与旧的对比、好与坏的对比、优点与缺点的对比、先进与落后的对比等。有比较才有鉴别。通过对比，可以使调查报告的主题更加突出，给人以更强烈、更深刻的印象。

4. 统计材料。统计材料包括绝对数、相对数、平均数、指数、动态数列等。统计材料有很强的概括力、表现力，而且具有具体性、准确性的特点。许多问题用文字很难表达清楚，但如果选用恰当的统计材料就可一目了然。因此，恰当地使用统计材料，对于论证基本观点、突出报告主题、增强调查报告的科学性、准确性和说服力具有重要作用。

（四）撰写调查报告

当前三步工作完成后，我们就已有了一个结构分明、材料齐备的调查报告雏形，剩下所要做的就是用适当的文字把它们流畅地组织在一起了。

撰写时通常要从头到尾一气呵成，而不要经常地在一些小的环节上停下来推敲修改，以免耽误过多的时间。这样做的好处是：便于整个调查报告紧紧围绕所确立的主题来展开，使调查报告在整体思想、体系结构、内容形式、行文风格等方面都前后一致，浑然一体。

（五）修改调查报告

调查报告初稿写完后，还需反复阅读、审查和推敲每一个部分，认真修改每一个细节，使调查报告不断丰富和完善。对于报告中使用的数据要再次和原始资料进行审核，确保数据的可靠。修改报告时，要注意审视报告中心明确与否、运用的材料丰富与否、结构紧密与否等。

二、应注意的问题

（一）行文要则

1. 用简单平实的语言写作。调查报告与新闻报道和文学作品不同，它的写作不像文学作品那样强调和注重文学性、可读性等等，而是十分强调报告的客观性、准确性、严密性、简洁性。所以，在行文时应该尽量用平实的语言写作，以简单明了、科学严谨为标准，清楚明确地表达调查的结果。

2. 陈述事实力求客观，避免使用主观或感情色彩较浓的语句。叙述中最好使用第三人称或非人称代词，尽量不用第一人称。

例如，用“作者发现……”“笔者认为……”，或者用“这一结果表明……”“这些数据说明……”等等，而不用“我认为……”“我们发现……”等等。

3. 行文时，应以一种向读者报告的口气撰写，而不要表现出力图说服读者同意某种观点或看法的倾向，更不能把自己的观点强加于人。因为读者在阅读你的报告时所关心的是你调查得到的客观事实、是你的调查结果和发现，而不是你个人的一些主观看法。

（二）引用与注释

调查报告中有时需要援引别人的论述、结果、资料或数据来支持、佐证或说明自己的某种观点或结论。需要注意的是：报告中凡是引用别人的资料一定要注明来源，不能将别人的工作和成果不加注明地在自己的报告中使用。引用的具体方式主要有两种：一是引用别人的原话、原文时，要用引号引起来，再作上记号注明；二是只援引别人的观点、结论但并非别人的原话、原文时，则不用引号，只需在其后作上记号注明即可。

对于报告中引用的别人的资料以及某些不易理解的内容，要加注释来进行说明。注释的作用主要有：指出所引用资料的来源，供读者参考查证；表示作者遵守学术道德，不把别人的成果掠为己有；既可帮读者解释报告中的疑难，又不使报告中断和过于冗长。注释的形式主要有三种，即夹注、脚注和尾注。

夹注即直接在所引资料之后，用括号将其来源或有关说明括起来，对引文进行注释或提示。例如："使用某一特定的数学模型要以已达到的某一量度层次为前提。"（布莱洛克，1960）"我国 15～24 岁青年中，有 82.3% 的人已经就业。"（《中国青年报》，1986. 4. 10）前一个夹注形式往往与报告最后的"参考文献"相呼应。在参考文献中，一定要列出一条与此夹注相配合的文献。如：

[美] 布莱洛克：《社会统计学》，中国社会科学出版社 1988 年版。

脚注即在所引的资料处只注明一注释号，比如在该资料后的右上角用①、②、③等等来标明，然后在该页的最下端，用小一号的字体分别说明引文的出处、时间等情况或做出有关的解释。

尾注则是在所有引用的资料处按顺序注明注释号，最后在文尾用小一号字体全部按注释顺序排出，分别说明引用资料的出处、时间等情况或做出有关解释，并冠以"注释"的标题，而不是分别排在各页之下。在目前学术刊物上所发表的研究报告中，三种注释形式都在使用中，不过不同的刊物要求往往不大一致。课后，大家可以找几篇通俗刊物或报纸上的调查报告，看看它们与学术刊物上的调查报告有何不同？

第 2 节 调查报告的基本格式

一般地说，调查报告由标题、前言、主体、结尾、附录等部分组成，有的调查报告在前言之前还有简介，在结束语之后还有后记。

一、标题

标题是调查报告的题目。一个好的标题往往能起到"画龙点睛"的作用，因此有"题好一半文"之说。撰写调查报告应该十分重视标题的推敲。

标题的写作通常有以下几种方式：

1. 直叙式，即直接用调查对象或调查内容作标题。例如，《城镇居民经济状况调查》《当前中职学生思想状况调查》等。这类标题直接指明了调查对象，概括了报告主题，比较客观、简明，但显得呆板，太一般化，缺乏吸引力。这种形式的标题多用于综合性、专业性较强的调查报告。

2. 判断式，即用某种结论式的语言或警句、格言、判断句等作标题，或者以作者的判断或评价作标题。例如，《创新是企业的生命》《择友不当是青少年犯罪的重要原因》《家庭养老面临挑战》等。这类标题揭示了报告主题，表明了作者态度，比较吸引人，但调查对象和报告的主要内容在标题中往往不易看出。这种形式的标题多用于总结经验、政策研究、支持新生事物等类型的调查报告。

3. 提问式，即用提问的方式作标题。例如，《他们为什么选择出国》《天之骄子为何弃学经商》《中学生早恋问题说明了什么》。这类标题提出了问题，设置了悬念，比较尖锐、鲜明，有较强吸引力，但一般看不出调查的结论。这种形式的标题一般用于揭露、探讨问题的调查报告。

4. 抒情式，即用抒发作者感情的方式作标题。例如，2002 年第 1 期《求是》刊载的云南建设民族文化大省的调查，其标题就是“等闲识得春风面，万紫千红总是春”。这类标题充分表达了作者感情，具有较强的感染力和吸引力，但仅仅从标题很难判断报告的内容。这种形式的标题一般用于表彰新生事物或鞭挞消极社会现象的调查报告。

5. 双标题式，即由主标题和副标题共同构成调查报告的标题。在这种形式里，主标题多以提问式和结论式表达，而副标题则以陈述式表达。例如，《加强企业管理，提升企业竞争力——广州市企业管理调查》《艰苦奋斗精神不能丢——××中学学生生活态度和表现的调查》等。这类标题既表明了作者的态度，又鲜明地揭示了主题，而且颇具吸引力。虽然比较复杂、冗长，但它综合了多种标题的优点，因而是各种调查报告使用得比较多的一种形式。

二、前言

前言又称导言或导语，是调查报告的开头部分。前言的内容主要是说明为什么进行调查、怎样进行调查和调查的结论如何。前言的写作，有以下几种方法：

1. 主旨陈述法，即在前言中着重说明调查的主要目的和宗旨。

例如：为了明确对财经类中职学校的人才培养目标、课程体系重构内容、教育教学方法等情况的改革思路，某省职业技术教育学会财经专业指导委员会于 2016 年 1 月至 12 月在省内抽查了 36 所财经类中职学校 2012—2016 年毕业生的就业情况。下面是这次调查的方法及主要结果。

这种写法，有利于读者准确地把握调查报告的主要宗旨和基本精神，是一种最常见的写作方法。

2. 情况交待法，即在前言中着重说明调查工作的具体情况。例如，《××地区吸毒人群特征调查》的前言包括以下一些内容：第一，调查目的，了解吸毒人群的基本特征；第二，调查时间，2018 年 7 月；第三，调查地点，武汉市强制戒毒中心；第四，调查对象，352 名吸毒者等等。这种写法有利于读者了解调查工作的具体情况，便于读者对调查结论做出自己的判断。

3. 结论先行法，即在前言中先简要说明调查的基本结论。例如，《今日农村谁种田》这篇调查报告开头就有这样一段话：“阳春三月，记者来到大别山南麓的黄冈山区走村串户，一路所见都是‘种田的老汉采茶的婆，村村难见年轻人’，农业精壮劳力都进城打工去了，广阔农村是一片‘老人村’景象。”这种写法开门见山，直奔主题，有利于读者对调查报告的观点一目了然。

4. 提问设悬法，即在前言中只提出问题、设置悬念，而不作正面回答。例如，《塔石化“晒太阳”令人费解》这篇调查报告开头就提出了一系列问题：“为什么一个国家投资高达

36亿元的现代化化工厂‘晒太阳’会达4年之久？为什么在国家加大西部大开发投入的同时，已经投入巨额资金的现代化设备却不能发挥其应有的作用？塔石化‘晒太阳’说明了什么？”这种连续提问、设置悬念的写法增强了吸引力，常用于总结经验和揭露问题的调查报告。

前言部分如何写没有固定不变的模式。究竟采用何种写法为好要根据调查报告的种类和写作目的来确定。不论采用何种写法，都应围绕着为什么进行调查、怎样进行调查以及调查的结论如何等这些主要的东西做文章，并且文字都应力求简明、精练，具有吸引力。

三、主体

主体是调查报告的核心部分，它写得如何，直接决定着调查报告的质量和社会作用。

调查报告主体部分的结构通常有以下三种形式：

1. 纵式结构，就是按照事物发展的历史顺序和内在逻辑来叙述事实，阐明观点。例如，一项反映建国50年来某省小学教育发展状况的调查报告就可按纵向结构来安排，即可以将主体分为三大部分：（1）建国前的小学教育；（2）建国期间的小学教育；（3）改革开放以来的小学教育。

2. 横式结构，就是把调查的事实和形成的观点按性质或类别分成几个部分，并列排放、分别叙述，从不同方面综合说明调查报告的主题。例如，一项对当前中职教育情况的调查报告就可将其主体分为：（1）教师状况；（2）学生状况；（3）校舍条件；（4）实验实训室、教学仪器设备；（5）教材建设等几个部分。这种结构的优点是问题展得开，每个问题的论述比较集中，而且条理清楚，有较强的说服力。

3. 纵横交错式结构，就是纵式结构和横式结构结合使用的方式。这种结构一般有两种情况：其一，以纵为主，纵中有横；其二，以横为主，横中有纵。例如，一项反映新中国成立以来某省小学教育状况发展变化的调查报告，其主体部分可以先按时间分为三部分，各部分再按教育状况的不同方面进行二次划分：

（1）新中国成立前：教师状况；学生状况；校舍条件；教学仪器设备；教材及参考书等。

（2）新中国成立期间：教师状况；学生状况；校舍条件；教学仪器设备；教材及参考书等。

（3）改革开放以来：教师状况；学生状况；校舍条件；教学仪器设备；教材及参考书等。

上述两种纵横交错结构既有利于按照历史脉络讲清楚问题的来龙去脉，又有利于按问题的性质或类别分别展开论述，因此，许多大型调查报告的主体部分往往采用这种结构。

四、结尾

这一部分也可称为结语或结论。调查报告的结尾部分从形式上看有三种不同处置方法：一是没有结束语；二是简短的结束语；三是较长的结束语。从内容上看，结尾有以下几种写法：

1. 概括全文，深化主题。即根据调查的情况概括出主要观点，进一步深化主题，增强调查报告的说服力和感染力。

2. 总结经验，形成结论。即根据调查的情况总结出基本经验，形成调查的基本结论。

3. 指出问题，提出建议。即根据调查的情况指出存在的问题和不足，提出弥补或改进的具体建议。

4. 说明危害，引起重视。即根据调查的情况说明问题的严重性、危害性，以便引起有关方面的重视，有的还提出对策性的具体意见。

5. 展望未来，指明意义。即根据调查的情况，由点到面、由此及彼，开阔视野、展望未来，指出有关问题的重要意义。

调查报告的结尾相当重要，究竟如何写，则应根据写作目的、内容的需要采取灵活多样的写法，要简明扼要，意尽即止，切不可画蛇添足、弄巧成拙。

五、附录

附录是调查报告的附加部分。附录的内容主要是调查报告正文包括不了或者没有说到、但又需要说明的情况和问题。它一般包括以下一些内容：（1）引用资料的出处；（2）调查问卷或量表；（3）调查指标的解释或说明；（4）计算公式和统计用表；（5）调查的主要数据；（6）参考文献；（7）典型案例；（8）名词注释、人名和专业术语对照表。

附录不是调查报告不可缺少的部分，只有大型调查报告才需要附录，只有那些与调查报告密切相关而又无法为调查报告所包含的内含才应列入附录之内。

总的来说，前言部分以介绍情况、说明目的为主；主体部分则以详细描述社会现象的实况、报告实地调查的结果为主；结尾部分则以对这一社会现象的讨论、总结为主，在必要的时候，还要提出作者的看法以及解决问题的建议，以引起社会的重视或供有关部门参考。

做一做：课后到图书馆，找几篇通俗刊物或报纸上的统计分析报告，看看它们与学术刊物上的文献资料有何不同？

本章案例

某省某职业技术学校学生就业情况调查报告

一、前言

财经类中等职业技术学校作为我国教育体系的重要组成部分，在长期的教育实践中，在促进社会经济协调发展方面做出了重大贡献。但随着社会主义市场经济体制的建立、我国教育的进一步发展以及人才结构的调整，财经类中等职业技术学校开始面临许多新情况、新问题，遇到了前所未有的挑战。归结起来，突出地表现为以下两方面：

（一）社会需求势头旺盛，人才供给严重不足

伴随着现代科学技术的发展和经济结构的调整，全国对大量训练有素的生产、服务与管理一线劳动者的需求呈上升趋势。根据劳动和社会保障部对广东、福建和浙江进行的实地调研，结合 2005 年 4 月份对全国 10 个城市技能人才状况的问卷调查以及同年第二季度对 113 个城市劳动力市场供求状况的分析，得出的结论是：技能型人才严重短缺的现象在全国范围内普遍存在，在制造业发达的地区尤其严重，可见社会对中职类学生的需求强劲。但是，财经类中等职业技术学校的人才供应现状不容乐观，主要表现在财经类中等职业学校由于自身在教育观念与培养模式上存在不足，毕业生往往表现出社会适应能力差、综合素质不高等特点，因而导致培养的学生与市场需求脱节，难以满足社会经济发展的需要。

（二）学校努力寻求突破，学生依然“难管难教”

随着中国加入WTO及社会主义市场经济的发展，使生产标准向个性化转变，要求劳动者具有综合职业能力；企业人事组织岗位的变化，更看重人的综合素质；职业综合化发展的趋势，使文化基础、技能、专业教育的多样性变得越来越重要；生产岗位的变化也使职业的流动性越来越强，要求人们注重终身教育。大多数财经类中等职业技术学校也都在努力随社会需求的变化而变化，但在具体操作上往往并没有真正触及问题的实质。一方面，一些财经类中等职业技术学校并不明确自身应该培养什么样的人才，在目标定位上认识模糊，思路混乱。要么盲目迎合市场，要么直接仿效高校，最终都形成不了自己鲜明的办学特色。另一方面，没有很好地借鉴先进的教育理论来认识不断变化的教育对象。目前，就读于财经类中等职业技术学校的学生大多数都是被传统应试教育淘汰下来的中考落榜生，也就是通常意义上的“差生”。这种简单化的标签式的身份认定不仅使学生个人感到自卑，以致意志消沉；而且也导致教师不能因势利导，以致悲观失望。最终学校就会在学生“难管难教”的困惑中变得无所适从，教育改革的实践也总是显得力不从心。

人才供求矛盾的突出以及学校改革发展中的困惑带来一个不争的事实：职业教育培养的人才已不能完全适应新世纪社会对人才需求的变化。当财经类中等职业技术学校重新审视自身的历史定位时，其培养的人才规格如何确立在新世纪坐标系的参照点，成为解决发展问题的关键。

为了对财经类中职学校的人才培养目标、人才培养内容、教育教学方法等有清晰的认识和合理设计，我们必须借助对毕业生的就业观及意向、就业岗位和领域以及从事此岗位所需的知识技能的调查来获得有关信息。基于此，我校在某省职业技术教育学会财经专业指导委员会的领导下，牵头组织了某省财经类中职学校就业情况调查研究。

二、调查方法

调查对象主要针对在校毕业生和往届毕业生，采用随机抽样调查方式进行。在校毕业生的调查样本容量随机抽查260人；往届毕业生就业情况调查的样本容量随机抽查150人，通过邮寄调查表的方式进行。实际发放问卷：校内发260份，收回有效问卷256份，有效回收率为98.5%；校外发150份，收回有效问卷140份，有效回收率为93%。

调查问卷项目设计及结果的数据统计分析主要围绕以下项目：（1）学校近几年毕业生就业情况及发展趋势、变化特征；（2）学校在校毕业生的就业观及思想动态；（3）学校毕业生的就业推荐工作；（4）通过对毕业生就业情况的分析研究，反思当前学校的培养目标定位、教学改革的发展、就业推荐工作的改进。

三、结果与分析

（一）往届毕业生的有关就业调查情况

1. 接受第一份工作的薪酬情况见表8－1。

表8－1　　接受第一份工作的薪酬情况表

选　项（元）	1 000以下	1 000～1 500	1 500～2 000	2 000以上
百分比	50	30	16	4

从表8－1反映的数据可以认为，接近80%以上的毕业生刚参加工作的薪酬不高，其中有近50%的毕业生第一份工作的薪酬在1 000元以下，只有极少数能达到2 000元以上。

2. 就业的途径。有72%的毕业生就业主要通过学校推荐、父母亲友，而通过社会人才市场、现场招聘会、网络信息、上门自我推销等主动寻找就业机会的人数较少，反映学生的自主就业、择业意识比较淡薄，对人才市场、现场招聘会等就业途径的认识不足。

3. 有助于应聘的能力要素。在对哪方面的才能最有助应聘的调查中，有近80%的往届毕业生认为社会工作经验和学习成绩等方面的优秀表现最有助于应聘，从另外一方面也反映出企业较注重学生的社交、管理、协调、成绩等素质表现（见表8－2）。

表8－2　有助于应聘的能力要素

选　项	学习成绩优秀	创业及社会实践能力强	社会工作经验丰富（如学生会和社团的工作）	优秀的职业道德
百分比	36	12	44	8

4. 应聘过程中要注意的问题。往届毕业生认为，应聘过程中，用人单位较为注意的要素依序为外形气质及外表、应聘过程的谈吐及表现、简历的内容及编制、应聘测试的答卷成绩，特别强调应聘过程中的外表气质、谈吐表现；也反映企业较注重学生的礼仪、谈吐表现。有70%的同学认为学校的养成教育和严格管理对就业有大帮助（见表8－3）。

表8－3　应聘过程中要注意的问题

选　项	外形气质及外表	简历的内容及编制	应聘测试的答卷成绩	应聘过程的谈吐及表现
百分比	50	16	12	22

5. 目前最欠缺的素质及希望弥补的教育。在调查选项中，认为最欠缺的素质依次为工作经验、社交能力、计算机、专业技能、英语；认为希望弥补的教育依次为社交能力、实践技能、组织能力、文化素质、专业知识等。从上两组调查项目排序，可以认为在职业教育中加强学生的实践技能、增强岗位适应能力以及社交、组织、计算机、英语等通用能力的培养是很有必要的。

6. 对学校实习、急需加强的教育及课程设置上的看法。调查中，有60%的学生认为学校安排的实习对就业有很大帮助，有10%的同学认为实习对就业有帮助，有理由认为实习与就业存在一定的相关性，也有近80%的在校毕业生认同实习对求职有帮助，实习安排对职业学校学生是必需的一门课。

在学校急需加强教育的调查中，有44%的同学认为学校急需加强计算机、英语的教育。事实表明，大多数毕业生都要求加强计算机应用能力的训练，尤其是掌握先进软件的使用方法；而外语是现代社会必不可少的工具，尤其是为适应岗位，外语水平有待进一步提高，以适应现代社会快速发展和全球经济一体化进程的需要；其次是职业技能、社交公关、市场经济学知识的教育。可见，对学生的计算机、英语、技能、社交等通用能力的教育应该很好地贯彻在课程结构与课堂教学中（见表8－4）。

在课程设置上，有43%的学生认为存在的最主要问题是过分强调理论教学、不注重理论与实践教学的合理安排；其次是没有以就业为目标、设置范围窄、课时安排不合理、存在课程设置随意性大等问题（见表8－5）。

表8-4　　学校急需加强的教育

选　　项	百分比	选　　项	百分比
职业技能教育	25	社交公关教育	24
市场经济学教育	10	计算机、英语教育	41

表8-5　　课程设置上最大的问题

选　　项	百分比	选　　项	百分比
没有以就业为目标，设置范围窄	30	课程设置有较大的随意性，不注重整体效果	12
一些简单的专业课占用课时过多	15	过分强调理论教学，不注重理论与实践教学的合理安排	43

7. 在校所学专业与工作的关联度。调查结果表明，有近68%的往届毕业生认为现在从事的工作与所学专业有很大关系，有30%的往届毕业生认为关联度一般很明显，绝大多数毕业生都从事与在校所学专业相关的工作。这也说明学校所开设的专业依旧有市场需求，专业设置有较大的合理成分，提醒学校今后的专业改革应在此基础上将财经类专业做精、做强、做大（见表8-6）。

表8-6　　学校所学专业与现在工作的关联度

选　　项	大	一般	没有关联
百分比	68	30	2

8. 认为学校就业指导工作需要加强的内容。对学校就业工作需要加强的项目内容依调查权重依次为就业体验、提供就业信息、素质拓展、就业心理咨询、职业生涯规划、求职技巧培训、就业政策或形势分析；表明学生最渴望在参加工作以前就有就业体验，并且希望学校能及时将各种就业信息传递给学生，帮助他们提高对职业生涯规划、就业形势的正确认识（见表8-7）。

表8-7　　学校在就业指导工作需要加强的内容

选　　项	百分比	选　　项	百分比
职业生涯规划	12	就业心理咨询	16
素质拓展	16	提供就业信息	18
就业体验	22	就业政策或形势分析	8
求职技巧培训	8		

（二）在校毕业生的就业观及思想情况

1. 对就业前景的认识。调查显示，有近82%的同学对就业充满信心，并且有35.8%的同学对就业比较乐观。这反映学生对就业环境及形势的认识较成熟，随着社会对中职毕业生的认可与需求日增，职业学校毕业生的就业环境理应相对宽松。

2. 选择工作地点、职业环境、薪酬的期望。数据表明，毕业生在选择工作地点、职业环境及薪金的期望值较高，这也是他们进入社会时对自己未来职业的向往和追求。有近

90%的同学期望到地区发达的大中城市工作，其中大多数学生注重在国家机关或事业单位工作，尤其是单位的社会知名度高、规模大、效益好、工资收入高、权力大的单位工作（见表8-8）。

表8-8　期望薪酬

选　项	百分比	选　项	百分比
1 000元以下	6.9	3 000～4 000元	3.8
1 000～2 000元	50	5 000元	13.1
2 000～3 000元	20		

对于薪酬的期望更是不切合实际，有50%的同学期望在1 000～2 000元间，并有43.1%的同学期望有2 000元以上的薪金，更有13.1%的同学期望达到5 000元，而只有6.9%同学期望在1 000元以下的实际值（前面往届毕业生的调查数据反映超过50%的同学第一份工作的薪酬为1 000元以下）。如何正确定位自己关系到毕业生能否找到真正适合自己的单位，也关系到整个学校的就业质量。

3. 目前打算。大多数学生对此认识较为理性，有47.7%的同学选择先就业再择业，22.3%的同学选择升学，基本反映了当前学校毕业生的去向结构（见表8-9）。

表8-9　目前打算

选　项	先就业再择业	先择业，再就业	期望形势好转再就业	升　学	不明确茫然失措
百分比	47.7	7.7	5.4	22.3	5.4

4. 择业时对决策的影响因素。学生就业时，认为对自己的决策影响程度大小依次为父母、其他、学校就业指导老师、朋友。目前，大多中职学校的毕业生都是通过学校推荐就业，学校就业指导老师对毕业生的影响程度理应较大，但目前我们大多毕业生并没有认识到，择业时过于依赖父母或自己的主观看法。据此，我们可以认为导致这一情况的可能性有两个：其一，学生没有充分认识到学校就业指导部门的作用；其二，学校对毕业生的就业指导宣传力度不够，这两种可能都值得我们思考（见表8-10）。

表8-10　择业时各方对决策的影响程度

选　项	父　母	学校就业指导老师	朋　友	其　他
百分比	39.2	14.6	8.5	31.5

5. 相关因素对就业的影响程度。此项调查，学生的认识比较集中在以下几方面：个人的学习成绩、个人的实际能力、所学专业、学校或教师的评价、家庭背景、社会关系、送礼买人情，其中有93.5%同学认为个人的实际能力对就业很重要，这提醒我们的职业教育教学一定要围绕如何提高学生的能力，要以贯彻能力为本位的原则开展；有91%的同学很在乎学校或老师的评价，这表明学校或老师的恰当评价对学生的影响很大，也说明在开展教学或思想教育工作过程中，作为教育者要慎言，要多关爱、倾听、爱护学生，要以身作则，树立示范，切忌呵叱或漠不关心，轻易伤害学生的情感，造成教育渠道的阻塞；个人的学习成绩固然对今后就业重要，但74.1%同学认为专业对就业的影响是比较重要的，这再次告诉

学校在专业设置上要考虑市场需求，并进一步明确至课程设置、教学内容与职业岗位的衔接（见表8－11）。

表8－11　有关因素对就业的影响程度

选　项	非常重要（%）	比较重要（%）	不太重要（%）	不重要（%）
个人的学习成绩	29.4	52.3	17.4	0.9
个人的实际能力	79.6	13.9	6.5	0
所学专业	33.7	40.4	25	0.9
学校或教师的评价	39	52	8	1
家庭背景	14.6	40.6	31.2	13.5
社会关系	41.8	41.8	16.3	0
送礼买人情	4.5	37.2	34.5	23.6
其　他	17.9	33.9	30.4	17.9

6. 毕业生应具备的素质。调查选项按权重依次是沟通能力、心理素质、适应能力、职业水平、品德、组织能力，这从另一方面也反映学生对这些能力的渴求。反思我们的课程设置和教学内容安排、教法、学生活动的开展，有没有很好地考虑对这些能力的培养或培养的程度如何？特别是有过半以上的同学对沟通能力和心理素质的认同更加肯定了开设心理健康教育、职业心理教育、社交礼仪、口才训练等课程的重要性（见表8－12）。

表8－12　毕业生应具备的素质

选　项	百分比	选　项	百分比
专业水平	44.6	组织能力	27.7
心理素质	55.4	适应能力	45.4
沟通能力	58.5	品　德	30.8

另外，学生认为用人单位的用人条件会比较注重个人的技能、专业能力和品德，可见学生对素质的培养有较为理性的认识。这也为我们实践性教学改革、专业建设提出了更高的要求。

7. 对毕业生就业指导工作的看法。有69%的在校毕业生对学校就业指导工作的满意度的认识为一般，很满意的百分比为零。学生希望学校在就业指导工作中要加强为录用单位和毕业生之间的双向选择搭桥、向毕业生提供人才需求信息、搜集和整理社会上有关人才需求信息、帮助毕业生推荐工作单位、为毕业生开设就业指导课程或就业教育、讲座等。此外，还希望学校在求职技巧培训、就业体验、素质拓展方面给予指导。

调查还显示学生最感兴趣的就业指导方式依次是互动沟通、经验分享、面对面咨询、自我推销、集体活动、案例分析、游戏、专题讲座、角色扮演等方式，其中有66.2%同学最喜欢互动沟通、经验分享的就业指导方式。这为今后学校就业指导工作的开展提供了一定的思路。

四、主要结论

（一）学校培养目标定位基础发生了变化

学校原以为财政部门培养专门的管理人员或技术人员作为培养目标，以往的毕业生也主要单一地到行业部门的技术、管理岗位工作。但随着国家经济体制改革，毕业生的就业结构已发生很大变化。据我们对毕业生就业情况的调研数据分析：学校近几年综合就业率在95%左右，但对口就业率较低。有97%的毕业生在企业从事生产、技术、服务、管理等第一线的工作，主要从事文员、财务、仓管及营销等辅助人员的工作。这表明我们的毕业生已难以适应技术管理岗位的要求，加之生源特征的变化，使培养生产、技术、服务、管理第一线的现代财经文员已成为我们培养目标定位的基础。

（二）在关注学生技能培养的同时，更要注重学生的可持续发展

职业教育毕竟是就业教育，使学生掌握必需的实践技能是职业教育生存和发展的关键。但随着学校教育培养目标定位基础、学生就业结构的变化，社会职业岗位的新要求及转换迅速、普高渗透、中高职衔接的教育“立交桥”逐步建立等情况的出现，职业教育已不再是单一的终结性就业准备教育。因此，职业教育必须从单纯为学生的就业作准备转向更加注重培养学生长期的、可持续的发展的能力，以提高其岗位适应性，使毕业生有更多的选择和深造机会。

（三）学校的课程体系不切合学生的实际要求

调查表明，无论是往届毕业生还是在校生均认为获得相关专业的专业技能和社交、口语、计算机、英语等通用能力是今后职业生涯中关键的要素。围绕这些能力的培养，学生普遍认为学校课程设置上存在的主要问题是：一是过分强调理论教学，不注重理论与实践教学的合理安排；二是没有以就业为目标，设置范围窄。这样的课程结构显然难以适应学生的就业技能和通用能力的培养要求。所以，如何构建既关注学生技能培养，又注重学生可持续发展所需的通用能力培养的课程结构与课堂教学内容、教学评价，是我们迫切需要关注的教学改革。

（四）学校的就业指导工作需要进一步完善

数据反映学生对学校就业指导工作提出了更高的要求，如对学校就业指导工作需加强的内容、就业指导的方式等方面，学生都提出了较好的看法与建议。这说明随着就业指导工作的逐步深入，要求其走上规范化、制度化、科学化的良性轨迹已属必然，这也是提高学生就业质量的保障。

资料来源：中国职业技术教育学会2004—2005年科研规划项目课题：《当前财经类中等职业技术学校培养目标定位及课程体系重构研究》中的子课题。

关键词

标题　前言　正文　结尾　附录　确立主体　拟定提纲　选择材料　撰写报告　修改报告

第9章 社会调查应用

学习目标：

主要介绍社会调查的相关概念、方法、工作程序，对前面各章节所学知识进行归纳，并就社会调查知识在民意调查与市场调查方面的应用作了概述。通过本章学习，进一步提升对社会调查的相关方法及技能的认识，以加强在民意调查与市场调查方面的运用。

重点、难点：

□社会调查的概念、方法及基本程序
□民意调查的基本方法及要求
□市场调查的程序与方法

日本资生堂公司为了在激烈的广告竞争中击败对手，针对消费者对化妆品的需求心理和消费情况进行了调查。他们将日本女性消费者按年龄分成四种类型：第一种类型为15～17岁的消费者，她们追求时髦，对化妆品的需求意识较强烈，但由于学校特定环境的影响，所购买的化妆品比较单一；第二种类型是18～24岁的消费者，她们对化妆品的消费追求高档化；第三种类型是25～34岁的消费者，她们大多数已结婚，对化妆品的需求是基于日常生活习惯；第四种类型为35岁以上的消费者，她们因为年龄的增大，对化妆品的需求更为强烈，但显示了购买单一化妆品的倾向。资生堂公司根据上述情况，制定了“年龄分类”的广告销售策略，在不同媒体上，针对各类消费者进行广告诉求，并使化妆品的样式、包装适应各类消费者的特点和需要，因此使产品受到了消费者的普遍欢迎。注重调查，了解市场情况，使资生堂公司获得了成功。

本章将介绍社会调查的相关应用。

第1节　社会调查概述

一、什么是社会调查

社会调查是在直接、系统地搜集有关社会现象的材料的基础上，通过对资料进行总结、概括和分析，从而达到认识社会、了解社会并揭示其发展规律的认识活动。社会调查包括两部分，即调查和研究。“调查”，就是人们通过对客观事物的观察、考核和计算来了解客观事实真象的一种感性认识活动；“研究”，是指通过对调查所获得的感性材料进行审查和思维加工来达到认识社会现象的本质及其发展规律的一种理性认识活动。社会调查的全过程就是一个由感性认识上升到理性认识的过程。由此，我们说社会调查包括如下内容：

1. 社会调查是一种自觉的认识活动，它具有一定结构和程序。任何社会调查都是通过有目的、有意识的活动来发现社会发展的规律；而一般的社会现象的观察只是获得一些有关社会的感性认识，并不具有特定的明确的目的。并且，社会调查活动从选择调查题目开始，直到最终以调查报告的形式得出调查结果为止，整个过程具有很强的系统性和程序性。这种系统性和程序性并非只是一种表面形式，而是调查活动所具有的某种内在规律的体现。

2. 社会调查的对象是社会事实。社会调查的对象既包括社会现象的数量、规模、结构等客观存在的社会事实，也包括人们的态度、意愿、意见、看法等主观范畴的社会事实。社会调查在研究社会事实时是从活生生的社会现实生活中直接搜集社会事实材料并进行分析研究，而不是仅仅在书斋或图书馆里利用间接的文献资料进行研究。

3. 社会调查是一门方法科学。在社会调查中，无论是调查前的准备、资料的搜集、资料的整理、资料的分析还是调查报告的撰写等工作都表现较强的方法性。它不同于哲学以及经济学、社会学、政治学等社会科学有着完备的范畴体系和理论体系，所以，从学科性质上讲，社会调查是一门方法科学。社会调查与其他社会科学学科有着密切的联系，一方面接受其他社会科学的理论指导，另一方面又为各门学科的研究提供了基本的认识社会、了解社会的方法和途径。

二、社会调查的作用

社会调查既是一门方法性的学科，又是一门基础性、应用性的学科。它的学科性质决定了它的基本作用。其主要作用可概括为感知、描述、解释和控制。

1. 深入实际，搜集第一手资料。**社会调查最主要的作用就是能够帮助人们掌握第一手资料。**除了从其他渠道取得信息之外，社会调查必须亲自深入实际，掌握第一手资料，形成一个全面的资料网，才能对认识世界提供客观、真实、全面的资料。

2. 根据搜集的资料，客观地描述社会现象的一般状况、过程及特点。**社会调查就是要对深入实际得来的资料进行分析，从中描述出社会发展的一般规律及其本质，给人们一个清**

晰的概念。

3. 控制与预测社会现象的发展。经过对资料的搜集、整理和分析，**社会调查的最后任务就是要揭示社会现象的本质及其发展规律，从而预测社会发展的趋势，控制社会现象的发展。**

总之，社会调查的主要任务是先掌握客观事实，然后对社会的客观事实进行描述分析，从而达到预测及控制社会发展趋势的目的。

三、社会调查的方法体系

社会调查是一门方法性科学。社会调查的方法体系是由调查研究的方法论、各种具体方法和具体技术三个层次构成的（见图9－1）。

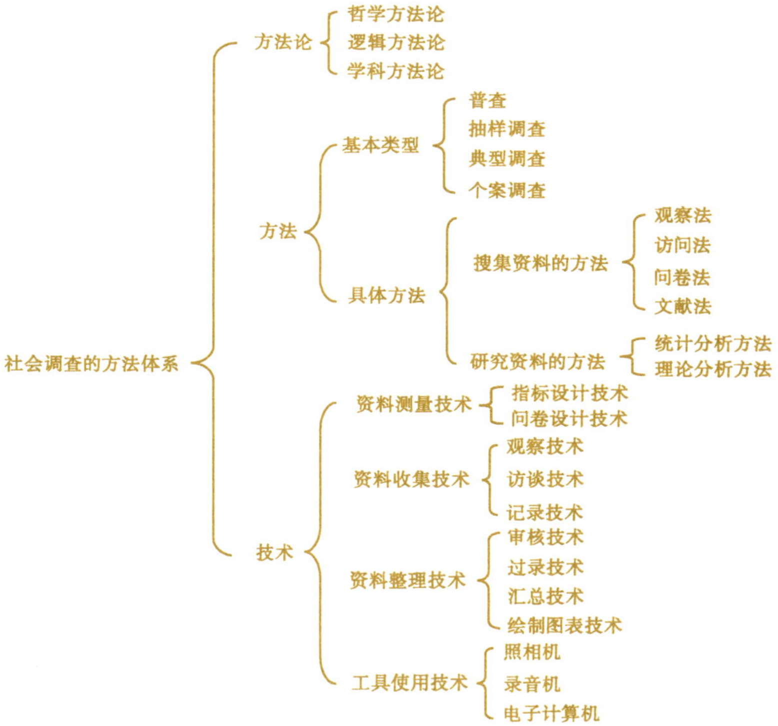

图9－1　社会调查的方法体系

（一）社会调查的方法论

社会调查的方法论是社会调查方法体系的最高层次。它主要是指社会调查的理论基础和指导思想。它由马克思主义哲学方法论、逻辑方法论和各门社会科学的学科方法论所组成。

马克思主义哲学方法论是运用马克思主义哲学理论观察和分析问题的根本方法。它从世界观和方法论的高度为社会调查指明了方向和道路，构成社会调查方法体系的理论基础。

逻辑方法论是一整套科学思维形式和思维方法的理论体系。它为社会调查的具体方法和具体技术提供了思维方法的指导。

学科方法论是指各门社会科学的专门理论。它们为调查研究课题的确定、各种调查指标的制定等等提供理论帮助。

总之，哲学方法论、逻辑方法论和学科方法论的综合运用构成了社会调查方法的完整体系。

（二）社会调查的具体方法

社会调查的具体方法是社会调查方法体系的中间层次。这个层次主要包括搜集资料的方法和研究资料的方法两部分内容。

搜集资料的方法主要是指在调查实施阶段所使用的具体方法。它的方式、方法繁多，主要有普查、抽样调查、典型调查、重点调查、个案调查等基本类型，以及观察法、访问法、问卷法、文献法等具体方法。

研究资料的方法主要是指在研究阶段所使用的具体方法，包括统计分析方法和理论分析方法两部分内容。统计分析方法主要有单变量描述统计、双变量相关分析、区间估计和假设检验等。理论分析方法主要有分类和比较、归纳和演绎、分析和综合等方法。

（三）社会调查的具体技术和工具

社会调查的具体技术和工具是社会调查方法体系的最低层次。它包括专门技术和工具使用两部分内容。

专门技术服务于具体方法，包括指标设计、问卷设计等资料测量技术，观察、访谈、记录等资料搜集技术，以及审核、过录、汇总等资料整理技术。

专门工具也服务于具体方法，是具体方法的延伸，包括记录表、过录表、统计表等量度工具，还包括照相机、录音机、摄像机、电子计算机等辅助工具的使用技术。随着调查研究方法的现代化，像电子计算机这样的统计分析工具在调查研究中正发挥着越来越重要的作用。

社会调查方法体系的上述三个层次是相互联系、相互制约的。在整个方法体系中，方法论是基础，它决定着调查研究的方向和价值，决定着具体方法和技术的选择。而调查研究的具体实施有赖于具体方法和技术的运用，具体方法和技术的发展变化又促进着方法论的发展变化。正是这三个层次在相互联系和相互制约中不断发展与完善，才使社会调查方法构成为一个严密的科学体系。

四、社会调查的基本程序

社会调查研究必须遵循科学研究共同的规范和程序，使调查研究的成果能够被严格地检验，每一个共同遵守的程序及操作能够被仔细地推敲，具体的环境能够被周密地限定。复杂特殊的不同社会调查研究活动存在着普遍的一般的调研程序模式，主要包括以下五个相互联系、相互贯通的阶段：

（一）调查准备阶段

任何调查研究都要首先做好准备，编制计划，然后按计划进行，才能达到预期的目的。**调查准备阶段的主要任务是确定调查目的，设计调查方案，组建调查队伍。**确定调查目的，就是通过对现实问题的探讨、选择，确定研究课题，明确课题的目的、意义和要求。设计调查方案，是将调查内容具体化和操作化，进行调查指标和调查总体方案的设计。组建调查队伍，就是选择、训练和组织调查人员。

（二）资料搜集阶段

资料搜集阶段的任务是利用各种调查方法搜集有关资料。资料的搜集是调查活动直接深入社会生活获得信息的过程，要求调查者按照调查设计的内容和要求，系统、客观、准确地获取数据资料。数据资料的客观性、准确性是一项研究工作获得成功的根本保证。为了获得真实可靠的资料，应注意两方面的问题：一是要尽可能获得被调查对象所在组织的帮助和配合；二是要密切联系被调查的对象，争取他们的充分支持与合作。社会调查的方式方法及具体的调查项目在设计的方案里就已经确定了，但在具体的调查过程中，调查人员应依实际情况，结合一些设计方案中没能预测到的情况或设计不完善的地方进行适当调整和补充。

（三）资料整理阶段

资料整理阶段的主要任务是对调查所获得的第一手资料进行系统的整理分类、统计分析和理论研究。资料的整理分类是对调查的文字资料和数字资料进行全面审核，去粗取精，去伪存真，消除资料中的假、大、空等现象，使资料简化、系统化、条理化，以集中、简明的方式反映调查对象的总体情况，适合于进一步分析。

（四）资料分析阶段

进行资料分析，就是运用统计学的原理和方法来对资料进行综合与分析。它要求采取由此及彼、由表及里、层层深入的分析方式，每一层分析所获得的结果是下一步进行理论研究的依据。理论研究是调查的深入、提高阶段。理论研究人员要根据自己的专业知识，提出希望从原始资料中获取哪些数据、信息。统计分析人员要根据调查的内容、理论工作者的要求，利用有关的统计学理论和方法从原始资料中挖掘有分析研究价值的信息。只有这样不断反复，才能得出有意义的研究结论，撰写的调查报告才能更充实，并有较高的水平。

（五）总结阶段

总结阶段的主要任务是撰写调查报告，对调查工作进行总结和对调查结果进行评估。撰写调查报告是说明调查结果或研究结论，并对调研的基本过程、具体方法、研究的最后结论以及研究中的一些重要问题或下一步研究的设想等进行系统的叙述和说明。对调查工作进行总结，包括对整个社会调查工作的总结和所有参与调查工作的个人总结。总结的目的是积累成功的经验，吸取失败的教训，为今后的社会调查工作提供正反两方面的经验。对调查工作的评估主要从学术价值和社会价值两方面进行系统评估。学术价值评估主要是对本次调查研究所采取的方法、提供的数据、研究的结论做出客观的评价；社会价值评估是对调研结论的采用率、转引率和对实际的指导作用等做出实事求是的评估。

掌握社会调查的基本程序对调查研究活动有重要的指导作用。

第2节 民意调查

一、什么是民意调查

“民意”，就是大多数人对某事、某人的意见或看法。**民意调查，是指通过抽样方法，根据对为数不多的人的调查，预测一个地区乃至整个国家的公众对某一问题的态度和倾向。**

这种方法之所以具有科学性，是因为被抽样的人数虽少，但这些人有广泛的代表性。被调查者来自不同年龄段、社会阶层、性别、职业、种族、信仰等。

民意调查广泛用于各种问题的调查，诸如政治的、文化的、生活的，凡是需要反映民意、了解民意的问题都可以用此方法。目前，民意调查主要用于下面几个方面：

1. 选举预测调查。选举预测起源于美国对总统选举的预测，随之其他西方国家都纷纷效仿。它之所以产生如此大的效应，是因为选举总统是大多数公民普遍关注的大事，民意调查迎合了公众的心理，随后也就产生了轰动效应。

2. 时事问题调查。时事问题调查主要是对一些人民群众最关心的、又涉及其自身利益的一些时事政治问题进行调查，目的在于了解公众对某些政治事件态势发展的看法。这类调查一般是由政府机构组织实施的，为政府的机构提供决策参考。诸如美国的海湾战争是否派兵、加拿大魁北克省是否独立，都是根据民意调查的结果来决定的。

3. 社会生活问题调查。这种调查是指对当今社会生活中的现实问题进行的调查。如对青年婚姻观的调查，从中可以了解青年人对社会、人生、爱情、伦理等的认识；对老年人生活问题的调查，可以了解老年人的饮食、居住、健康、心理等方面的基本情况。除了政府调查机构为了了解民意作这种调查之外，社会科学研究机构也对这些问题作调查，编制系列皮书，以研究社会发展的现状及趋势。

相关链接

在美国，民意调查这种抽样方法最早由乔治·盖洛普和埃尔默·罗珀应用于商业领域。1932 年，受雇于纽约一家广告公司的盖洛普利用抽样方法为客户进行市场调查。因为能够准确预测顾客需求，这种调查受到越来越多的公司的注意，盖洛普的生意逐渐兴隆。为扩大影响，1935 年，盖洛普建立了美国民意研究所。就在盖洛普创业的同时，罗珀也开始涉足这一领域。1933 年，罗珀与人合伙开办销售调查公司，并从 1935 年起为《幸福》杂志进行民意调查。1936 年，在总统选举前，盖洛普、罗珀和克罗斯利的公司分别以类似的方法，通过对数百人的调查，准确预测罗斯福将获胜。从此，民意调查在全国范围内引起注意，并被广泛用于政治领域。1936 年、1940 年和 1944 年，罗珀民意调查公司因为接连三次预测罗斯福连任总统而名噪一时，并进一步扩大了民意调查在政治领域的影响。

目前，盖洛普民意研究所是美国规模最大、也是最有名的民意调查机构，几乎成为民意调查的代名词。其调查内容几乎包括美国政治、经济和社会生活的各个方面。它的抽样调查结果在全国 150 家报纸的专栏上发表。该所还在英国、法国、加拿大等 30 个国家设立分支机构，为客户进行跨国性民意测验和市场调查。

二、民意调查的基本方法及要求

（一）民意调查的基本方法

根据民意测验所借助的手段来区分，民意测验的方法有问卷调查法、个别访问调查法、电话调查法等几种方法。这些方法的具体运用要求详见第二章“资料搜集的方法”知识内容。

（二）民意调查的要求

民意调查的结果要做到充分体现民意，在调查时必须满足以下要求：

1. 抽样要求。在确定被调查者时，必须按照抽样方法抽取样本单位，即进行抽样设计。

首先要保证随机原则的实现，要有合适的抽样框。例如，某城市进行民意调查，如果以该市移动公司的电话号码簿为抽样框显然是不合适的，因为并不是所有居民都拥有手机，从这里取得的样本资料是很难说具有全市的代表性。

其次，要考虑样本容量和结构问题。在民意调查中，要调查多少人才能反映全国 13 亿人口的意见？

再次，关于抽样的组织形式问题，应该认真、细致地估计不同组织形式和不同抽样方法的抽样误差，并进行对比分析，从中选择有效和确实可行的抽样方案。另外，还必须重视调查费用这个基本因素。

2. 问卷设计的要求。随着现代调查技术的发展，对问卷的设计要求越来越高。综合第 2 章所学习的问卷调查知识，对问卷设计的要求可以归结为以下几点：

（1）问卷的整体安排要求整洁、有序，提问要由浅入深，还要把同类性质的问题尽可能地安排在一起，并按问题的复杂程度和困难程度排列。最初的提问要安排那些容易引起被答者的兴趣而且易于回答、在感情上又是中立的问题，将复杂的、不好回答的以及带有一定敏感性的问题放在问卷之后，也就是在被答者对有关情况熟悉以后，再提出这类需要考虑或者敏感的问题，这样就可以给被答者一个心理适应过程。

例如，一份关于电视观众的问卷调查，在基本身份鉴定完之后，第一个问题是“您家中拥有下列物品吗？”（电器之类）；第二个问题是问“您业余时间与其他人来往吗？”；第三个问题问“您是否看报纸、电视、读报？”；第四个问题才提出“您不常看电视的原因是什么？”前面三个问题都不用多加思考，而且很自然地把回答者的注意力吸引到电视的问题上。

（2）问卷问题的数量设计，一是要考虑课题的实际需要；二是要考虑被调查者的时间与兴趣。问题数量太少，不能满足调查的需要，得来的资料不完整、不全面；问题数量过多，占用被调查者的时间过长，往往会引起厌烦，因此要精确安排，有用的一个不能丢，不必要的一个也不能加。

（3）在设计问题时，每一个问题的提出不仅要考虑课题的需要，还要考虑调查对象的实际情况。例如，向一般居民询问“您是否喜欢古典派艺术还是现代派艺术？”这种问题专业性较强，比较难回答，或许碰到喜欢艺术的爱好者还能回答一点，对一般人来说，要么不知道，要么拒绝回答。因此，每提一个问题必须仔细推敲，看看提出的问题是否妥当，否则将会遭到拒绝，失去了了解真实情况的机会，这也是问卷在客观性、科学性上的具体体现。

（4）问卷的语言、语气等的设计也比较重要，首先，语言要简单明了，语句要通顺，不搞文字游戏。因为调查问卷不是文学作品，它的问题需要让大部分人能够正确理解并回答。其次，语气要诚恳、客气，让人读起来有一种比较舒服的感觉。再次，在某一地区需要使用方言的，也应该注释清楚，否则会造成不必要的误会。

3. 问卷发放与回收的要求。问卷根据传递方式的不同，可分为报刊问卷、邮政问卷、送发问卷、访问问卷四种形式。具体选择什么方式，主要要考虑回收率、时间、费用等因素。回收率高、时间快、费用省的方式就是我们所要选择的理想方式。因此要注意以下问题：

（1）在发放问卷之前，先作小范围的试验。这样可以检验出问卷在实施过程中会不会有遗漏，如果有纰漏，这时候采取补救措施还来得及，而且从小范围试验的调查结果也可以看出问卷回收率的基本情况。

（2）在发放问卷之前，最好能取得当地政府的支持。有些课题与政府机构的工作有直接关系，有些有间接关系，因此要取得当地政府的支持是完全可能的，尤其是一些团体性质的调查，离开了政府部门的支持会寸步难行。

（3）取得调查对象的支持。

（4）选取发放与回收方式。根据一般经验，报刊问卷的最终回收率为20%～30%，访问问卷的回收率则可能高达100%。因此，在选择时，一是要考虑回收率的高低；二是要考虑方便快速；三是要考虑课题的要求。

第3节　市场调查

一、什么是市场调查

市场调查是运用科学的方法，有组织、有计划地系统、全面、准确、及时地搜集、整理和分析市场现象的各种资料的活动过程。

在市场竞争日趋激烈的情况下，拥有市场比拥有一个工厂更为重要。如何分析市场、发现市场和确定市场已成为企业关注的关键问题，市场调查的重要作用主要在以下几个方面：

（一）为企业提供市场信息

研究市场，使企业营销的产品和服务适应和满足消费者的需要是营销策略中首要解决的问题。**企业所面对的既定市场是由购买者、购买力、购买欲望三要素构成的。**这三个要素既是相互统一的整体，又是企业研究的重要内容。为此，企业要了解市场中的购买者是谁，了解他们的购买力和购买欲望，然后根据目标顾客的情况制定相应的产品策略、价格策略、销售通路策略和促销策略，以满足顾客的现实需要和潜在需要。

（二）帮助企业开拓市场，开发新产品

任何企业都不会在现有的市场上永远保持销售旺势。要想扩大影响，继续赢利，就不能把希望寄托在一个有限的产品和特定的地区范围内。当一种产品在某个特定市场尚未达到饱和状况时，企业就应开始着眼于更远的、还没有满足的市场。这就需要通过市场调查了解顾客当前的需要和满足程度，并了解顾客尚不能明确表述出的潜在市场的需要，为企业制定行之有效的市场开发战略提供重要的依据。

例如，儿童文学读物《哈利·波特》在中国的热销即来自于对出版市场的深入调查研究。长期以来，我国儿童类图书大多以知识性、教育性为主，不重视儿童的纯真天性。儿童教育理论专家认为，“寓教于乐”不是不可以，但在现实操作中具有很大的难度，需要同儿

童心理学家合作才有可能成功。《哈利·波特》正好弥补了儿童“非智力”读物市场的空白。孩子们看完后，想象力得到了充分的发挥和满足，成功地打开了儿童思维的另一扇窗户。这一例子说明利用市场调查对某类市场状况进行研究后，就可以发现同类产品的市场空白，从而及时开发新产品以满足市场的需要。

（三）有利于企业在竞争中占据有利地位

知己知彼是每一个企业对付市场竞争的有效方法。企业要达到在竞争中取胜的目的，就必须掌握对手的经营策略、产品优势、经营力量、促销手段及未来的发展意图等。企业要通过市场调查了解对手的情况，发挥自己的长处，或针对竞争者的弱点，突出自身的特色，以吸引消费者选择本企业的产品。

例如，日本的麒麟啤酒公司通过与商人和军人为主的客户建立良好的关系，一度曾占领日本啤酒市场份额的60%。但到了20世纪80年代，在日本的年轻人中开始盛行喝干啤，而麒麟公司却不愿意放弃原有的核心客户，仍然将市场定位于喜欢喝传统啤酒的商人和军人消费者，没有开发干啤这一新兴的市场。相反，日本朝日啤酒公司则适应市场需求的变化，大力推出适应年轻人口味的干啤，从而迅速超过了麒麟公司，成为日本啤酒业的龙头。

（四）帮助企业打造核心竞争力

企业面对庞大的市场，通过市场调查不仅可以在整体市场中挖掘出企业最具竞争优势、发展潜力的细分市场，而且还可以在一定程度上引导潜在需求，以培养和创造新的市场，从而将企业的核心竞争力转化为市场中具体的竞争优势。

例如，南开戈德集团通过开展市场调查，打造了较好的核心竞争力。作为全国最早开发人民币自动识别系统的企业，南开戈德集团在人民币防伪和识别领域处于绝对的垄断地位。由于企业长期从事人民币防伪和识别的研究以及具有人民币识别系统技术方面的技术领先优势，“人民币防伪和识别能力”就成为企业的核心竞争力优势。传统的商业零售市场细分通常是以消费者的消费档次以及销售规模作为变数对市场进行划分的。按照此种划分方法，商业零售可以粗略划分为高、中、低档以及大型、中型和小型市场。此种划分方式导致构成整体商业零售市场的各个细分目标市场具有竞争方式共同化特点。南开戈德集团通过大量的市场调查，依靠“人民币防伪和识别能力”这一企业自身核心竞争力，对整体商业零售市场进行了重新划分，将商业零售市场划分为人工售卖与自动售卖的细分市场，并凭借企业自身核心竞争力研制开发了充分蕴涵“人民币防伪和识别能力”的自动售卖机，借此创造了全新的时尚购买方式。南开戈德集团同时将购买者群体定位于全天候自动购买的消费者。由于南开戈德集团的“人民币自动防伪和识别能力”具有绝对优势，企业所定位的微超市场也就构造了坚实的市场进入壁垒。

（五）为企业预测未来市场发展提供基础

每个企业在进行现行营销的同时，还要注重对未来市场的研究，即不断了解、分析市场未来的发展趋势，抓住新的发展契机。对未来市场的了解就是在市场调查的基础上进行的市场预测。

例如，日本长力公司和蛇目公司均为生产缝纫机产品的企业，但在市场调查力度上的不同，造成两公司的发展截然不同。日本长力公司是日本最早开发电脑缝纫机新产品的大公司，1976年研制出电脑针箱式缝纫机，雄居同类产品之首。1979年4月，蛇目公司通过大量的市场调查研究分析，决定推出记忆型电脑控制缝纫机，结果发展势头很好。而长力公司原董事经理中山孝没有进行大量的市场调查，就错误地认为缝纫机已不是耐久消费品，没有必要制造高档产品，应该继续以中低档产品为主。在此错误思想指导下，长力公司大力扩充销售网，倾力生产低档产品，自动退出高档电脑缝纫机市场。与此同时，蛇目公司则不遗余力地开发新颖的电脑缝纫机，研制出一批优秀的机种，历经市场考验，誉满日本。到 1984 年，长力公司终于因连年经营亏损，无力偿还巨额债务，宣告破产。

二、市场调查的内容

市场调查的内容比较广泛，企业所面对的问题不同，调查的内容也不同。企业可以根据市场调查的目的确定市场调查的内容。一般来说，市场调查的内容主要涉及以下几个方面：

（一）市场基本环境调查

对市场基本环境的调查主要包括如下内容：

1. 自然环境的调查。自然环境决定了企业的生存方式，它包括自然资源、地理和气候环境等。

（1）自然资源的调查。自然资源的禀赋，尤其是短期内不可更新的资源，对企业的影响极大，比如石油对汽车业的影响等。因此，企业必须调查与自己有关的资源的储存、开发情况以及该资源的替代更新程度。

（2）地理资源的调查。地理环境决定了地区之间资源的分布状况、消费结构和消费习惯，它对企业产品的销售、运输和仓储方式的选择起着关键性的作用。如平原与丘陵对自行车生产企业的影响不同。因此，企业应注意产品在不同地理环境下的适用程度和需求程度差异方面的调查，由此采取相适应的营销策略。

（3）气候环境的调查。气候会影响消费者的饮食习惯、衣着、住房等，在某种气候下，消费者对商品的选择会带有一定的针对性。如制冷产品、服装、饮食等我国南方与北方有很大的差别，就是某一地区不同时期的气候也会影响着消费者的消费习惯。因此，对气候环境的调查可能是大多数企业不可忽视的重要内容。

2. 经济环境调查。经济环境对市场活动有着直接的影响。企业对经济环境的调查主要可以从以下两个方面进行：

（1）经济发展水平。经济发展水平主要影响市场容量和市场需求结构。经济发展水平增长快，就业人口就会相应增加；而失业率低、企业开工率高以及经济形势好，必然引起消费需求的增加和消费结构的改变；反之，需求量就会减少。

（2）消费水平。消费对生产具有反作用，消费水平决定市场的容量，也是经济环境调查不可忽视的重要因素。消费水平的调查主要是了解某一地区的国民收入、消费结构、物价水平和物价指数等。

3. 政治法律环境调查。政治与法律环境的调查主要是了解对市场产生影响和制约作用的国内外政治方针与政策、法规条例等，如对 WTO 的有关规则和每个国家制定的经济法规的调查与了解，对于企业进入国际市场是至关重要的。

4. 社会文化环境调查。每一个地区或国家都有自己传统的思想意识、风俗习惯、思维方式、宗教信仰、价值观等，这些构成了该地区或国家的文化并直接影响人们的生活方式和消费习惯。对于市场营销人员来说，营销活动只有适应当地的文化和传统习惯，其产品才能得到当地消费者的认可并接受。

（二）市场需求调查

市场是企业营销活动的出发点和归宿点，市场需求调查是市场调查中最基本的内容，它包括消费需求量调查、消费结构调查、消费动机调查等内容。

1. 消费需求量调查。消费需求量直接决定市场规模的大小，它一般受两个因素的直接影响。

（1）人口数量。人口量是计算需求量时必须考虑的因素。一般来说，人口数量多，市场规模就大，对产品的需求量也必然会增加，如我国人口约占全球总人口的1/4，其潜在市场规模较大。在考虑人口数量时，也要分析人口的属性状况，如性别、年龄、教育程度等。如我国逐渐成为老年型国家，“银发市场”的潜力极大。

（2）购买力。消费需求量除了人口数量外，还受到可支付购买力的影响。在拥有一定的可支付购买力的条件下，人口数量与消费需求量有密切的相关关系。分析消费购买力主要看消费者的货币收入的来源、数量、需求支出方向以及储蓄状况等。

2. 消费结构调查。消费结构是指消费者将其货币收入用于不同产品支出的比例，它决定了消费者的消费投向。对消费结构的调查主要是对恩格尔系数的了解。所谓恩格尔系数，就是消费者的食品支出占全部支出的比例。系数越小，说明用于食品方面的支出就越少，而在其他方面的支出就越多。

3. 消费者购买动机调查。购买动机就是为满足一定的需要而引起人们购买行为的愿望和意念。消费者购买动机的影响因素较多，既有客观方面的原因，也有主观方面的原因，因而消费者购买动机调查难度较大，需要通过直接调查法和间接调查法相互结合来了解消费者购买动机的影响因素、表现类型等。很多企业通过市场调查来了解消费者的消费情况。对于一些大公司来说，知道顾客买什么、在哪里买、为什么买和什么时候买的情况是有效营销的基础。

可口可乐公司通过市场调查发现，人们在每杯水中平均放2～3块冰，每年看到69个该公司的商业广告；喜欢售点饮料机放出的饮料温度是35度；100万人在早餐中喝可乐；美国每人每年消费156个汉堡包、95个热狗、283个鸡蛋等。

中国台湾某纸业公司通过调查了解到，台北市民喜欢450克塑胶包装卫生纸，台南市民则喜欢300克的纸包装卫生纸；台北市每人每天卫生纸的消耗量为6.97克，台南市则为4.91克。台北市的消费者重视卫生纸的品质，台南市则以习惯来决定其购买的品牌。

某一跨国快餐公司了解到，美国的消费者重视快餐店停车位的多少；日本的消费者关心的是快餐店的用餐时间；中国香港的消费者更留意快餐店卫生间的面积；而中国内地的消费者则更重视快餐店的环境和座位的舒适程度。

（三）市场供给调查

企业在生产过程中除了要掌握市场需求情况外，还必须了解整个市场的货源情况，包括供应来源、供应能力和供应范围的调查等。

1. 商品供应来源的调查。市场中商品供应量的形成有着不同的来源，除了对全部供应量的宏观情况调查外，还要进一步了解影响各种来源供应量的因素。

2. 商品供应能力的调查。企业商品供应能力包括商品的流转规模、速度、结构状况是否满足市场的需求。商品供应能力的调查主要包括以下几个方面的内容：（1）企业设备供应能力，包括设备条件、技术水平和更新状况等。（2）企业资金供应能力，包括资金来源、构成、分配和使用状况等。（3）企业员工的工作能力，包括现有员工的数量、构成、素质以及为今后企业发展储备的人才状况等。

3. 商品供应范围的调查。商品供应范围及其变化会直接影响到企业营销目标的变化。商品供应的范围实际上就是企业营销的目标市场，在一定时期内，市场目标的定位是稳定的，但是随着市场环境和消费者需求偏好的变化，企业的目标也会发生相应的变化。因此及时调查企业产品供应范围的变化对调整营销策略有着至关重要的作用。

例如，美国某一化妆品公司，原来生产的洗发液主要供应和满足儿童市场的需要，但是随着美国婴儿出生率的下降，儿童市场的需求量在不断减少，因此该公司经过详细调查之后，果断地将产品供应范围扩大到青少年市场，保证了企业的持续发展。

（四）市场竞争对手的调查

美国管理学家迈克尔·波特将竞争对手划分为五类，即同行业的竞争者、潜在的竞争者、替代品的竞争者、卖者讨价还价的竞争、买者讨价还价的竞争。不论上述哪一种竞争者，都会对企业构成威胁。因此，通过对竞争对手进行调查来确定自己的竞争策略非常重要，正可谓“知己知彼，百战不殆”。

一般而言，对竞争对手的调查包括：（1）企业竞争者是谁？（2）主要竞争者所占有的市场份额是多少？（3）主要竞争者的竞争优势表现在什么地方？（4）主要竞争者是否存在劣势？（5）行业竞争者采取的营销战略与策略是什么？

（五）市场营销活动调查

市场营销调查是调查活动中的重要内容，涵盖的内容较多，如产品调查、价格调查、分销调查和促销调查等。

除了上述的调查内容外，还有一些专门性的调查，如企业上市前的调查等。

三、市场调查的特点

作为企业市场营销活动的基础，市场调查执行着自己的特殊职能和任务，它具有如下的特点：

1. **全过程性**。在激烈的市场竞争中，市场调查工作不能只在生产或营销活动前的阶段进行，而是对日常状况进行研究的整体活动，包括售前、售中和售后阶段，都需要进行市场调查；它不是单纯的对市场信息资料的搜集过程，而是包括了调查设计、搜集资料、整理资料、分析资料和提出调查报告的一个完整过程。

2. **社会性**。市场调查的对象是市场环境和营销活动。随着社会生产力的不断发展和企业外部环境的不断变化，市场营销范围不断拓展，营销观念也由此经历了生产观念、推销观念、市场营销观念等阶段而进入了社会营销观念阶段。

3. **目的性**。市场调查是一种了解市场特征、掌握市场变动趋势的手段。市场调查的最终目的是为有关部门和企业进行预测和决策提供科学的依据。因此，企业必须明确调查的目的，使调查具有较强的针对性。

4. **不确定性**。市场调查根据调查内容的不同可采用不同的方式，其结果也有所不同，这是由于市场是一个受众多因素综合影响和作用的场所，市场调查有可能只掌握了部分信息，或许有许多资料在调查时被忽视了，即使获得的资料很完整也可能具有某种不确定性，不能确保企业预测和决策一定能成功。市场调查仅是预测与决策的基础，这在进行市场调查时应注意。

5. **科学性**。市场调查方法是一种科学的调查方法，而不是主观臆断。在市场调查中，对资料的汇集和分析所采用的方法，包括各种资料搜集方法、资料整理方法和分析方法，是为了掌握事物的本质，从而把握住影响市场营销活动的关键因素。这些方法都是在一定的科学原理指导下形成的，并被实践证明是行之有效的，如运用统计学、数学、概率论及心理学等学科的知识去进行统计、分类和进一步的分析。

四、市场调查的类型

从各种角度分类，将市场调查区分为不同的类型，有利于对市场调查作全面系统的理解，也有利于在市场调查实践中明确调查目的和确定内容。

1. 根据购买商品目的分类。根据购买商品目的的不同，市场调查可分为消费者市场调查和产业市场调查。

2. 按调查范围分类。按调查范围不同，市场调查可分为需求调查和供给调查。

3. 按商品流通环节分类。根据商品流通环节不同，市场调查可分为批发市场调查和零售市场调查。

4. 按产品层次分类。按照产品层次分类，市场调查可分为各种不同产品类型的市场调查。

5. 按调查组织的方式分类。市场调查的组织方式是指如何处理被调查对象总体，而不是指具体的搜集市场资料的方法。根据调查组织的方式不同，市场调查可分为全面市场调查与非全面市场调查。

6. 按调查的内容分类。根据调查的内容不同，市场调查可分为定性市场调查和定量市场调查。

7. 按调查的方法分类。按市场调查方法不同，市场调查可分为文献调查和实地调查。

8. 按调查的设计分类。按调查的设计分类不同，市场调查可分为探测性调查、描述性调查、因果性调查和预测性调查。

五、市场调查的程序

企业实施市场调查将花费大量的人力、物力及时间，调查的结论及建议要能针对企业实际需要，充分发挥下述效果，方能称之为成功的市场调查：一般情况下，要求做到协助企业经营者制定营销策略；改进企业市场营销活动的缺陷；提供市场新契机的建议；避免错误的营销决策等效果。为达到这些效果，需要在市场调查中建立一套系统、科学的程序。

一般来说，市场调查程序分为三个阶段：市场调查的准备阶段、市场调查的资料搜集阶段和市场调查的资料整理分析阶段。

（一）市场调查准备阶段

市场调查的准备阶段是市场调查工作的准备和开始，准备得是否充分周到对后面的市场调查工作的开展和调查的质量影响很大。这一阶段的内容主要包括确定调查目标、确定调查项目、选择调查方法、估算调查经费、编写调查建议等。

调查目标就是调查所要达到的具体目的，包括企业产品问题、经营中出现的困难、市场竞争问题及未来的发展方向等。为使调查目标明确具体，必须要考虑调查的目的、调查的内容、调查结果的用途及调查结果的阅读者等问题，从而为下一步调查工作的顺利进行奠定基础。确定调查目标后，就要拟定调查方案和工作计划。调查方案是对某项调查的具体设计，主要包括调查的具体对象、调查的地区范围、调查资料搜集和整理的方法等内容。调查工作计划是指对某项调查的组织领导、人员配备和考核、完成时间、工作进度和费用预算等事先进行的安排，目的是使调查工作能够有计划地进行，以保证调查方案的实现。在实际调查中，调查方案和调查工作计划各有不同的作用。一般大型的市场调查需要分别制订调查方案和调查工作计划，小型的市场调查可以统一考虑调查方案和工作计划。

（二）市场调查的资料搜集阶段

拟订的调查企划建议书经企业主管审查批准后，就进入到调查资料的搜集实施阶段。这个阶段的主要任务是组织调查人员按照调查方案的要求和工作计划的安排，通过案头调查和实地调查，系统地搜集各种资料数据。一般而言，市场调查所要搜集的资料主要有直接资料和间接资料。

直接资料是市场调查者自己采用各种市场调查方式方法，对市场信息进行搜集、整理、分析等的结果，即通过实地调查取得的市场资料，如采用典型调查、重点调查、抽样调查等方式和观察法、实验法和访问法等方法。直接搜集的市场资料实用性强、可信程度高。但取得直接资料需要较多的费用，有些资料又是企业无法取得的，直接资料在反映市场及其影响因素的广度上带有一定的局限性。

间接资料是指从别人所组织的各种调查搜集和积累起来的材料中，摘取和整理出的市场或与市场有紧密联系的社会经济现象的有关资料。如常见的报刊杂志、经济年鉴、大众媒体等，都是间接资料的重要来源。间接资料的主要特点是节省费用，对有些企业无法组织的调查，可依靠其他有关调查机构的调查资料。但间接资料的适用性没有直接资料强，往往需要对资料进行再整理。此外，对于间接资料的可信程度一定要进行考查。

资料搜集阶段是市场调查的主要内容，是市场调查能否取得成功的关键，也是花费财力和人力最多而且最容易产生差错的阶段。因此，要深入研究各种调查方法、调查方式以及科学地制作调查问卷。

（三）市场调查的资料整理分析阶段

市场调查资料的整理分析阶段是调查全过程的最后一环，也是市场调查能否充分发挥作用的关键。它包括资料的整理、资料的分析和市场调查报告的撰写。当取得大量的市场调查资料之后，首先要对其进行审核订正，分类汇总，根据研究目的进行加工整理，然后进行分析，即运用统计学的有关原理和方法，研究市场现象总体的数量特征和数量关系，揭示市场现象的发展规律、水平、总体结构和比例、发展趋势和速度等等。因此，市场调查人员还需要掌握一定的统计分析技术，通过分析研究，在确实弄清市场活动和过程的基础上，研究其动向及其发展变化规律，探索解决问题的方法。

六、市场调查的基本方法

（一）文献调查法

当人们对某个市场拟做出某种情况的分析时，若这个市场的资料有限、但已有一些可靠的文字资料时，此时文献调查是一种比较有效的调查方法。当需要更深入地了解和分析这一市场的情况时，就需要进行实地调查。应该说文献调查和实地调查是市场调查中相互依存、相互补充的两种调查方法。网络调查不仅扩展了文献调查的资料来源渠道，同时也为实地调查提供了更节省、更有效的手段和工具。

例如，日本某公司进入美国市场前，通过查阅美国有关法律和规定得知：美国为了保护本国工业，规定美国政府收到外国公司商品报价单，一律无条件地提高价格 50%。而美国法律中规定，本国商品的定义是“一件商品，美国制造的零件所含价值必须达到这件商品价值 50% 以上”。这家公司根据这些条款，思谋出一条对策：进入美国公司的产品共有 20 种零件，在日本生产 19 种零件，从美国进口一种零件，这一种零件价值最高，其价值超过 50%，在日本组装后再送到美国销售，就成了美国商品，就可直接与美国厂商竞争。

（二）实地调查方法

实地调查方法有很多种不同方式，按照所采用的形式不同，可将其分为访问法、直接观察法和实验调查法。选择哪一种调查方法与调查目的、调查对象和调查员的素质等都有直接关系。

1. 访问法。访问法是一种最常用的市场实地调查方法，也可以说是一种特殊的人际关系或现代公共关系。正因为如此，调查人员应清楚地认识到，通过调查不仅要搜集到调查所期望的资料，而且还要在调查中给调查对象留下良好的印象，树立公司的形象，可能时应将调查者作为潜在的用户加以说服。一般可具体分为直接访问法、堵截访问法、电话访问法、CATI 法（计算机辅助电话调查）、邮寄方法及固定样本调查法。

例如，纺织企业家乔·海曼于 20 世纪 60 年代接管了一家纺织厂。正当他对工厂进行改造时，他收到了许多颜色、品种不同的订货单。当工厂经过改造快要投产时，他收到了政府部门的通知，必须减少两个染缸中的一个，因为排水系统的污染处理能力承受不了。对企业来讲，这是一场灾难，如果没有两个染缸就不能生产出那么多的颜色。在绝望之中，乔决定采用直接访问的方式了解顾客对改变颜色的看法，并希望通过当面的解释使已订货的顾客接受。通过有效的直接访问，已订货的顾客接受了其他颜色，而更多的顾客接受了企业可以生产的颜色。这样企业不仅没有减少订单，反而由于只设一个染缸而大大降低了生产成本。可见，企业对顾客的务实调查有助于企业的成功。

2. 直接观察法。直接观察法是指调查人员凭借自己的眼睛或借助摄录像器材，在调查现场直接记录正在发生的市场行为或状况的一种有效的搜集资料的方法。其特点是被调查者是在不知晓的情况下接受调查的。

例如，一次一个美国家庭住进了一位日本人，奇怪的是这位日本人每天都在做笔记，记录美国人居家生活的各种细节，包括吃什么食物、看什么电视节目等。一个月后，日本人走了。不久丰田公司推出了针对当今美国家庭需求而设计的物美价廉的旅行车。如美国男士喜爱玻璃瓶装饮料而非纸盒装的饮料，日本设计师就专门在车内设计了能冷藏并能安全防止玻璃瓶破碎的柜子。直到此时，丰田公司才在报纸上刊登了他们对美国家庭的研究报告，同时向收留日本人住宿的家庭表示感谢。

3. 实验调查法。实验调查方法是指从影响调查问题的许多可变因素中选出一个或两个因素，将它们置于同一条件下进行小规模的实验，然后对实验结果做出分析，确定研究结果是否值得大规模推广。它是研究问题各因素之间因果关系的一种有效手段。它通过对实验对象和环境以及实验过程的有效控制，来达到分辨各因素之间的相互影响关系程度，从而为决策提供依据。其应用范围非常广泛，如商品的品种、包装、设计外观、价格、广告等，在判定其改变是否有效果时，都可用实验方法。

（三）网络调查方法

网络调查与传统调查方式相比，在组织实施、信息采集、信息处理、调查效果等方面具有明显的优势。充分认识这一调查方式的特点，是开展好网络调查的前提。

例如，澳大利亚一家出版公司计划向亚洲推出一本畅销书，但是不能确定用哪一种语言、在哪一个国家推出，后来决定在一家著名的网站做一下市场调研。其方法是请人将这本书的精彩章节和片断翻译成亚洲多种语言，然后刊载在网上，看一看究竟用哪一种语言翻译的摘要内容最受欢迎。过了一段时间，他们发现，网络用户访问最多的网页是用中国大陆的简化汉字和朝鲜文字翻译的摘要内容。于是他们跟踪一些留有电子邮件地址的网上读者，请他们谈谈对这部书的摘要的反馈意见，结果大受称赞。于是该出版公司决定在中国和韩国推出这本书。该书出版以后，受到了读者普遍欢迎，并获得了可观的经济效益。

本章案例

日清食品公司智取美国快餐市场

在我国方便面市场上，尽管品牌繁多，广告不绝于耳，但令消费者真正动心的却寥寥无几。许多方便面生产企业感叹“消费者的口味越来越挑剔了，真是众口难调”。

可是，日本一家食品产销企业——日清食品公司却不信这个邪，它坚持“只要口味好，众口也能调”的独特经营宗旨，从人们的口感差异性出发，不惜人力、物力、财力在食品的口味上下功夫，终于改变了美国人“不吃汤面”的饮食习惯，使日清公司的方便面成为美国人的首选快餐食品。

日清食品公司在准备将营销触觉伸向美国食品市场的计划制订之前，为了能够确定海外扩张的最佳切入点，曾不惜高薪聘请美国食品行业的市场调查权威机构对方便面的市场前景和发展趋势进行全面、细致的调查和预测。可是美国食品行业的市场调查机构所得出的结论却令日清食品公司大失所望：“由于美国人没有吃热汤面的饮食习惯，而是喜好干吃面条，单喝热汤，绝不会把面条和热汤混在一起食用。由此可以断定，汤面合一的方便面很难进入美国食品市场，更不会成为美国人一日三餐必不可少的快餐食品。”日清食品公司并没有盲目相信这一结论，而是抱着“求人不如求己”的自强自立信念，派出自己的专家考察组前往美国进行实地调查。经过千辛万苦的商场问卷和家庭访问，专家考察组最后得出了与美国食品行业的市场调查机构截然相反的调查结论：美国人的饮食习惯虽然呈现出“汤面分离，绝不混用”的特点，但是随着世界各地不同种族移民的大量增加，这种饮食习惯正在悄悄地发生着变化。再者，美国人在饮食上越来越注重口感和营养，只要在口味和营养上投其所好，方便面就有可能迅速占领美国食品市场，成为美国人的饮食“新宠”。

日清食品公司基于自己的调查结论，从美国食品市场动态和消费者饮食需求出发，确定了“系列组合拳”的营销策略，全力以赴地向美国食品市场大举挺进。

“第一拳”——他们针对美国人热衷于减肥运动的生理需求和心理需求，巧妙地把自己生产的方便面定位于“最佳减肥食品”。在声势浩大的公关广告宣传中，渲染方便面“高蛋白、低热量、去脂肪、剔肥胖、价格廉、易食用”等种种功效；针对美国人好面子、重仪表的特点，精心制作出“每天一包方便面，轻轻松松把肥减”“瘦身最佳绿色天然食品，非方便面莫属”等具有煽情色彩的广告语，以挑起美国人的购买欲望，获得了“四两拨千斤”的营销奇效。

“第二拳”——他们为了满足美国人以叉子用餐的习惯，果断地将适合筷子夹食的长面条加工成短面条，为美国人提供饮食之便；并从美国人爱吃硬面条的饮食习惯，一改方便面适合东方人口味的柔软特性，精心加工出稍硬又劲道的美式方便面，以便吃起来更有嚼头。

“第三拳”——由于美国人“爱用杯不爱用碗”，日清食品公司别出心裁地将方便面命名为“杯面”，并给它起了一个地地道道的美国式副名——“装在杯子里的热牛奶”，期望方便面能像牛奶一样，成为美国人难以割舍的快餐商品。他们根据美国人“爱喝口味很重的浓汤”的独特口感，不仅在面条制作上精益求精，而且在汤味佐料上力调众口，使方便面成为“既能喝又能吃”的二合一方便食品。

“第四拳”——他们从美国人食用方便面时总是“把汤喝光而将面条剩下”的偏好中，灵敏地捕捉到方便面制作工艺求变求新的着力点，一改方便面“面多汤少”的传统制作工艺，研制生产了“汤多面少”的美式方便面，从而使“杯面”迅速成为美国消费者人见人爱的“快餐汤”。

以此“系列组合拳”的营销策略，日清食品公司果断地挑战美国人的饮食习惯和就餐需求。他们以“投其所好”为一切业务工作的出发点，不仅出奇制胜地突破了“众口难调”的产销“瓶颈”，而且轻而易举地打入了美国快餐食品市场，开拓出了一片新天地。

在别人认为难以开拓的市场上，日清食品公司取得了成功，其中的奥秘是什么呢？大家读完上述内容，应该不难理解。

资料来源：马连福：《现代市场调查与预测》，首都经济贸易大学出版社2005年版，第2页。

关键词

社会调查　方法体系　基本程序　民意调查　市场调查　探索性市场调查
预测性市场调查　因果性市场调查　探测性市场调查　文案调查法　实地调查法
网络调查法

参考文献

1. 风笑天著：《现代社会调查方法》，华中科技大学出版社 2005 年版。
2. 徐经泽主编：《社会调查理论与方法》，高等教育出版社 1994 年版。
3. 吴增基、吴鹏森、苏振芳主编：《现代社会调查方法》，上海人民出版社 2003 年版。
4. 邓恩远、于莉主编：《社会调查方法实训》，中国轻工业出版社 2005 年版。
5. 中国机械工业教育协会组编：《统计学与统计实务》，机械工业出版社 2001 年版。
6. 张卿主编：《实用统计学原理》，机械工业出版社 2006 年版。
7. 刘春英主编：《应用统计》，中国金融出版社 2005 年版。
8. 栗方忠主编：《统计学原理》，东北财经大学出版社 2004 年版。
9. 谢忠秋、丁兴烁编著：《应用统计学》，立信会计出版社 2005 年版。
10. 余群英主编：《现代统计技术》，机械工业出版社 2006 年版。
11. 娄庆松主编：《统计原理》，高等教育出版社 2004 年版。
12. 钟新联主编：《统计基础知识》，中国财政经济出版社 2002 年版。
13. 阮红伟主编：《统计学基础》，电子工业出版社 2005 年版。
14. 于声涛、杜树靖主编：《统计学基础》，对外经济贸易大学出版社 2005 年版。
15. 熊振南主编：《统计学基础知识》，中国统计出版社 2000 年版。
16. 黄思霞主编：《统计学原理解题思路与方法》，中山大学出版社 2000 年版。
17. 李国强、苗杰主编：《市场调查与市场分析》，中国人民大学出版社 2005 年版。
18. 于翠华主编：《市场调查与预测》，电子工业出版社 2005 年版。